# 银行风险分析

## 公司治理和风险管理的评估框架

### 第三版

(美) 亨利·范·格罗
索尼亚·布雷约维克·布拉塔诺维克 著

中国财政经济出版社 组织翻译

中国财政经济出版社

图书在版编目（CIP）数据

银行风险分析：公司治理和风险管理的评估框架/(美)格罗,(美)布拉塔诺维克著；中国财政经济出版社组织译.—北京：中国财政经济出版社，2011.10

书名原文：Analyzing Banking Risk——A Framework for Assessing Corporate Governance and Risk Management

ISBN 978-7-5095-2572-2

Ⅰ.①银… Ⅱ.①格…②布…③中… Ⅲ.①银行-风险分析②银行-风险管理 Ⅳ.①F830.2

中国版本图书馆CIP数据核字（2011）第163978号

责任编辑：吴　敏　　　　　　责任校对：黄亚青
封面设计：北平面　　　　　　版式设计：李香杰

中国财政经济出版社出版

URL：http://www.cfeph.cn
E-mail：cfeph@cfeph.cn
（版权所有　翻印必究）
社址：北京市海淀区阜成路甲28号　邮政编码：100142
发行处电话：88190406　财经书店电话：64033436
北京富生印刷厂印刷　各地新华书店经销
787×1092毫米　16开　22印张　380 000字
2011年10月第1版　2011年10月北京第1次印刷
定价：56.00元
ISBN 978-7-5095-2572-2/F·2188
图字：01-2009-5606
（图书出现印装问题，本社负责调换）
本社质量投诉电话：010-88190744

# 目 录

第三版前言 ................................................................ xi

致谢 ...................................................................... xii

**1 银行风险概述** .......................................................... 1
   1.1 引言：变化的银行环境 ................................................ 1
   1.2 银行风险敞口 ........................................................ 3
   1.3 公司治理 ............................................................ 4
   1.4 基于风险的银行分析 .................................................. 6
   1.5 提供的分析工具 ...................................................... 8

**2 风险分析框架** ......................................................... 11
   2.1 财务管理 ........................................................... 11
   2.2 为什么要进行银行分析 ............................................... 13
   2.3 了解银行运营环境 ................................................... 14
   2.4 高质量数据的重要性 ................................................. 19
   2.5 银行风险分析 ....................................................... 21
   2.6 分析工具 ........................................................... 22
   2.7 分析技术 ........................................................... 26

**3 公司治理** ............................................................. 32
   3.1 公司治理准则 ....................................................... 32
   3.2 公司治理准则的主要发展 ............................................. 34
   3.3 监管机构：建立基于风险的架构 ....................................... 36
   3.4 监督机构：监控风险管理 ............................................. 38
   3.5 股东：任命正确的政策制定者 ......................................... 39

|  |  |  |
|---|---|---|
| 3.6 | 董事会：银行事务的最终责任方 | 41 |
| 3.7 | 管理：银行运营及风险管理政策执行的责任 | 45 |
| 3.8 | 审计委员会及内部审计人员：董事会风险管理功能的拓展 | 48 |
| 3.9 | 外部审计人员：对传统银行审计方法的重新评估 | 50 |
| 3.10 | 公众的作用 | 51 |
| 附录3A：各国在改善公司治理方面的举措 | | 53 |

## 4 资产负债表的结构     59

|  |  |  |
|---|---|---|
| 4.1 | 引言：资产负债表的构成 | 59 |
| 4.2 | 银行资产 | 61 |
| 4.3 | 银行负债 | 65 |
| 4.4 | 股东权益及其他项目 | 68 |
| 4.5 | 资产负债表增长和变更 | 69 |
| 4.6 | 资产负债表结构与增长的风险分析 | 71 |

## 5 损益表结构     76

|  |  |  |
|---|---|---|
| 5.1 | 盈利能力 | 76 |
| 5.2 | 损益表的构成 | 77 |
| 5.3 | 分析银行收入来源 | 81 |
| 5.4 | 分析利润的质量 | 83 |
| 5.5 | 盈利能力指标和盈利比率分析 | 86 |
| 5.6 | 评估内部业绩 | 90 |

## 6 资本充足率     92

|  |  |  |
|---|---|---|
| 6.1 | 引言：资本的特点与功能 | 93 |
| 6.2 | 资本充足标准及巴塞尔协议 | 94 |
| 6.3 | 资本的构成与最低资本要求 | 97 |
| 6.4 | 基于风险的监管资本配置：支柱1 | 100 |
| 6.5 | 监管审查：支柱2 | 110 |
| 6.6 | 市场规则：支柱3 | 111 |
| 6.7 | 资本充足率的管理 | 111 |
| 6.8 | 银行资本充足率分析 | 113 |
| 附录6A：巴塞尔协议规定的信用风险权重分配，一级与二级资本用以承受信用风险 | | 117 |

附录6B：计算计入市场风险（三级资本）的资本充足率　　120

**7　信用风险管理**　　123
　　7.1　建立信用风险管理制度　　123
　　7.2　限制风险敞口的监管制度　　124
　　7.3　降低信用风险的管理制度　　127
　　7.4　分析信用风险　　132
　　7.5　资产分类与贷款损失计提　　136
　　7.6　评估信用风险管理能力　　145

**8　流动性风险管理**　　147
　　8.1　流动性需求　　147
　　8.2　流动性管理政策　　151
　　8.3　监管环境　　153
　　8.4　融资结构　　156
　　8.5　现金流分析　　157
　　8.6　融资的不稳定性和存款的集中度　　160
　　8.7　流动性风险管理技术　　162

**9　管理流动性和其他投资组合**　　167
　　9.1　流动性投资组合的性质　　167
　　9.2　投资策略　　168
　　9.3　战略资产配置　　169
　　9.4　基准投资组合　　170
　　9.5　可选工具　　172
　　9.6　信用风险　　173
　　9.7　市场风险　　174
　　9.8　积极管理　　174
　　9.9　风险预算　　175
　　9.10　管理报告　　177

**10　市场风险管理**　　178
　　10.1　市场风险来源：一些概念　　178
　　10.2　衡量利率敏感性　　181

| | | |
|---|---|---|
| 10.3 | 投资组合风险管理 | 185 |
| 10.4 | 市场风险度量：作为可能工具的风险价值（VAR） | 187 |
| 10.5 | 风险和绩效评估 | 193 |
| 10.6 | 压力测试与情景分析 | 197 |

## 11 外汇风险管理   200

| | | |
|---|---|---|
| 11.1 | 引言：外汇风险的起源与组成 | 200 |
| 11.2 | 外汇风险管理政策 | 202 |
| 11.3 | 外汇风险敞口与经营战略 | 207 |
| 11.4 | 外汇风险管理流程审查 | 211 |

## 12 资产负债管理   216

| | | |
|---|---|---|
| 12.1 | 资产负债管理的目标 | 216 |
| 12.2 | 利率风险管理的责任 | 218 |
| 12.3 | 资产负债表利率风险管理模型 | 220 |
| 12.4 | 预测收益率曲线变化的影响 | 226 |

## 13 资金管理环境下的操作风险管理   229

| | | |
|---|---|---|
| 13.1 | 操作风险管理和巴塞尔委员会的倡议 | 230 |
| 13.2 | 管理与报告操作风险的框架 | 235 |
| 13.3 | 识别业务条线职能和活动 | 240 |
| 13.4 | 流程：记录执行职能的方式 | 242 |
| 13.5 | 风险评估：人员、流程、系统和外部事件因素 | 243 |
| 13.6 | 控制评估 | 245 |
| 13.7 | 关键绩效指标和关键风险指标 | 247 |
| 13.8 | 操作风险报告：分析、行动和责任 | 251 |
| | 附录13A. 资金管理环境下职能和活动概述 | 254 |

## 14 透明度与数据质量   266

| | | |
|---|---|---|
| 14.1 | 引言：有用信息的重要性 | 266 |
| 14.2 | 透明机制与问责制 | 267 |
| 14.3 | 财务报表的透明度 | 269 |
| 14.4 | 银行财务报表披露 | 271 |
| 14.5 | 会计准则的应用 | 276 |

| | | | |
|---|---|---|---|
| **15** | **基于风险的银行监管方法** | | **279** |
| | 15.1 | 引言：银行监管流程 | 279 |
| | 15.2 | 银行风险及监管当局的责任 | 283 |
| | 15.3 | 监管流程 | 285 |
| | 15.4 | 并表监管 | 292 |
| | 15.5 | 内外部审计人员的监管合作 | 295 |

**附录**

| | | |
|---|---|---|
| A | 对银行进行分析审查的调查问卷 | 297 |
| B | 核心原则评估摘要 | 330 |
| C | 有效银行监管核心原则（巴塞尔核心原则）2006年10月 | 333 |

**专栏**

| | | |
|---|---|---|
| 3.1 | 银行组织的公司治理原则 | 35 |
| 3.2 | 反对银行现场检查意见 | 38 |
| 3.3 | 董事会：有效地履行职责 | 42 |
| 3.4 | 董事会金融风险管理责任 | 44 |
| 3.5 | 银行管理人员的责任 | 45 |
| 3.6 | 银行管理人员"合适及适当"准则 | 46 |
| 3.7 | 管理人员金融风险管理责任 | 47 |
| 3A.1 | 经合组织公司治理准则 | 54 |
| 7.1 | 贷款审查文件的内容 | 135 |
| 7.2 | 信贷文化出现扭曲的迹象 | 140 |
| 8.1 | 稳健的流动性风险管理和监管原则 | 148 |
| 8.2 | 典型的流动性规定或内部流动性准则 | 155 |
| 10.1 | VAR 的计算 | 190 |
| 12.1 | 资产负债管理的目标 | 218 |
| 13.1 | 巴塞尔银行监管委员会——第 15 条核心原则——操作风险 | 231 |
| 14.1 | 评估《国际财务报告准则》的标准 | 269 |

**图**

| | | |
|---|---|---|
| 2.1 | 金融部门发展的框架 | 16 |
| 2.2 | 不同阶段的资产组成 | 25 |
| 2.3 | 不同时期的资产增长趋势 | 26 |
| 2.4 | 资产投入与收入 | 28 |
| 3A.1 | COSO 企业风险管理框架 | 55 |
| 4.1 | 银行资产和负债的构成 | 61 |
| 4.2 | 结构变化及资产增长情况 | 70 |
| 4.3 | 银行资产结构的变化情况 | 70 |
| 4.4 | 股本和负债结构的变化及增长情况 | 71 |
| 4.5 | 银行资产和股本的总体增长情况 | 73 |
| 4.6 | 低盈利资产和非盈利资产占总资产的比例 | 74 |
| 4.7 | 资产负债表外项目占总资产的比例 | 75 |
| 5.1 | 总收入的结构 | 83 |

| 5.2 | 投入的资产与收入来源的对比 | 84 |
|---|---|---|
| 5.3 | 收入来源与成本来源 | 85 |
| 5.4 | 营业收益率 | 86 |
| 5.5 | 居间业务的平均收益差额 | 89 |
| 5.6 | 资产收益率（ROA）、净资产收益率（ROE）以及按资本成本调整后的资产收益率和净资产收益率 | 89 |
| 6.1 | 新巴塞尔协议的概念框架 | 95 |
| 6.2 | 新巴塞尔协议：信用风险评估选项清单 | 101 |
| 6.3 | 监管审查：支柱2的组成 | 110 |
| 6.4 | 银行资本结构构成 | 114 |
| 6.5 | 资产负债表内及表外项目的风险状况 | 115 |
| 6.6 | 实际资本与所需资本的对比 | 116 |
| 6.7 | 预估的可能资本需求 | 117 |
| 7.1 | 前20大客户的敞口 | 125 |
| 7.2 | 关联方贷款与受影响的贷款 | 127 |
| 7.3 | 贷款的行业分析 | 129 |
| 7.4 | 客户概况：我们向谁提供贷款 | 133 |
| 7.5 | 按产品分类的客户贷款 | 133 |
| 7.6 | 向客户提供的贷款的期限 | 134 |
| 7.7 | 贷款组合统计 | 139 |
| 8.1 | 规定的法定流动性与持有的实际流动资产 | 154 |
| 8.2 | 存款来源 | 157 |
| 8.3 | 流动性错配 | 158 |
| 8.4 | 存款基础的到期期限情况 | 159 |
| 8.5 | 现金流（来自现金流量表） | 160 |
| 8.6 | 十大存款来源占总存款额的百分比 | 161 |
| 8.7 | 融资集中度 | 161 |
| 8.8 | 流动性比率：趋势分析 | 165 |
| 9.1 | 基准：战略资产配置和投资组合管理之间的关联 | 171 |
| 9.2 | 投资组合管理方式 | 175 |
| 10.1 | 收益率曲线的非平行移动示意图 | 182 |
| 10.2 | 久期是衡量投资组合利率风险的指标 | 183 |

| | | |
|---|---|---|
| 10.3 | 监测市场参与 | 186 |
| 10.4 | 暴露的合格资本的潜在数量 | 189 |
| 11.1 | 资产与负债的货币结构 | 208 |
| 11.2 | 贷款组合和客户存款的币种结构 | 210 |
| 11.3 | 不同到期期限的可自由转换外汇存款占总顾客存款的百分比 | 213 |
| 11.4 | 外汇风险敞口占合格资本的百分比 | 214 |
| 11.5 | 最大有效外汇净敞口头寸占净合格资本与储备金的百分比 | 214 |
| 12.1 | 净利息收入敏感性 | 225 |
| 12.2 | 股本对利率的敏感性（EVE） | 226 |
| 12.3 | 当前和预测收益率曲线 | 227 |
| 12.4 | 利率变动对资本的潜在影响 | 228 |
| 13.1 | 交易流程——从风险分析的视角 | 242 |
| 13.2 | 操作风险管理报告样本 | 253 |
| 14.1 | 财务报表的透明度 | 272 |
| 15.1 | 银行监管的背景 | 280 |
| 15.2 | 监管工具 | 287 |

## 表

| | | |
|---|---|---|
| 1.1 | 银行风险范围 | 3 |
| 1.2 | 银行公司治理中的合作关系 | 5 |
| 1.3 | 所提供工具的可能用途 | 10 |
| 2.1 | 资产负债表结构：共同尺度分析 | 27 |
| 2.2 | 两家不同银行资产负债表结构的横断分析 | 29 |
| 2.3 | 资产负债表增长，同比变化 | 30 |
| 3.1 | 主要参与者及其责任 | 34 |
| 3.2 | 股东信息 | 40 |
| 3A.1 | COSO 企业风险管理框架 | 56 |
| 4.1 | 资产负债表中的资产 | 62 |
| 4.2 | 资产负债表中的负债 | 66 |
| 4.3 | 银行股东权益的构成 | 69 |
| 4.4 | 资产负债表项目及资产负债表外项目的总增长率 | 72 |
| 5.1 | 损益表的构成 | 78 |

| 5.2 | 调整后的损益表 | 82 |
|---|---|---|
| 5.3 | 盈利比率 | 86 |
| 6.1 | 新巴塞尔协议概览 | 96 |
| 6.2 | 合格股权工具一览表 | 97 |
| 6.3 | 标准法：新巴塞尔协议规定的风险权重 | 102 |
| 6.4 | IRB方法：特别贷款意外风险（UL）的风险权重 | 104 |
| 6.5 | 操作风险：业务领域及经营损失事件类型 | 109 |
| 6A.1 | 衍生工具的信用风险倍增因数 | 120 |
| 6B.1 | 计算三级资本的允许计入部分 | 122 |
| 7.1 | 关联方贷款 | 126 |
| 7.2 | 贷款组合统计 | 138 |
| 7.3 | 建议的贷款损失准备金 | 144 |
| 8.1 | 资产负债的期限情况（流动性错配） | 152 |
| 8.2 | 不同情景下的到期期限阶梯 | 163 |
| 8.3 | 流动性比率 | 164 |
| 9.1 | 美元市场指数举例 | 172 |
| 9.2 | 流动性投资组合中的信用风险 | 173 |
| 9.3 | 市场风险管理工具 | 176 |
| 10.1 | 净敞口头寸的简化计算 | 189 |
| 10.2 | 报告绩效和市场风险：投资组合与基准比较 | 194 |
| 10.3 | 投资组合相对于基准的利率敏感性 | 195 |
| 10.4 | 投资组合与基准组合对信用利差扩大的敏感性 | 196 |
| 10.5 | 历史上重大市场危机下当前投资组合价格的变动 | 198 |
| 11.1 | 外汇：报告净有效敞口头寸 | 212 |
| 12.1 | 利率风险管理的重新定价缺口模型 | 221 |
| 13.1 | 巴塞尔协议II操作风险业务条线和风险事件类型 | 234 |
| 13.2 | ERM模型扩展到包含完成业务条线交易的生命周期所要求的企业职能 | 236 |
| 13.3 | 操作风险管理 | 239 |
| 13.4 | 证券交易（业务条线）职能和活动 | 240 |
| 13.5 | 风险评估：对每个职能活动的问题——与巴塞尔和ERM模型关联 | 244 |

| | | |
|---|---|---|
| 13.6 | 控制评估问题 | 246 |
| 13.7 | 数据和指标的差别 | 247 |
| 13.8 | 确定纳入 KPI 和 KRI 的数据 | 249 |
| 13.9 | 设计仪表板——用于分析的输入表 | 255 |
| 14.1 | 《国际会计准则》第 39 号关于金融资产和金融负债的计量 | 274 |
| 14.2 | 《国际财务报告准则》第 7 号财务风险披露要求 | 275 |
| 14.3 | 银行的信息披露 | 278 |
| 15.1 | 分析审查过程的步骤 | 281 |
| 15.2 | 银行风险敞口 | 283 |
| 15.3 | 非现场监管和现场检查 | 288 |
| 15.4 | 早期预警系统的一般特征 | 291 |

# 第三版前言

目前，有很多模型可用来分析银行及其他企业的风险。本书旨在通过利用金融数据并基于对公司治理的分析来建立银行评估综合框架，从而弥补现有评估方法的不足。公司治理流程中的各个关键参与方（如股东、董事、高管以及内外部审计人员）应该对财务和操作风险管理中的各方面负责，这一点已经不言而喻。

本书将利用金融风险分析原则中的基本工具和技术来验证如何通过对风险趋势的图解将有关数据转换成有价值的信息，从而警示高管和董事会成员何时可能需要采取相应的行动。

2007 年以来的金融危机凸显了开展综合风险管理途径的必要性，一些此前应该但可能从未得到应对的关键性问题也浮出水面。本书将展示基本的风险管理原则在协助企业非专家型董事、高管或分析人员整合各种风险领域方面的强大威力，确保不同风险类型之间的相互关系得到明确阐释。该拟定评估框架中指出，部分风险在相对不复杂环境中，其严重程度可能不大。本书中所包括的一个详细的调查问卷将协助相关人员对银行开展尽职调查或者其他调研工作。

第三版《银行风险分析》与第一版的目标仍然保持一致。因此，本书可以作为银行风险分析专业研究生教材以及众多风险分析研讨会所用材料。第三版新增加了有关资金管理的内容，包括市场绩效、风险度量以及操作风险管理等。

本书着重强调了各种风险管理原则，可适用于众多的读者群。目标受众仍然主要是那些负责开展银行分析的人员以及指导银行分析工作的高管或组织机构。鉴于本书旨在全面概述有关公司治理和风险管理的内容，因而不适用于那些仅针对某一具体风险管理领域开展研究的技术专家。

**肯尼斯·G. 雷**
注册金融分析师、世界银行司库
美国华盛顿特区，2009 年 1 月

# 致　谢

本书作者首先感谢世界银行副行长兼司库肯尼斯·雷先生，感谢他为本出版物自第一版以来所提供的资助。

世界银行司库部的很多同事为我们了解资金管理环境中的实际流程提供了大量帮助。我们在此衷心感谢他们所付出的宝贵时间，并感谢他们与我们分享他们的信息。

赫克托尔·塞拉（Hector Sierra）审阅了有关市场风险管理的内容，并就改进本书中有关风险和业绩评估方法的材料提供了意见。

约翰·甘道尔夫（John Gandolfo）对操作风险章节中提出的风险管理方法给出了宝贵意见，并强调了一致性战略和治理结构在开展有效操作风险管理中的重要性。

珍妮弗·约翰逊－加莱瑞（Jennifer Johnson – Calari）审阅了有关投资组合管理流程的内容，并提供了重要的技术性意见。

不管我们所获得的信息的范围和质量如何，我们对本书内容完全负责。

亨利·范·格罗
索尼亚·布雷约维克·布拉塔诺维克
2009 年 1 月

# 第1章
# 银行风险概述

## 本章要点

- 本部分将讨论银行风险的评估、分析和管理。
- 银行面临财务、操作和环境风险。
- 一系列关键参与者负责银行的公司治理和财务风险管理的各个方面。
- 本部分提供的分析工具包括一份含有数据输入表格的风险管理问卷。
- 比率和图形可以提供高层次的管理信息。

## 1.1 引言:变化的银行环境

本书对与评估、分析和管理银行风险相关的话题进行了综合性的概述,并提供了高层次的银行公司治理框架(目标是非专家管理人员)。本框架强调公司治理过程中关键参与者在管理不同方面财务风险中的责任。

自20世纪80年代起,金融市场中金融创新的快速发展和金融流动的国际化几乎使银行业的面貌发生了翻天覆地的变化。技术进步和放松管制为银行和类似银行的其他金融机构提供了新机遇,同时也增加了它们之间的竞争压力。在20世纪80年代末,传统的银行业务赚取的利润开始减少,而资本充足率要求开始提高。银行充满魄力和想象力地对这些新挑战做出了反应，具体做法是进入关注优质信息和知识管理能力的新业务领域。

国际金融市场的增长和金融工具的进一步多样化使银行扩大了资金来源。同时，设计新产品和提供更多服务的机会增加了。这些变化的步伐似乎并未放慢，因为银行一直在参与开发新的金融工具、金融产品和金融服务。传统的银行业务——基于吸收存款和发放贷款——目前只是典型的银行业务的一部分，并且经常是盈利最少的部分。

基于信息的活动，例如参与金融市场交易和收取费用，是目前银行盈利的主要来源。金融创新也使银行资产更多地面向市场并可以在市场中交易，尤其是通过引入资产证券化和更高级的金融衍生品来实现。

审慎资本要求的引入（首先是导致了大量的新型"表外"金融工具的产生）起初被认为是这些创新活动的主要驱动力。即使担保和信用证这样的金融衍生品以及期货和期权这样的金融衍生工具使银行面临大量风险，但它们并不常在资产或负债中显示。在过去几年中，主要国家的会计监管者和国际会计准则理事会（IASB）已经纠正了会计实务中的一些缺陷，方法是要求将所有金融工具列示在交易这些工具的机构的资产负债表中。

因此，单个银行内部和整个银行体系中的不同类型风险之间的相关性增加了并变得更为复杂。国际化和放松管制增加了风险扩散的可能性，正如20世纪90年代后期金融危机从泰国向东南亚其他区域、东亚、东欧和南美扩散以及这场危机对世界其他地方银行体系的影响所证明的。始于2007年的金融危机源于美国，随后扩散到欧盟和全世界。银行体系和金融市场的演化也引发了对宏观审慎问题的关注和货币政策问题。

一些金融工具在技术上非常复杂并且很少得到充分理解——除了专门从事这些工具的估值、建模和度量的少数专家——而许多其他工具则会引发技术、会计和操作风险管理与控制方面的复杂问题。

虽然风险管理和度量技术取得了进展，但最近在资产支持产品准确定价方面出现的问题表明银行业在全球范围仍然面临失效的风险。虽然会计监管者做了大量努力，但向股东和董事会充分披露这些风险的性质和程度仍处于初步的，甚至在一定程度上是实验的阶段。

一个更加普遍存在的忧虑是，银行业的金融创新可能会在整个银行体系内集中风险和增加波动；对于21世纪前十年的最后几年而言，这种忧虑与对20世纪90年代末的狂热期相比并无二致，当时富有创新精神的金融专家正通过金融工程方面的努力创造出巨额利润。最近的发展增加了对风险度量、风险管理和综合内控方法的需求，并使这些方面的职能更加复杂。银行公司治理的质量已成为饱受争论的话题，而监管方法正在发生巨大变化。

对单个银行而言,新的银行业环境和增加的市场波动性使将资产负债和风险管理技术相结合的综合方法成为必要。

## 1.2 银行风险敞口

银行在运作过程中面临一系列风险,如表1.1所示。一般来说,银行风险分为三类:财务风险、操作风险和环境风险。

表1.1　　　　　　　　　　　银行风险范围

| 财务风险 | 操作风险 | 环境风险 |
|---|---|---|
| 资产负债表结构 | 内部欺诈 | 国家和政治风险 |
| 损益表结构 | 外部欺诈 | 宏观经济政策 |
| 资本充足率 | 雇佣实践和工作场所的安全性 | 金融基础设施 |
| 信用风险 | 客户、产品和业务服务 | 法律基础设施 |
| 流动性风险 | 实物资产的损毁 | 银行危机和扩散 |
| 市场风险 | 业务中断和系统失灵（技术风险） | |
| 利率风险 | 执行、交付和流程管理 | |
| 汇率风险 | | |

财务风险又包括两类风险。传统的银行风险（包括资产负债表和损益表结构、信用风险和偿付风险）如果没有得到恰当的管理可能对银行造成损失。基于财务套利的资金风险在套利正确时可以带来利润,而在套利错误时将会造成损失。资金风险的主要类型包括流动性风险、利率风险、汇率风险和市场风险（包括交易对手风险）。

财务风险也面临复杂的相互依赖现象,这些相互依赖可能显著增加银行的总体风险。例如,参与外汇业务的银行通常暴露于汇率风险,但如果银行在其远期账簿中持有敞口头寸或存在错配情况,则银行还将面临额外的流动性和利率风险。

操作风险与以下方面有关:银行总体业务流程及遵守银行策略和规程的潜在影响、内部系统和技术、信息安全、应对管理不善和欺诈的措施,以及业务连续性方面的问题。操作风险的另外一个方面包括:银行战略规划、治理和组织结构、员工的职业规划和内部资源管理、产品和知识开发,以及获取客户的方法。

环境风险与银行业务环境相关，这些环境包括宏观经济和政策、法律和监管因素、金融系统整体基础设施和银行所处司法管辖权范围内的支付体系。环境风险包括那些可能危及银行运行或破坏银行持续开展业务的能力的所有类型的外部风险。

## ● 1.3 公司治理

正如前面所讨论的，金融市场的自由化和波动性、竞争的加剧及多样化使银行面临新的风险和挑战，因此为保持竞争力银行就要在管理业务和相关风险方面持续创新。银行业务越来越以市场导向，这也使监管方法的变化成为必要。在一个又一个国家，维持银行系统和市场的责任被重新定义为管理财务风险和操作风险的各个方面的许多关键参与者之间的合作。这种方法再次确认：银行管理的质量（尤其是风险管理流程）是确保单个银行和整体银行系统安全和稳定的关键。表1.2描述了一种风险管理合作关系，其中每个关键参与者在各个风险领域的具体方面都有明确界定的责任。

风险管理合作关系的运作可以归纳如下：

**银行监管者**：他们无法阻止银行破产，其主要任务是在风险管理流程中起促进作用并增强和监测风险管理所依据的法律框架。通过创建稳健的有利环境，监管者在影响其他主要参与者方面发挥着关键作用。

**股东**：他们的权利是指定负责公司治理流程的人员，同时，股东也应该由监管者仔细筛选，以确保他们不会利用银行来为自己或相关人员的企业融资。

银行业务的开展方式的最终责任归**董事会**（有时称为**监事会**）承担。董事会必须设定战略方向、指定管理层、建立运营策略，最重要的是负责确保银行的稳健经营。

**高级管理层**：银行的高级管理层必须是"合适和恰当"的，即管理层不仅要遵从道德伦理行为标准，而且要具备经营银行必需的能力和经验。因为管理层负责通过银行的日常运营来实施董事会的决策，所以其必须深入了解所管理的金融风险。

**审计委员会和内部审计人员**：他们应该被视为董事会风险管理决策职能的延伸。内部审计人员传统上对银行遵守自身内部控制体系、会计惯例和信息系统的情况进行独立评价。但是，大多数现代内部审计人员会将其任务描述为提供关于银行公司治理、控制体系和风险管理流程方面的保证。

**表1.2 银行公司治理中的合作关系**

| 关键参与者及其责任 | 财务及其他风险管理领域 | | | | | | | | |
|---|---|---|---|---|---|---|---|---|---|
| | 资产负债表结构 | 损益表结构和盈利能力 | 偿付风险和资本充足程度 | 信用风险 | 流动性风险 | 市场风险 | 利率风险 | 汇率风险 | 操作风险 |
| **系统层面（关键参与者）：** | | | | | | | | | |
| 法律相关部门和监管机构 | 责任（关键参与者所担负风险管理参数），该框架将优化银行业的风险管理 | | | | | | | | |
| 监管机构 | 设定监管框架（包括风险敞口限额和其他风险管理参数）。检查合规情况 | | | | | | | | |
| | 监测财务能力和风险管理的有效性。 | | | | | | | | |
| **制度层面（关键参与者）：** | | | | | | | | | |
| 股东 | 指定"适合并恰当"的董事会、管理层和审计机构 | | | | | | | | |
| 董事会 | 设定风险管理和其他方面的银行策略 | | | | | | | | |
| 高级管理层 | 建立在日常运营中实施董事会策略（包括风险管理）的体系 | | | | | | | | |
| 审计委员会/内部审计部门 | 检查遵守董事会策略的情况，并提供关于公司治理、控制体系和风险管理流程的保证 | | | | | | | | |
| 外部审计人员 | 发表意见并评估风险管理策略 | | | | | | | | |
| **公众/消费者（关键参与者）应该要求信息的透明和全面披露：** | | | | | | | | | |
| 投资者/储户 | 理解责任并坚持要求信息的全面披露。对自己的决定负责 | | | | | | | | |
| 信用评级机构和媒体 | 坚持信息的透明和全面披露。告知公众并强调银行的偿债能力 | | | | | | | | |
| 分析人员 | 分析基于风险的定量和非定量信息，并为客户提供建议 | | | | | | | | |

这种保证作用只有通过理解和分析驱动单个过程（这些单个过程组成每个业务条线）的关键风险指标才能实现。虽然审计委员会在协助管理层识别和处理风险领域方面发挥了有价值的作用，但风险管理的主要责任不能完全推给他们，而是应该整合进各级管理层。

**外部审计人员**：他们在基于风险的财务信息流程中发挥了重要的评估作用。由于银行监管者无法也不应该重复外审人员的工作，所以这两方之间恰当的沟通机制是必要的，尤其是在包括银行管理层在内的三方基础之上。审计方法应该是风险导向性的，而不是基于传统的资产负债表和损益表审计。过度依赖外部审计人员会削弱合作关系，当这样做使得管理层和监管者的作用弱化时，情况更是如此。

**公众/消费者**：他们作为市场参与者，必须为自己的投资决策负责。为此，他们要求在财务信息和详细的财务分析方面进行透明披露。如果公众的定义扩大到包括金融媒体、诸如股票经纪人这样的金融分析师以及评级机构，则公众作为风险管理者的作用就得到了增强。少数或不太了解金融风险的储户通常可能需要简单的透明披露之外的更多保护。

## ● 1.4 基于风险的银行分析

银行监管对银行的持续分析检查仍然是维持金融体系稳定性和信心的关键因素之一。第15章探讨了银行监管安排、监管流程和监管者在确保银行安全稳健运行（即银行理解和充分管理与其运营相关的风险，并持有应对这些风险的充足资本和准备金）方面的作用。非现场监管和现场监管流程中对银行的分析检查所使用的方法与私营部门分析人员（例如，外部审计人员或银行风险管理经理）使用的方法类似，除了分析的最终目的有所不同以外。因此，本书提倡的基于风险的银行分析的分析框架是普遍适用的。

在竞争性的和波动的市场环境中进行银行评价是一个复杂的过程。除了有效管理和监管外，确保银行机构安全和金融体系、金融市场稳定必需的其他因素包括：稳健、可持续的宏观经济政策以及完善的和一致的法律框架。充足的金融系统基础设施、有效的市场规则以及充分的银行业安全网也是至关重要的。为了对特定的发现、关于未来可能性的估计、关于关键问题的诊断、有效和可行的行动路线的形成等方面做出有意义的评估和解释，银行分析人员必须具备关于银行运行所处特定监管环境、市场环境和经济环境方面的广泛知识。简而言之，为做好此项工作，分析人员必须具备关于金融体系的全局眼光，即使在考虑某个具体银行的问题时也是如此。

银行监管者的实践和金融分析师采用的评价方法在不断演变。这种演变是必要的，部分原因是为适应创新和新发展的挑战，部分原因是为适应更为广泛的国际监管标准和实践的趋同过程，巴塞尔银行监管委员会正在对这些标准和实践本身进行持续的讨论。传统的银行分析依据一系列定量监管工具来评估银行状况，包括各种比率。比率通常与流动性、资本充足程度、贷款组合质量、内部和关联贷款、大规模敞口和外汇敞口头寸相关。虽然这些测量指标非常有用，但它们本身并非银行风险特征、银行财务状况稳定性或银行发展前景方面的充分指标。财务比率反映的情况还在很大程度上取决于用以计算这些指标的数据的及时性、完整性和准确性。因此，第14章讨论了有用和透明的高质量数据的重要性。第14章还试图为透明度这一问题增加另一个维度，即责任；由于公司治理和风险管理对现代金融机构和银行监管者的重要性不断增强，责任已成为一个重要话题（第3章和第15章对此进行了探讨）。

分析金融风险的核心技术是指对银行进行详细检查。基于风险的银行分析包括重要的定性因素，并将财务比率置于有关风险评估、风险管理以及这些风险的变化或趋势的广泛框架之内。基于风险的银行分析还强调相关的制度方面的问题，包括：公司治理和管理的质量及风格；银行策略和流程的充足程度、完整性和一致性；内部控制的有效性和完整性；及管理信息系统和信息支持的及时性和准确性。

有观点认为，风险随变化的步伐呈指数级增加，但银行家对风险感知的调整却比较缓慢。在实践中，这意味着在大多数环境中，市场的创新能力超过市场理解和恰当处理相关风险的能力。传统上，银行把信用风险管理视为最重要的任务，但由于在银行业发生了变化的同时，市场环境也已变得更加复杂和起伏不定，因些管理其他操作和财务风险敞口方面的关键需求便显而易见。本书所涵盖的基于风险的分析检查的要素在表1.2中进行了归纳。第4章讨论了银行资产负债表的总体结构，并重点关注使银行面临财务风险的资产负债表结构的不平衡和错配问题。第5章阐释了包括银行收入和费用管理在内的盈利能力的各方面。第6章讨论了资本充足程度和银行资本质量，而第7章涵盖了信用风险管理，包括投资组合构成和质量的各方面以及相关策略和流程。第8章至第12章讨论资产负债管理流程的组成部分（流动性风险、利率风险和汇率风险）。第9章是关于流动性投资组合管理。第10章分析市场风险。操作风险在第13章讨论。大量的图表有助于理解这些主题。虽然从第4章到第12章中的图表包含的讨论和信息主要是针对单个金融机构，但同样类型的分析可以在整个银行业（即行业层面）上进行。

本书特别关注了风险敞口以及银行风险管理流程的质量和有效性。对每类财务风险和总体风险特征，风险管理通常包含几个步骤。这些步骤包括：识别目标职能、风险管理目标以及业绩衡量。另外，很重要的是识别和度量与所选目标职能相关的具体风险敞口，包括评估业绩对基础因素的预期和非预期变化的敏感性。此外，还必须对可接受的风险敞口程度、对冲过量敞口的方法和工具以及选择和执行对冲交易做出决策。此外，必须指定在风险管理各个方面的责任，必须评估风险管理流程的有效性，必须确保有效和勤勉地执行责任。

在恰当的时候，应该既要把银行作为单个实体分析，又要在并表基础上对银行进行分析（即考虑银行在国内外的子公司和其他相关企业的风险敞口）。在并表基础上评估银行时采用整体视角是必要的，尤其是在金融机构跨越许多司法管辖区域和/或国外市场的案例中。广泛的视野能处理不同环境中的具体财务风险特征的变化。

基于风险的银行分析还应该表明单个金融机构的行为是否与同业趋势和行业规范一致，尤其是当涉及诸如盈利能力、资产负债表结构和资本充足率这样的重大问题的时候。彻底的分析能揭示任何偏差的性质和原因。单个金融机构经历的风险特征的重大变化可能是对银行业整体没有影响的独特环境的结果，也可能是其他银行可能跟随的趋势的早期指标。

## ● 1.5 提供的分析工具

每种分析可能是独特的，但整个分析过程在许多方面与非现场监管、现场检查、银行自身风险管理或技术专家的评估一致。本书提供了用于协助银行分析的工具，包括调查问卷和一系列基于电子表格的数据输入表（见附录1，这些表格使分析人员能以一种系统化的方式收集和处理数据）。本书不是关于如何使用工具的操作手册，而是解释这些工具的背景的概念框架。

**方便进行基于风险的银行分析的调查问卷。** 该调查问卷和数据表格应该由被评估的银行完成。问题（见附录A）的设计用于获取管理层对银行风险管理流程的看法和理解。调查问卷中所涉及的有关背景和财务信息的问题应该提供银行的概貌,从而可以对银行政策、管理和控制流程的质量和综合程度以及财务和管理信息做出评估。问题分为几大类:

- 制度建设需要;
- 金融部门和金融监管概述;
- 银行概述(历史、群体和组织结构);
- 会计系统、管理信息和内部控制,以及信息技术
- 公司治理,涵盖关键参与者及其责任;
- 风险管理,包括资产负债表结构管理、损益表结构、信用风险,以及在第4章至第13章中讨论的其他主要类型的财务和操作风险。

**数据输入表格。** 本框架包括一系列收集财务数据的输入表格。人们可以对这些数据进行处理,并生成财务比率或图形。这些表格与主要的财务风险管理领域相关。资产负债表和损益表是基本表格,所有其他表格提供详细数据。人们可以很容易地使用常见电子表格软件对这些表格建模,并生成财务比率、统计表格和图形。这些比率、统计表格和图形可以在解释和分析银行财务风险管理流程和银行财务状况方面助高级管理人员一臂之力。

第2章讨论了使用比率分析和图形。比率是财务分析人员的基本工具,并且是检查银行风险管理流程有效性的基础。它们通常是为进一步分析提供线索的起点。比率随时间的变化提供了关于银行业绩的动态视角。本框架的输出结果包括关于资产负债表结构、盈利能力、资本充足程度、信用风险与市场风险、流动性风险和汇率风险的比率。这些构成了一套完整的银行比率。非现场监管通常检查这些比率,因此本框架是用于银行监管的有效工具。

**图形。** 图形是分析趋势和结构的有力工具。它们方便了对业绩和结构进行动态比较,并能显示趋势线以及银行运作和业绩的重大方面的变化。此外,它们为高级管理层提供了对银行风险趋势的高层次概览。本书从第4章到第13章通过例图对关于风险敞口和风险管理的讨论进行了解释说明。这些图形适于分析以下问题:资产负债结构、收入来源、盈利能力和资本充足程度、贷款组合构成、主要信用风险敞口类型、利率风险敞口、流动性风险敞口、市场风险敞口和汇率风险敞口。模型生成的图形还可用于非现场监管。在这种情况下,它们可作为帮助现场检查的起点,并向高级管理层简明表达银行的财务状况和风险管理情况。它们还可以帮助解释外部审计人员在向管理层汇报中提出的观点以及其他行业专家对银行状况和前

景所做出的判断。

表1.3列出了本书提供的分析工具的更广泛的用途。

表1.3　　　　　　　　所提供工具的可能用途

| 分析阶段 | 可用资源和工具 | 输出结果 |
|---|---|---|
| 数据收集 | 调查问卷 | 完成输入数据、调查问卷和财务数据表 |
| | 财务数据表 | |
| 数据处理 | 完成输入数据、调查问卷和财务数据表 | 经过模型处理的数据 |
| 分析和解释初始输入数据和处理后的数据 | 数据转化为信息 | 分析结果（输出总结报告、表格和图形） |
| 对银行财务状况进行非现场（桌面）分析 | 分析结果 | 关于银行财务状况、风险管理和/或现场检查范围的报告 |
| 通过现场访问、审计或检查进行有重点的后续工作 | 非现场检查报告和/或现场检查的范围 | 现场检查报告 |
| 制度强化 | 现场检查报告 | 运行良好的金融中介机构 |

# 第 2 章
# 风险分析框架

> **本章要点**
>
> - 财务管理的目标是使银行价值最大化。
> - 风险管理的核心组成是风险预测的定位、量化以及监督。
> - 应根据一国的金融系统现状进行银行风险分析。
> - 财务部门的发展包括几个必须采取的步骤,以保证金融机构在稳定可行的宏观经济政策环境及稳固的法律、监管和金融基础设施中运营。
> - 基于风险的财务分析需要透明的信息披露框架。
> - 分析技术有助于了解银行内部以及不同银行间各风险领域的相互关系。
> - 趋势分析可以提供某银行财务指标不同时期的波动信息。
> - 资产负债表、损益表及各类账户组的百分比构成了形成于不同时期以及在特定时期各银行机构之间的比照。
> - 各种比率之间往往相互联系,将其结合起来分析时可提供有用的风险信息。比率及趋势的计算仅回答了发生过什么。

## ● 2.1 财务管理

财务管理的目标是通过定义收益率和风险水平使银行价值最大化。财务管理包括风险管理、资金管理功能、财务规划及预算编制,会计和信息系统,以及内部控制。实际上,财务管理主要是风险管理,包括战略及资本规划、资产负债管理,以及银行业务及财务风险管理。风险管理的核心组成是风险预测的定位、量化及监督,包括银行和财务风险。

对于各类财务风险及整体风险预测来说,风险管理一般包含几个步骤:确定风险管理目的、风险管理目标以及绩效测度标准。同样重要的是具体风险敞口的确定及计量,包括评估绩效对潜在因素的预期及意外变化的敏感度。在做决策时还需考虑风险敞口的承受力,对冲过多敞口的有效方法和工具,以及对冲交易的选择和施行。另外,必须指明风险管理诸方面的责任,评估风险管理程序的有效性,以及确保责任落实。

有效的风险管理,尤其是对于大银行及管制放开的自由竞争市场中的银行来说,需要正式的程序。在发展中经济体中,尤其是那些处于改革时期的经济体,不稳定、经济波动以及不成熟的市场环境极大地增加了财务风险敞口的围度。这使得风险管理更加复杂,同时实施有效的风险管理程序的需要也变得更为迫切。银行应该具备的且分析人员应予以评估的有效风险管理一般包括以下几个部分:

- 在银行最高管理层建立条线功能,主要负责管理风险并可能同时负责协调资产负债委员会的政策和决定的执行。风险管理功能与其他主要功能同样重要,并且符合银行可见性及杠杆的需要。

- 建立详尽明晰的风险管理战略以及一系列与经营目标相关的政策。各种风险管理战略用不同的方法来解释风险因素与风险管理中的波动的、不同处理意见之间的相互关系。

- 适度规范和协调与风险管理相关的战略决策。业务决策的相关风险管理问题和参数应涵盖所有相关业务和功能流程。主要财务风险因素的参数(通常根据银行风险管理政策制定,并通过比率或限制表述)可作为金融机构能承受何种风险的指标。例如,银行借款人权益负债率显示信用风险级别。单个客户最大敞口是表明可接受信用风险的风险参数。

- 严格按照适合的风险参数中的定量和定性分析执行业务和投资组合决策。这一过程包括合并风险预测分析,由于各种金融风险因素复杂的相互依存关系以及平衡各种金融风险因素的需求。因为银行财务状况带有的风险信息以及该状况的变化往往不明显,细节就显得十分的重要。

- 系统性地搜集完整、及时、连续的风险管理数据并准备充分的数据和操作能力。数据应涵盖所有功能和业务程序以及其他相关领域（例如，与风险管理相关的宏观经济及市场趋势）。

- 开发定量建模工具来模拟和分析经济、商业及市场环境变化对银行风险预测的影响及其对银行流动性、盈利能力和净价值的影响。银行采用的计算机模型既包括简单的单机工具，也包括复杂的大型机建模系统。该模型可以在银行内部建立或者从其他具有类似公司背景的金融机构、专业咨询公司或软件供应商处获取。该模型的成熟度和分析能力可在早期显示出银行对风险管理工作的重视程度。

巴塞尔资本协议强调了定量建模工具的重要性以及银行运用工具的能力，因为该工具是执行基于内部评级（IRB）的方法来测定银行资本充足率的基础。

## 2.2 为什么要进行银行分析

环境的不断变化给银行带来了机遇，但也会产生复杂多变的风险并对传统的银行管理方式构成挑战。因此，银行必须迅速获取金融风险管理能力，才能在市场导向型环境中立于不败，抵御外资银行的竞争，并支撑私营部门经济的增长。

对银行运营的安全性和效率的外部评估一般一年进行一次。所有的年度评估性质相同，但重点却略有不同，这取决于评估的目的：

- 公共部门监督（监管）当局评估银行是否稳健，是否符合其要求，是否能够很好地履行其对储户和其他债权人的承诺。监管当局还确认是否银行业务有可能威胁银行体系的安全性。
- 通常由银行董事会任命的外部审计人员要确保财务报表公平地反映银行的财务状况和经营成果。此外，很多国家的监管当局要求外部审计人员评估银行管理人员是否符合预先确定的风险管理标准，并评估银行活动是否暴露出银行资本不应有的风险。银行通常要求至少对年终财务报表进行外部审计，以满足监管当局的要求。

银行财务可行性及制度缺陷也可通过财务评估、扩展组合审查或有限担保审查工作进行评估。该评估往往在第三方评估银行信用风险时进行，例如下列情况：

- 参与国际贷款机构的信贷额度操作或从外资银行获取信用额度或贷款；
- 建立代理银行关系或进入国际市场；
- 国际贷款机构、私人投资者或境外银行的股权投资；
- 参与银行恢复重建项目。

银行评估程序通常包括对金融机构的整体风险状况、财务状况、可行性及未来前景的评估。评估包括必要的非现场监管和现场检查。若发现重大制度缺陷，监管当局会提出适当的纠正措施。若该机构在当前情况下无法维持，监管当局会提出恢复可行性的措施或命令银行清盘停业。银行审核也会做出判断，即该机构是否可以通过适当的帮助得到救助，抑或是该机构会对整个银行体系造成威胁。

对银行评价的结论和建议往往记录在股东信函、谅解备忘录中，或作为制度建设方案。后者最常见的目的是描述发展的先后顺序并在分析人员的审查中确认，这将最大限度提高金融机构的财务表现。必要时该建议还附有与当前措施相关的支持文档、流程图以及其他信息。该制度建设方案通常作为机构管理层、政府官员以及国际贷款机构之间讨论的基础，以便他们作出推动改进建议的实施并决定需要哪些技术支持。

货币政策的决定也需要银行分析程序。中央银行有责任维持货币和经济的稳定。三个相互联系的功能对货币稳定、货币政策的执行、银行监管以及支付系统的监控至关重要。这三个功能必须到位，以确保银行的稳定。因此，银行监督不能脱离货币当局更加广泛的使命。虽然中央银行政策的重点在于一般均衡及价格稳定的宏观层面，但各家银行流动性和偿债能力的微观层面也是实现稳定的关键。

## 2.3 了解银行运营环境

银行监管机构和金融分析师的主要任务是汇集并分析银行风险管理信息。对于银行管理层、金融分析师、银行监管机构以及货币当局来说，对各家银行财务数据的风险分析审查可提供整个银行部门的信息并强调市场趋势及关系。

行业分析的重要性在于，建立了整个行业及行业内相关团体的规范。然后，可基于这些规范评估各家金融机构的业绩。背离预期趋势和关系不仅会暴露单个银行面临的风险，还会改变整个银行业的金融环境，因此需要对此进行进一步分析。通过审查行业统计数据，分析人员能了解行业变化，以及该变化对经济主体和行业的影响。

由于银行同属国内和国际金融系统并在国民经济中发挥重要作用，因此银行统计数据可反映经济状况。金融创新往往引发标准经济变量的变化，而由于金融体系的动态发展，宏观经济学家发现其货币模型不再反映现实情况。

决策者还关注银行活动对货币统计数据的影响，例如货币供给量及授信对国内私营部门的影响。银行审查作为结构化机制能确保货币当局认可并量化非中介借贷，以及对于央行决策者很重要的其他程序。评估银行的结构性方法的优势在于系统合理地考虑银行业的行为，让宏观经济货币分析能随时获取到行业统计数据。因此银行监管机构能极大地协助货币当局，其政策受银行业发展的影响。

## 金融系统基础设施

竞争及动态市场中的银行评估是一个复杂的过程。银行财务状况及稳健性评估往往围绕特定方面的分析，包括所有权结构、风险预测及管理、财务报表、投资组合结构及质量、政策及方法、人力资源，以及获取信息的能力。

为解释具体调查结果、估计未来潜力、诊断关键问题并制定有效现实的活动课程，分析人员必须彻底了解具体的监管、市场以及银行所处的经济环境。总之，分析人员为做好工作必须全面了解金融体系。

脆弱的法律框架、金融合约难以执行或者不稳定的宏观经济环境，会使得信用风险较高并且进行风险管理更加困难。例如，缺乏境外兑换能力的本国不稳定货币会带来较高的风险。银行整体经营战略及其特定政策和方法必须适应银行的经济和监管环境，并切合市场现实。

图2.1描述了支持金融部门发展及评估金融风险和风险管理的要素。

不稳定的**宏观经济环境**（不规律的经济绩效及不稳定的汇率和资产价格）是金融体系动荡的主要原因。该环境使得进行银行资产的真实评估及金融风险的准确评估变得非常困难。政治环境也很重要，因为其对金融部门的政策和实际状况都会产生影响。例如，计划金融体系下，市场极大地受到限制，银行及其客户也缺乏自主权。**法律和司法环境**直接影响银行业务的诸多方面，例如行使合约权利取得抵押品或结清拖欠贷款。透明的问责框架是银行和其他金融机构及其客户业务良好运行的基础。

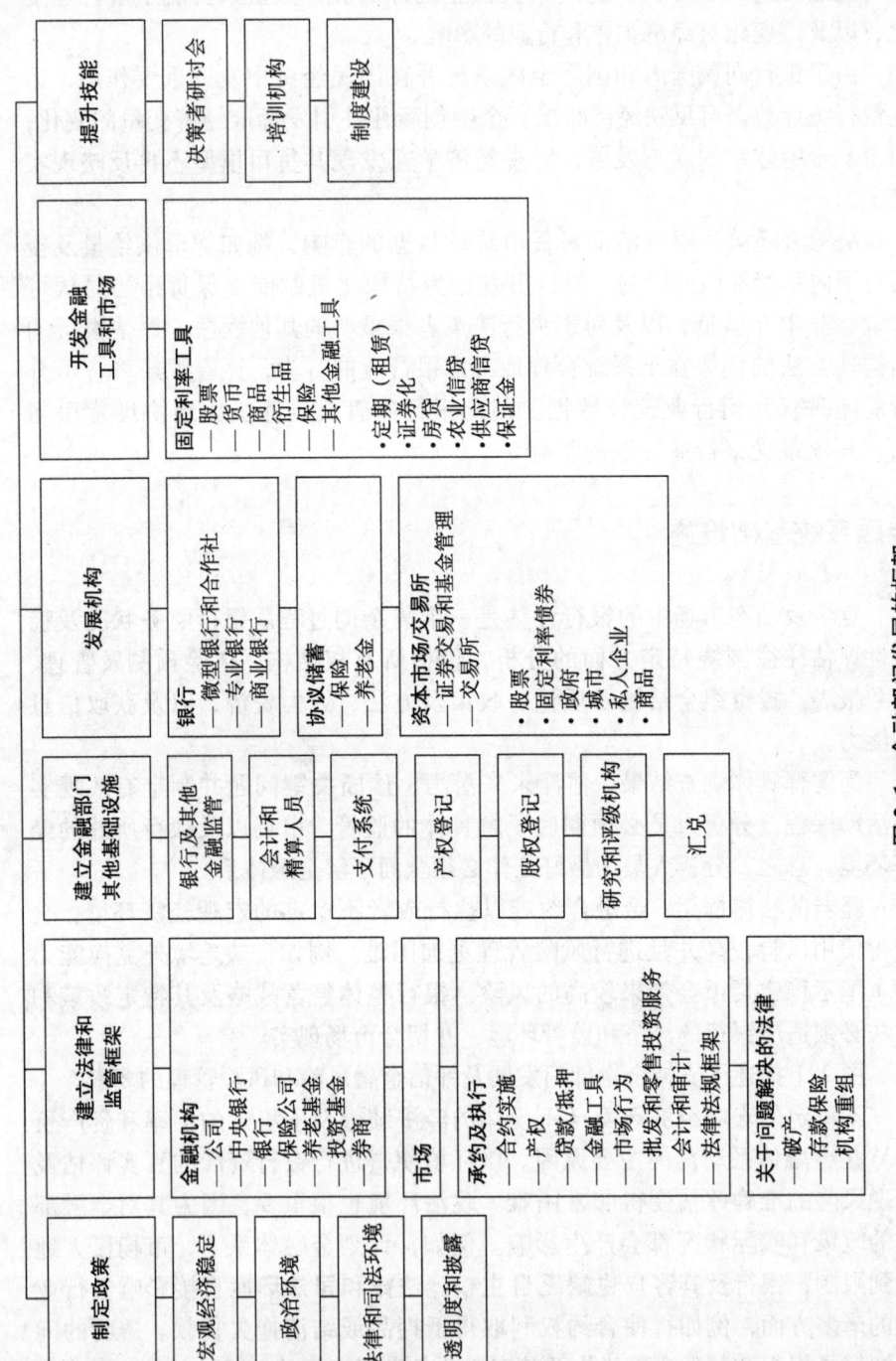

图 2.1 金融部门发展的框架

**金融机构、市场、承约和执行、问题解决的法律和监管框架**阐明了金融机构和市场的游戏规则。分析人员对银行进行评估前需了解相关法律和监督的基本思想,如果法律和监管框架完整且连续,那么再进行深入探究。分析人员应完全熟悉该框架,不仅仅是因为银行业务必须遵守该框架,还因为该框架提供了银行开展业务的环境,包括获准活动的目标和范围。另外,只有了解法律和监管政策才能在危机时刻采取合适的行动。

银行体系的**制度法律框架**的主要内容包括中央银行法和银行法。前者定义了中央银行的自主权、系统性和功能性责任(包括审慎监督)、监管特权以及执行权力的水平。银行法定义了银行履行的金融中介作用的类型(例如全能银行)、特定国家银行业务的范围、进入和退出银行系统的条件以及银行必须满足和维持的资本金及其他最低要求。另外,银行法详细说明了企业组织及银行与中央银行之间的关系。

另一项法律和监管框架的重要因素是监管当局发布的审慎性法规。制定此类法规的目的是维护银行系统的安全和稳定、保护储户以及减少公共基金参与。最重要的审慎性法规有银行许可、公司治理、停业和退出机制、资本充足率以及金融风险管理。金融风险管理规定(详见第4—13章)是要限制银行风险敞口水平,例如对外汇和流动性的规定。该方法确保银行拥有充足的资本以应对风险(又被称为"资本充足率要求"),并且有适当的程序或系统来评估、对冲及预防风险,例如资产分类及拨备程序以及市场价格波动的价值风险模型。

法律框架还涉及其他的金融机构,如保险公司、养老基金、资本**市场管理机构**以及与批发和零售投资服务行业相关的法律。为保护消费者,很多法律专门还规范合约和市场行为。

其他相关法律与破产、存款保险及机构重组等**破产解决**以及司法技术能力相关。破产解决及银行部门安全网机制是要加强银行系统的稳定性和可信度,然而如果机制设计不当就会逐渐破坏市场规则。银行安全网因素包括"最后贷款人"功能和存款保险措施。银行安全网的特定形式对风险管理影响甚大。例如,最后存款人措施的存在(其目的是为那些流动性不足但具有偿债能力的金融机构提供临时流动性支持)可能削弱银行管理风险的动力,从而使银行倾向于保留较低的流动性而更多地放贷。同样,存款保险的存在,尤其是在由国家承担损失的情况下,可能产生道德风险,例如银行自动救助,而不考虑公司治理或金融风险管理状况。

金融部门的基础设施极大地影响银行运营和风险管理的质量。除监管当局(第3章将对此进行讨论)外,作为金融部门基础设施关键组成部分的**支付系统**可能由中央银行或银行体系成员组织管理，或者由银行和中央银行协商管理。支付系统的具体组织决定了支付交易机制。低效的支付系统会显著增加银行成本和结算风险。

基础设施还包括金融部门的核心岗位，如**会计和审计**、精算以及投资咨询等。遵守国际会计审计标准以及该领域训练有素的专业人士可使财务报表的公平性和透明程度显著提高。公平透明的报表极大地增强了风险管理、银行监督以及对消费者的保护。

财产登记也是风险管理基础设施的一部分。该登记定义了固定和流动资产及有价证券，并有效地保护财产权。这还便于抵押品的登记和收缴，以及后续的信用风险管理。风险参考登记通过收集和维护个人和企业的信用记录的相关信息达到同样的目的，并随时分发给相关各方。

此外，**评级机构**通过对银行、企业和市场的系统调查，以及为金融专业人士和公众提供调查结果来促进风险管理。在很多国家，金融基础设施可能还包括调查机构、金融咨询服务以及其他类似的机构。

**制度建设**包括金融机构的组建以及在更大的范围内确定其潜在的竞争对手的形式和规则。银行和金融竞争的不断增加以及银行业务的不断趋同已成为影响国内银行体系变化的主要因素。在风险管理背景下，所有制结构和股权集中是关键。国有银行或金融机构把持的银行系统很容易出现道德风险（如隐性担保），并会导致市场竞争的扭曲。所有权或资产的高度集中也增加了银行系统服务政治的风险，因为某些银行被政府认为是"大到不能倒"并因此受到人为支持。系统性风险出现的特殊情况下，监督部门可能选择支持"大而不能倒"的银行。此外，没有境外资本的银行往往表明金融市场的封闭和低效。

**金融市场和工具**描述了金融体系中的市场、其惯用手法以及业务种类。如前所述，现代银行已超越了传统的存贷市场，直接存在于金融市场的各个方面。起初作为专业性机构，银行已在更广大的地区网络到新客户并已不断提供同类的账户、信贷以及金融服务。

除不同类型银行之间的激烈竞争外，非银行金融中介机构的数量也在不断增加并变得多元化。因此，如今银行产品存在有效的替代品并且可用的服务更多。非金融机构介入银行服务所造成的威胁已成为促使银行采取市场导向行为的另一动因。二级市场的成长也很重要，这将减少市场细分并为不同的金融机构创造更为趋同的成本结构。

各种不同类型的市场交易的金融产品也不相同。创新已带来更多的金融工具，而各自的交易市场也不断增加。就金融风险管理而言，了解银行主要产品中的风险以及特定市场信息（例如流动性或价格稳定性方面）是正确评估银行的关键。

**银行从业技能**的可用性和质量是银行风险评估主要考虑的问题。银行要有良好的人员管理并且能够在组织内部提高银行从业技能，这一点非常重要。好的银行应该能够获取恰当的技巧并且形成合适的工作文化；还应有优化员工业务技能和丰富其经验的程序，并依据其业务和制度目标提高员工绩效水平。

## 2.4 高质量数据的重要性

根据国际财务报告准则（IFRS）和一般公认会计原则（GAAP）编制的财务报表是为了提高透明度并为经济决策提供信息。然而，即便严格按国际规范编制的财务报表仍不能涵盖对一家银行进行各种风险分析的所有信息，因为财务报表主要描述过去事件的影响且并不一定提供非金融信息。但IFRS报表的确包含有关金融机构以往绩效（收入和现金流）及其财务状况（资产和负债）的数据，可用于评估未来前景和风险。金融分析师必须能够结合运用财务报表和其他信息，以得出有效投资结论。

财务报表分析（分析审核）通常包括财务状况及与风险敞口和风险管理相关的特定问题的审核。该审核可在非现场完成，然而现场审核会涵盖更多的主题并更多地关注质量方面的问题，包括公司治理的质量、基础设施以及管理层对有效管理信息的利用。

对银行财务状况进行可靠的评估要求分析人员及监管者必须训练有素，因为很多银行资产流动性较差并且缺乏客观的市场价值。新金融工具使及时评估银行和其他金融机构的资产净值变得更加复杂。银行业和资本市场自由化大大提高了为实现金融稳定而必须获得的信息的水平，同时提供关于市场参与者及其交易的充足可用信息已成为维持有序有效市场的必要条件。针对基于风险的银行管理和监督方法，必须提供有效、有用、及时的信息以满足各主要参与者的需要（见第3章）。原则上讲，市场参与者、储户及公众同监管当局一样需要信息。

理论上讲，信息披露可间接通过市场中强大的同行压力逐步改善。正常情况下，这种压力会让银行了解到信息披露对于筹集资金是有益的，例如信息披露能让潜在投资者及储户提供资金。隐藏信息（特别是反映不良经营的信息）的渴望往往造成透明度的缺失，这经常出现在拥有先进银行系统的经济体中。此外，由于银行流动性对公众的负面看法的敏感性，那些最可能引发突发及不利市场反映的信息通常在最后一刻被披露且通常是不情愿的。

提高透明度的要求往往意味着有用的信息不能得到及时提供，而当寻求或提供的信息为负面信息时，该问题最为严重。监管当局有责任解决该问题。虽然有关银行业的法律法规传统上是被用于进行强制性信息披露的方法，但这一过程历来是为货币政策提供统计资料的，而不是评估财务风险所需的信息。

现在多数监管当局采用的比较直接的方式是强制性信息披露，包括要求银行公布其审慎报告的特定部分（该部分不包含能被竞争者使用的信息）以及其他相关资料。信息披露的价值很大程度上取决于信息本身的质量。然而，由于信息提供成本较高，因此需认真审查对信息的需求，以对披露的利弊进行权衡。

财务披露通常要求公布银行年报中的定量和定性信息。这些信息基于合并报表，并且所有市场参与者都能使用。披露的模式一般要求一系列经过审核的完整财务报表以及管理问题讨论和总体战略等定性信息。披露的信息包括最大股东和非执行董事会成员的姓名、股份及隶属关系，还有公司结构方面的信息；所披露的信息还应阐明财务报表的哪些部分已经过审计，以及在披露附注中写明哪部分没有经过审计。财务报表还包含表外项目相关信息，包括利率或汇率变化敞口的定量估算。

除信息披露最低要求外，可以通过制定公众信息的质量和数量标准完善金融部门的信息披露。由于银行的日益国际化以及各国银行系统相互渗透的增加，因此需要一个强有力的最低标准以确保财务报表的跨境可比性。国际会计准则委员会已经承担该责任，制定了一系列国际标准来提高财务报表的透明度和阐释的准确性（关于数据质量、透明度以及相关责任问题的讨论，包括国际会计报告准则的详细信息，请参见第 14 章）。

需定期审核披露要求以确保能满足当前用户需求，并减轻银行不必要的负担。由于金融创新和国际影响有可能增加对信息的要求，因此在信息披露方面对银行的要求在未来不会减少。然而，依赖充分的信息披露来监督银行，这一要求对储户而言过高，因为储户需要不断提高分析水平才能够评价金融机构复杂的业务。此外，财务信息的处理和解释中存在规模效益。将来专业的金融市场分析师、评级机构（能够处理复杂的财务信息），以及具有较高影响力的媒体都将不断发挥市场规则作用来影响或矫正银行行为。

## 2.5 银行风险分析

银行监管者的措施和金融分析师的评价方法在不断改进,一方面满足了创新和新发展的需要,而另一方面适应了不断趋同的国际监督标准和惯例。巴塞尔银行监管委员会不断地对此进行讨论。传统的银行分析基于一系列评估银行状况的定量监督工具,如比率。比率一般同流动性、资本充足率、投资组合质量、内部及关联性贷款范围、敞口大小以及敞口外汇头寸相关。虽然这些方法很实用,但却不能充分地表现银行的风险状况、财务状况的稳定性或银行预期。

财务风险分析的核心方法是详细审核银行的资产负债表。银行风险分析包含重要的定性因素,并将财务比率综合运用到风险评估和管理及风险的变化与趋势中。银行风险分析还强调相关制度方面,例如公司治理和管理的质量和风格,银行政策和程序的适当性、完整性及一致性,内部控制的有效及完整性,以及管理信息体系和信息支持的及时准确性。

在适当情况下,银行应进行单独分析或结合分行及其他相关国内国外企业进行合并分析。银行合并评估需要整体视角,尤其是跨国或境外市场金融机构的评估。广阔的视野能适应不同环境中具体金融风险性质的变化。

风险分析还应指明,是否单个金融机构的行为与同业公司一致并且符合行业规范,尤其是当其面临收益率、资产负债表结构以及资本充足率等重要问题时。全局的分析能表明此偏差的性质及原因。一家银行的风险预测发生重大变化可能是个体情况而不影响整个金融体系,也可能是行业变动的开始。

财务比率如能准确地反映全局,还需要计算比率的数据及时、完整、准确,因此实用性及透明度问题是问责的关键。这已成为一个重要命题,因为风险管理对于现代金融机构越来越重要并且监督概念也在不断更新。

**计算与分析:**
**综合财务分析的重要性**

财务分析采用分析工具分析财务报表及其他财务数据,从而以一致及标准的方式阐释趋势和关系。从根本上讲,分析人员将数据转换成信息,从而进行信息的筛选及预测。数据的主要来源是金融机构的财务报表。

将各类分析因素和本章讨论的分析技术相结合，便可根据各类信息、计算数据、表格以及图表做出合理的分析。分析人员开展分析所面临的挑战是假设环境（国家、宏观经济、部门、会计审计以及行业法规和对所分析机构的任何重要限制），公司治理的说明以及金融和操作风险，然后通过确定问题之间如何相互影响来将不同类型的分析关联起来。

在进行分析之前，分析人员要试着回答下列问题：

- 分析的目的是什么？
- 分析需要详尽到什么程度？
- 什么因素或关系（环境）将影响分析？
- 有什么可用数据？
- 如何处理数据？
- 用何种方法论来解释数据？
- 如何传达结论和建议？

很多不合格的分析其实仅仅是对一系列比率的计算，以及对预设条款或规定的合规情况的验证，而没有进行分析或者对计算的意义进行解释。这些分析只是解答了"发生了什么"这一问题，而未能探究其原因及影响等更为重要的问题。一旦分析人员确信整体方法合适且理由充分，分析审查应侧重以下问题：

- 通过计算和问卷调查解答"发生了什么？"这一问题。
- 通过分析解答"为何发生"？
- 通过分析解释事件或趋势的影响。
- 通过公司治理质量评估明确管理响应和策略。
- 通过分析的解释及预测结果形成分析人员的建议。
- 突出分析人员建议中的不足之处。

支撑最后结论和建议的有效分析通常需要五至十年的数据，还有相关的图表、共同尺度财务报表以及公司和整个行业的发展趋势。

有经验的分析人员能区分计算性方法和分析性方法。经过一定的修订，该程序将与风险导向的财务监督监管部门使用的方法相类似。

## ● 2.6 分析工具

银行分析工具有很多种，包括适用任何银行环境的问卷和 Excel 模型。

这通常由一系列电子数据输入表格组成,能使分析人员可以系统地收集和运用数据。本章不具体讨论分析工具的使用步骤,而是提供阐释其背景的理论框架。

## 调查问卷和数据输入表格

具有足够权限和经验的银行负责人填写分析人员使用的任何调查问卷和表格。问题的设计应针对管理人员对银行风险管理程序的看法和理解。调查问卷中所涉及的有关背景和财务信息将全面地评述银行,并评估银行政策、管理和控制程序以及财务管理信息的质量和综合性。问题分为以下几类:

- 制度建设需要;
- 金融部门和监管概述;
- 银行概述(历史、团体和组织机构);
- 会计系统、管理信息以及内部控制;
- 信息技术;
- 公司治理,涵盖关键参与者及其责任;
- 财务风险管理,包括资产负债管理、收益率、信用风险以及其他主要类型的财务风险。

为方便数据的收集和准备,分析模型应包含一系列收集财务数据的数据输入表格。然后人们可将数据转换为比率或图表。数据表格通常与主要的财务风险管理领域相关。资产负债表和损益表是固定表格,而所有其他表格提供详细信息。分析模型的输出(表格和图表)可以帮助执行管理层进行银行财务风险管理及其财务状况的高层次解释及分析。

## 数据自动处理

上述框架假设根据输入数据的计算自动生成表格、比率和图表。这使分析人员能侧重解释和分析,而不是单纯地处理数据,从而测度银行的业绩并评估其风险管理程序的有效性。结合从调查问卷获取的定性信息,这些统计表格和图表按照非现场(或宏观层面)报告的需要组成全面分析所需的原材料。比率涵盖不同程度的风险管理,始于资产负债表及损益表附注。图表可形象地表述分析结果,并使银行的现状(例如财务结构和投资组合的组成)以及不同时间的对比情况一目了然。

## 比率

比率是数量与其他数量直接的数学表达式。财务账户之间以及从某时间点到另一时间点之间预期关系之间有多种关系。比率是表述下列各类分析关系的有效方式:

- **活动(运营效率)**:机构有效利用其资产的程度,通过流动资产负债及长期资产的周转率测定。
- **流动性**:金融机构的短期偿债能力,通过评估流动资产及流动负债的组成测定。
- **盈利能力**:公司利润率及与销售额、平均资本和平均普通股权益之间的关系。
- **债务及杠杆**:公司的风险和投资效益性质,通过销售波动及借入资金的运用程度测定。
- **偿债能力**:使用权益负债率及现金流偿债比率产生的财务风险。
- **收入、股价及增长**:机构成长速度,由其收入、股价以及留存收益决定。
- **其他比率**:代表分析人员偏好的比例以及审慎监管者(如银行监管者、保险监管者和证券市场机构)要求的比率。

财务分析便于分析人员进行前瞻性计划。财务比率及该计划有以下几种方式:

- 洞悉公司的宏观经济关系,这会帮助分析人员进行收入及净现金流规划(这对决定金融机构价值及商誉来说是必要的)。
- 洞悉公司财务的灵活性,这是公司获取履行财务义务或获取资产所需的现金的能力,以备不时之需。
- 提供评估管理能力的方法。

即便比率是非常实用的工具,但也要小心使用。比率不能完全反应业务绩效的底线。短期来看,使比率满足行业标准的手段有很多种。因此,应进行银行业务和管理的评估来核查比率。

## 图形及图表

图形是分析趋势和结构的有力工具,便于比较不同时期的绩效和结构,并展现银行业务和绩效的趋势线及重大变化。此外,图形还能为高级管理层提供对银行风险趋势的高层次概览。图形能描述资产及负债结构、收入来源、盈利能力、资本充足率、投资组合、信用风险敞口的主要类型,以及利率、流动性、市场及汇率风险。图形还可能用于非现场监管。在这种情况下,图形是现场检查并简洁地向高级管理层展现银行财务状况及风险管理方面的起点。图形还可以帮助外部审计人员阐释其管理的重点,并且帮助行业专家评判银行状况以及预期。

图2.2 显示了银行交易性金融资产的大量增加,同时现金大量的减少。即便不是下列图形,分析人员也应能对比前几年的饼图来确定是否当期图形结构的变化能反映业务的一般趋势。

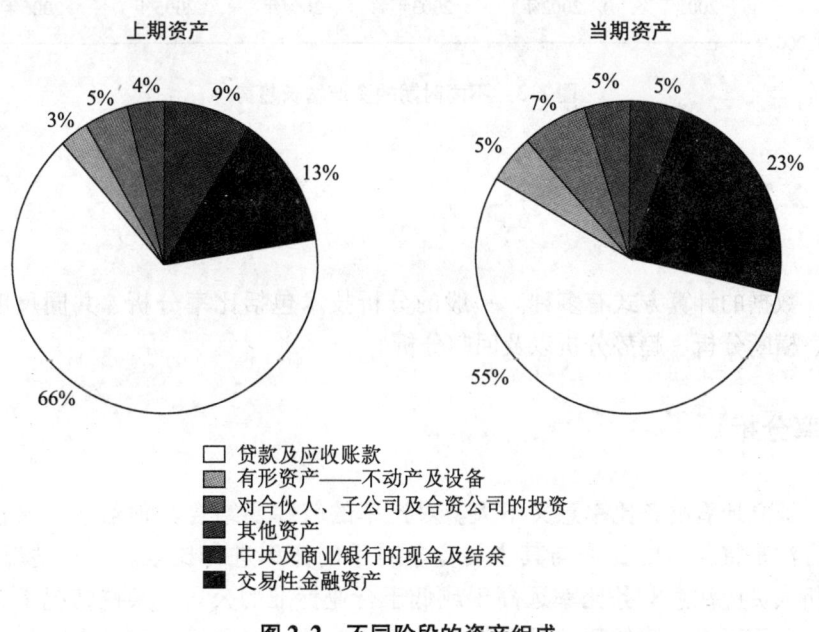

图2.2 不同阶段的资产组成

同样,简单的曲线图能描述主要金融变量的增长趋势(见图2.3)。现金的骤然减少清晰地描述了贷款和应收账款的迅速增加,使机构的流动性备受关注;交易性投资及其他投资的增加引起流动性的降低(这取决于如何获取增加的运营资本)。

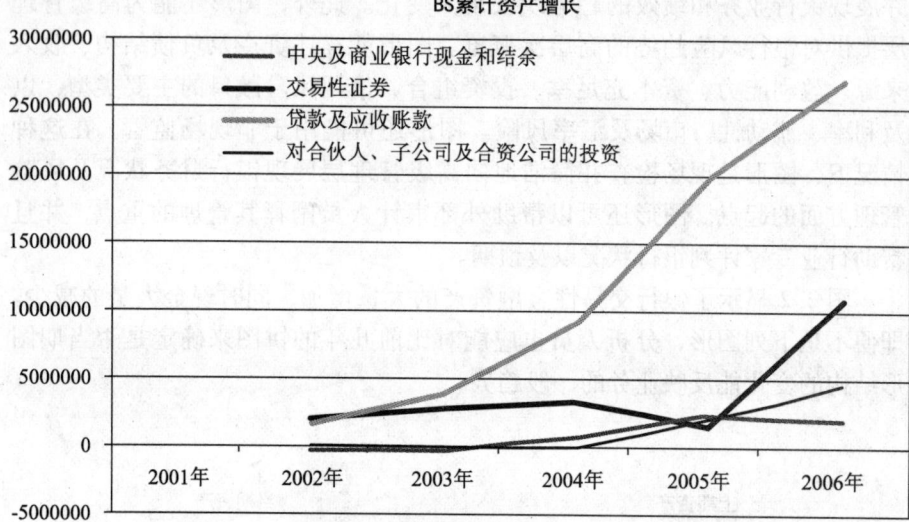

图2.3 不同时期的资产增长趋势

## ● 2.7 分析技术

数据的计算方式有多种。一般的分析技术包括比率分析、共同尺度分析、横断分析、趋势分析以及回归分析。

**比率分析**

孤立地看财务比率意义不大。对比率的解释要结合其他信息。比较好的方法是将公司的比率与其主要竞争对手的比率进行比较。一般情况下，分析人员应注意财务比率远高于或低于行业标准的公司。某些情况下，对某一公司过去业绩的评估是前瞻性分析的基础。这样的评估能表明其绩效可能保持相同的水平或发生上升或下降的趋势。然而，对于做出重大收购或资产剥离的公司、新成立的金融机构或处于动荡环境中经营的银行来说，过去的绩效与未来的绩效相关性不大。

分析人员应基于以下几点评估财务信息：

- **金融机构目标。**将实际比率与公司目标进行对比，从而确定是否能够实现目标。
- **银行业标准（横断分析）。**通过将公司财务比率与行业标准相关联，公司能够与行业中其他公司进行对比。采用行业标准作为评判标准时应小心，因为：(a) 很多比率都具有行业性，并非所有比率对于所有行业都适用；(b) 公司可能会有多种业务，这会改变总计财务比率并使其更适于根据业务类型检查行业特定的比率；(c) 记账方法的不同会影响财务比率的结果；(d) 公司战略的不同能影响某些财务比率。
- **经济条件**。财务比率在经济强劲时会走强，而在经济萧条时会走弱。因此，应根据经济周期中业务所处的阶段审查财务比率。
- **经验**。有经验的分析人员能迅速理解转换数据的含义。

## 共同尺度分析

共同尺度分析是非常有价值的分析技术，可通过将所有财务报表项目转换成某一财务报表项目的百分比实现，例如总资产或总收入。

### 资产负债表结构

资产负债表结构由于银行业务倾向、市场环境、客户组成或经济环境不同而有很大的差别。资产负债表的组成往往是风险管理决定的结果。

分析人员应能单凭分析各种资产的相对份额及不同时期分摊比额的变化评估业务的风险状况（见表2.1）。例如，若任何项目均迅速增长，人们会质疑是否银行风险管理系统适用于处理增加的交易量。此外，结构的变化能揭示出其他类型的风险。分析人员能在全面审查信贷或市场风险管理前提出这些问题。当关系到各类资产产生的净收益时，该分析就变得更为重要，可以帮助完成具有挑战性的风险收益评估。

表2.1　　　　　　　资产负债表结构：共同尺度分析

| 资产负债表组成 | 年度1 | 年度2 |
| --- | --- | --- |
| 央行及商业银行现金和结余 | 9.30% | 5.50% |
| 交易性证券 | 13.20% | 23.30% |
| 贷款及应收账款 | 65.80% | 54.70% |
| 不动产资产 | 3.00% | 4.80% |
| 对合伙人、子公司及合资公司的投资 | 4.90% | 7.10% |
| 其他资产 | 3.80% | 4.70% |
| 总资产 | 100% | 100% |

续表

| 资产负债表组成 | 年度1 | 年度2 |
|---|---|---|
| 客户储蓄 | 77.70% | 74.10% |
| 对银行及其他金融机构的应付款项 | 9.50% | 7.20% |
| 其他负债 | 3.80% | 4.90% |
| 杂项债权人 | 0.10% | 0.10% |
| 总权益 | 8.90% | 13.70% |
| 总负债及资本 | 100% | 100% |

**损益表分析**

共同尺度分析还能有效用于损益表的分析。损益表的重点是收入来源及其持续发展。值得一提的问题是资产配置收入的百分比（见图2.4）。分析业务收入结构时，分析人员应充分考虑并了解以下各方面：

- 报告收益趋势以及报告收益组成及准确性；
- 收入支出各部分的性质、组成以及水平；
- 派息及留存收益；
- 收入主要来源及最盈利的业务领域；
- 令收入水平失真的任何收入或支出确认政策；
- 集团内部交易的影响，尤其是与收入转移和资产负债估值相关的交易。

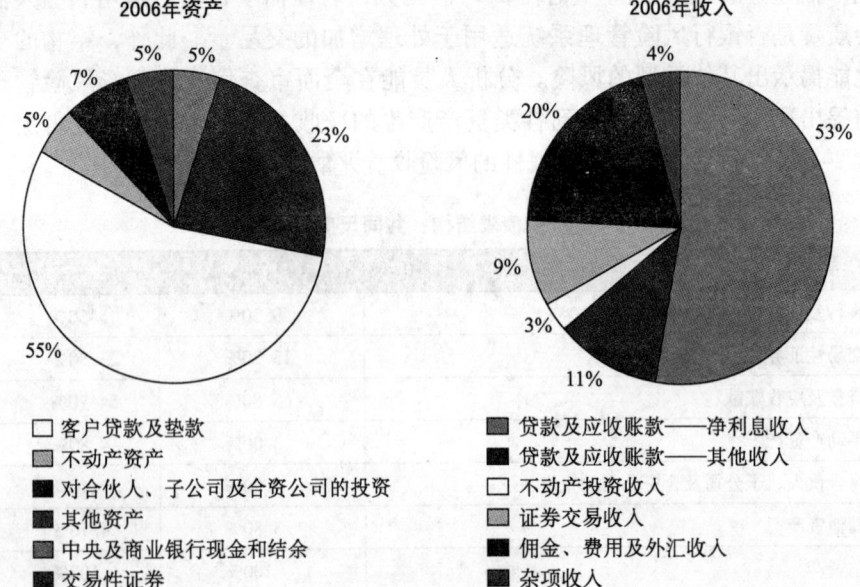

图2.4 资产投入与收入

## 横断分析

比率本身并无意义,这就是为什么金融分析师倾向于趋势分析(分析一段时间某个或某些比率)和对比分析(对比某个行业或不同行业几个公司的特定比率——见表2.2)。此对比是建立绩效和结构基准的有用工具。

共同尺度财务报表的横断分析使某公司与其他同业公司(即便公司可能规模不同或使用不同的货币)更容易进行比较。如果图2.2或表2.1给出的是两家不同银行而不单单是一家银行几年的例子,那么得出的结论是两家银行相关流动性水平及资产结构的比较。

表2.2　　　　两家不同银行资产负债表结构的横断分析

| 资产负债表结构 | 银行1 | 银行2 |
|---|---|---|
| 中央及商业银行现金和结余 | 9.30% | 5.50% |
| 交易性证券 | 13.20% | 23.30% |
| 贷款及应收账款 | 65.80% | 54.70% |
| 不动产资产 | 3.00% | 4.80% |
| 对合伙人、子公司及合资公司的投资 | 4.90% | 7.10% |
| 其他资产 | 3.80% | 4.60% |
| 总资产 | 100% | 100% |
| 客户储蓄 | 77.70% | 74.10% |
| 对银行及其他金融机构的应付款项 | 9.50% | 7.20% |
| 其他负债 | 3.80% | 4.90% |
| 杂项债权人 | 0.10% | 0.10% |
| 总权益 | 8.90% | 13.70% |
| 总负债及资本 | 100% | 100% |

然而,分析人员在进行公司比较时要做到实事求是,因为业务规模确实影响经营业绩,而公司却很少具有相同的规模。用百分比进行比较会消除汇率不同而产生的影响,但分析人员必须牢记影响变量的宏观经济环境,如各货币及国家间的竞争和通货膨胀。

横断分析并不是万灵药,因为不同的会计政策和方法将影响财务报表中具体项目的交易分配。例如,有些公司的销售成本中可包括折旧,而其他公司则会单独列述。不过,如果能够牢记这些方面,横断分析将成为分析人员强有力的分析工具。

## 趋势分析

某数额或比率的趋势体现该数额或比率的增长或下降,与其当前绝对水平同样重要。趋势分析提供历史业绩和增长相关的重要信息,并且由于准确的周期性信息历经足够长的时间,趋势分析被看作是极有用的管理规划工具。趋势分析能够具体体现最近两年货币及百分比的变化,因为很小的百分比变化可能隐含着货币的极大变动,反之亦然。因此,即便对于一个相对较小的变动,分析人员也要查出原由。此外,过去的信息并不完全能预测未来,尤其是当经济环境变化时。用历史数据进行预测时要牢记这点。

表2.3　　　　　　　　资产负债表增长,同比变化

| 资产负债表组成的同比变化 | 2001年 | 2002年 | 2003年 | 2004年 | 2005年 | 2006年 |
|---|---|---|---|---|---|---|
| 中央及商业银行现金和结余 | 基准年 | -16% | 7% | 66% | 74% | -12% |
| 交易性证券 | 基准年 | 49% | 14% | 8% | -25% | 165% |
| 贷款及应收账款 | 基准年 | 21% | 21% | 43% | 62% | 25% |
| 不动产资产 | 基准年 | 53% | -10% | 8% | -5% | 137% |
| 对合伙人、子公司及合资公司的投资 | 基准年 | | | | | 119% |
| 其他资产 | 基准年 | 77% | 40% | 107% | -17% | 82% |
| 总资产 | 基准年 | 28% | 16% | 34% | 40% | 50% |
| 客户储蓄 | 基准年 | 29% | 17% | 25% | 34% | 43% |
| 对银行及其他金融机构的应付款项 | 基准年 | 12% | 32% | 334% | 194% | 13% |
| 其他负债 | 基准年 | 14% | 11% | 49% | 27% | 94% |
| 杂项债权人 | 基准年 | 22% | 26% | 11% | 166% | 82% |
| 总权益 | 基准年 | 28% | 8% | 75% | 29% | 130% |
| 总负债及资本 | 基准年 | 28% | 16% | 34% | 40% | 50% |

## 趋势分析的其他形式

分析重要事项需特别关注货币及百分比的变化。对共同尺度财务报表项目进行分析可采用一种更加完善的趋势分析方式,即综合考虑货币和百分比的变化。即便百分比变化可能不显著,但其中货币数量变动幅度也可能很大,反之亦然。因此,采用这种综合分析方式可以进一步完善趋势分

析并更好地解读年度变化。

### 年增长率（同比增长）

任何有很好定位并在市场上取得成功的业务都有望增长。分析资产负债表能确定业务增长率及业务结构变化的类型。此分析能表明企业的一般业务，并要求了解企业资产负债表结构及资产负债的性质。即使是不显著的整体增长，资产负债表项目往往随着竞争市场或经济环境或监管环境的变化而变化（见表2.3）。随着资产负债表结构的变化，内部分析也随之变化。因此，资产负债表结构对于准确评估以及政策和风险敞口管理程序的有效性必不可少。正常情况下，企业资产的增长由盈利基数的增加并以企业可接受的成本获取稳定的外部集资或投资而决定。

增长过快的企业可能面临不当风险，并且其行政管理信息系统往往不能满足业务扩张的需要。增长过慢的企业可能面临反常或其不了解的风险。即便管理良好的企业仍能出现过度增长引发的风险管理问题，尤其是涉及其营运资本的管理时。

### 自基准年起的累积增长

运用该技术开展的分析与同比增长分析大为不同。当变化超过风险管理系统保持增长的能力或公司的扩张融资能力时，对比基准年来分析不同时期变化的累积效应能生动地描述出补救措施的变化及需求。

## 回归分析

回归分析运用统计技术确定各变量之间的关系（或相关性），例如销售和中期贸易融资量或酒店入住率与收入比。通过比率与变量之间存在的统计关系，回归分析能分析长期趋势，还能进行分析审核以及确定异常项目或比率。

# 第3章
# 公司治理

## 本章要点

- 公司治理为银行的目标设立、目标实现的方式以及目标实现情况的监督提供了约束机制。
- 有效的公司治理能促进银行安全稳健的经营以及更有效地利用资源。
- 公司治理结构中,财务风险管理由几个主要参与者共同负责,各司其职。
- 主要参与者有政策制定者/立法者、监管者、股东、董事、执行经理、内部审计人员、外部审计人员以及公众。
- 公司治理受到系统中各参与者之间关系的影响。若任何主要参与者不能或预期不能充分履行其风险管理职能,其他主要参与者必须加强其自身作用填补这一空白。通常需要银行监管者的介入来填补这一空白。

## ● 3.1 公司治理准则

公司治理与银行业务管理的方式相关,通过银行管理层、董事会、股东以及其他利益相关者之间的一系列关系定义。这包括设立公司目标及银行风险预测,调整公司行动和行为以满足管理层能以安全可靠的方式管理银行的预期，开展既定的风险预测之内、遵守适用法律法规的日常管理工作，同时维护储户及其他利益相关者的利益。有效的治理措施是实现和保持公众对银行系统的信任（大而言之，是对银行系统的信心）的主要先决条件。不良的治理可能使银行倒闭，而银行倒闭可能产生巨大的公共成本，影响存款保险计划，增加连带风险。

银行和银行业会影响到世界上很大一部分人的福利。因此，银行业组织治理计划会影响经济发展。良好的公司治理能创建一个有力的环境，提高银行业务效率，缓解金融风险，并且提高系统稳定性。当贷款人及其他资金提供者对债务人的公司治理计划以及债权的明晰度和法律保障力满意时，他们会更愿意进一步提供资金。良好的公司治理能降低资本成本，因为它向股东传递了低风险这一信息，让其愿意接受较低的回报。已证实，良好的公司治理能提高经营业绩并且降低金融危机造成的连带风险。除通过积极影响投资者的风险意识及其增加资金的意愿来减缓危机的内部风险外，良好的公司治理能提高公司抵御外部冲击的能力。

良好的银行组织治理框架的关键因素包括以下几点：

- 非常明确的公司战略，它能够衡量公司整体上是否成功以及个人贡献。
- 为银行既定的风险预测设立并执行清晰的责任分配、决策权归属以及问责制度。
- 强力的金融风险管理职能（独立于业务条线），完善的内部控制系统（包括内部和外部审计职能）以及带有必要制衡的职能流程设计。
- 良好的公司价值观、行为准则以及保证合规性的其他适当行为标准和有效制度。这包括对可能出现利益冲突的银行风险敞口进行特别监控（例如，与关联方的关系）。
- 为董事会、管理层及雇员提供恰当的物质激励和管理激励，包括薪酬、晋升和处罚（薪酬需符合银行的目标、业绩以及道德价值标准）。
- 内部信息传递以及对外传递的信息要透明、适当。

表3.1总结了银行治理和风险管理的主要参与者的责任，包括治理过程中人员的聘用方式。

本章接下来将探讨旨在为良好的公司治理过程制定准则的最新国际和国内举措。然后探讨银行组织治理过程中主要参与者的角色和责任。我们所重点讨论的是直接参与公司治理和风险管理的参与者，包括那些银行监管和公共政策环境决策的制定者以及那些对风险管理有重大影响的参与者。同时还将提及第三方的行为，例如银行客户及市场参与者的行为。

表3.1　　　　　　　　　　　主要参与者及其责任

| 主要参与者 | 责任 | 重要性 | |
| --- | --- | --- | --- |
| | | 政策层面 | 操作层面 |
| 系统的 | | | |
| 法律和监管机构 | 设置阶段 | 关键 | 无 |
| 银行监管者 | 监控 | 间接（监控） | 间接 |
| 机构的 | | | |
| 股东 | 任命主要参与者 | 间接 | 间接 |
| 董事会 | 制定政策；监控效果；审批所有变化 | 关键 | 重要 |
| 执行管理层 | 执行政策和策略；管理日常业务 | 关键 | 关键 |
| 审计委员会/内部审计 | 测试银行关于公司治理政策、风险管理程序以及控制系统的合规性 | 间接（合规性） | 关键 |
| 外部的 | | | |
| 外部审计人员 | 评述意见 | 间接（评估） | 非常重要 |
| 外部利益相关者/公众 | 采取负责任的行动 | 无 | 间接 |

## ● 3.2　公司治理准则的主要发展

当前，政府对公司治理予以更多关注，那些参与国际贸易、资金流动以及维持国际市场稳定的机构也是如此（如经济合作和发展组织，简称经合组织、国际清算银行、国际货币基金组织以及世界银行）。该关注可以归因于几个因素：(1) 机构投资者（即养老基金、保险公司、共同基金和高风险投资机构）的发展及其在金融部门地位的提高，这一点在主要工业化经济体中尤甚；(2) 在英语国家，尤其是英国和美国，非私营公司的现代监督和控制存在严重缺陷，备受关注和诟病，导致经济和社会发展未能达到最佳状态；(3) 以"股东价值"为中心的传统公司治理理念发生转变，目前公司治理结构的中心扩大并涵盖范畴更为广泛的利益相关者；（4）日益全球化的金融市场，金融部门放宽管制的全球趋势以及机构投资者活动自由化的影响。

意识到银行治理的重要作用，巴塞尔银行监管委员会（巴塞尔委员会）在1999年发布了指导性文件，以帮助银行监管者进一步实施良好的公司治理措施。该指南以1999年之前经合组织为协助其成员国评估和改善其公司治理框架而发布的公司治理准则为蓝本。了解关于经合组织公司治理准则的详细内容请参见本章附录。

自该指导性文件出版以来，由于其公开摒弃了许多公司治理原则，引起了国内和国际上对公司治理相关问题的持续关注。因此，经合组织公司治理准则的修订版于2004年出版，而2006年巴塞尔委员会也更新了其银行机构治理准则。该治理准则并非是资本充足率国际框架修订版（巴塞尔协议Ⅱ或新巴塞尔协议）的补充条款，实际上，无论一个国家是否采用新巴塞尔协议框架，该准则都适用。

巴塞尔委员会治理准则（见专栏3.1）所秉持的理念是，无论银行采用何种形式都能实现良好的公司治理，但前提条件是一些基本职能已经到位。任何银行的组织结构中应包含四种重要的、用于保证适度制衡的监督形式，包括：（1）由董事会或监事会监督；（2）由不参与各种业务领域的日常业务的人员监督；（3）不同业务范畴的直接监督；（4）独立的风险管理、合规性及审计职能。此外，重要的是主要人员胜任其工作。巴塞尔委员会发布的公司治理准则的执行应充分考虑银行及其所属集团（如果有的话）的规模、复杂性、结构、经济重要性以及风险预测。在所有地区，公司治理标准的应用将取决于相关的法律法规、规范以及监管预期。

### 专栏3.1　银行组织的公司治理原则

第一条　董事会成员应胜任其职位，清楚其在公司治理中的角色，并且能够就银行事务做出合理判断。

第二条　董事会应赞同并监督在整个银行组织中传递的银行的战略目标和公司价值观。

第三条　董事会应制定并执行明确的组织责任和义务。

第四条　董事会应确保公司高层管理人员依照董事会政策执行合适的监督。

> 第五条 董事会及公司高层管里人员应充分利用内部审计职能、外部审计人员以及内部控制职能的成果。
> 第六条 董事会应保证薪酬政策和措施满足银行公司文化、长期目标和战略,以及控制环境。
> 第七条 银行管理应透明。
> 第八条 董事会和高层管理人员应了解银行业务结构,包括银行所属的管辖权,或妨碍透明度的结构(即"了解您的结构")。
>
> 《增强银行组织的公司治理》
> 巴塞尔银行监管委员会,2006年2月

通过上述国际努力,公司治理已经受到许多国家的密切关注,包括公共政策讨论以及由于不当的治理计划引起的公司部门和金融市场中的消极发展。附录3A总结了一些重要国内改进公司治理各方面的措施,例如全美反舞弊性财务报告委员会发起组织(通常简称为COSO)的成果。COSO最令人感兴趣的成果包括内部控制框架以及企业风险管理框架,其用于帮助公司降低资产减值风险,确保财务报表的可靠性及法律合规性,并提高效率。

## ● 3.3 监管机构:建立基于风险的架构

本书中银行监管指银行法规的制定和批准,而银行监督指对银行财务和风险管理的监督。各国的监管和监督采用不同的组织结构——有时监管和监督分离,如由政府的一个部门来负责监管,而将监督职能授予中央银行或者某个独立的金融市场机构。

银行监管和监督的主要作用是促进风险管理过程并加强和监督其采用的法定框架。银行监管和监督不能防止银行倒闭。然而,通过创建良好的、有利的环境,他们在影响其他主要参与者方面起着至关重要的作用。

监管框架不仅仅由用于实现特定目标的法规组成。监管环境体现着一般性理念和原则,指导特定法规的内容和执行。一般来讲,监管机构要么采用指令性方法,要么采用市场导向型方法来履行其职责。如何选择取决于监管者对经济运行原则的总体理解。

**指令性方法**通常限制金融机构的活动范围,往往只对监管机构已知风

险进行监管。该方法存在的危险是，法规会很快过时而不能满足金融创新引发的风险。

与此相反，采用**市场导向型监管方法**的银行监管机构认为市场（顾名思义，有效地发挥作用）能管理相关金融风险，因此应该让其自由地发挥作用。采用市场导向型方法时，监管机构的主要作用是改善风险管理。监管机构和被监管实体应有共同目标以确保有效的监管过程。换言之，涉及法规时，监管机构应考虑市场参与者的意见，以避免不切实际或无效的规定。从实践来看，大多数国家的监管都将指令性和市场导向性方法结合起来，视情况不同而采取这样或那样的方法。

进入21世纪，我们发现监管已迅速向市场导向型方法转变。监管能满足众多风险并提供风险管理和评估的准则，且剔除了不必要的繁复规则和建议。此外，由于是基于准则而非规则，市场导向型方法能适应市场环境的变化。监管机构因此应该专注于建设提升风险管理质量和效率的环境，并且监督由银行机构董事会及管理人员执行的风险管理过程。

从系统层面上讲，监管机构的重点工作是保持公众对银行部门的信心以及为金融机构及金融服务提供商创建公平的市场。监管机构还旨在对银行监督和专业监督职能树立自由市场的态度，同时让公众了解银行管理人员在风险管理过程中的责任。就金融风险管理而言，监管机构的主要职责是通过严格的审批及最低资本需求以及资本充足率规则来提高银行的质量；深化与银行所有者、董事以及管理人员相关的受托人责任和标准；指导风险管理及相关政策；制定与风险头寸相关的法定指导；以及对银行或银行系统的合规性及整体风险管理进行评估。大部分监管机构还负责风险管理领域的最新发展研究。

监管机构应从储户的利益出发，当发现银行问题时应保持灵活的法律框架并迅速果断地做出行动。例如，美国法律框架赋予了监管机构在若干情况下进行干预的权力。其中包括严重的资本不足或预期损失过大而消耗资本、资本不足或无法偿还债务、资产的大量消耗、不安全不健全的环境、账簿和记录舞弊、滥用职权，以及违反法律。

如果确定银行管理不能有效地解决某个问题，便可追究责任，免除负责人及董事的职务；罚款；甚至以涉嫌欺诈提起刑事诉讼。但遗憾的是，也会出现监管机构不能在事情初期确定问题的情况，有时是因为没有相宜的法律。其他原因还包括，高技术性金融阴谋、不当的政治影响，甚至由巨额损益引发的腐败。欺诈还可能涉及由多个监管机构监督的机构。

## 3.4 监督机构：监控风险管理

银行监督有时会起负面的法律或管理作用，过多地关注银行业务相关的规定。这些规定往往具有约定性且对银行的要求太多，这样银行就会力求通过产品创新而规避这些规定。

一旦监管和监督机构明白他们不能独自承担银行倒闭的责任，他们就必须清楚他们能够做什么并致力推行。大多数工业国家都经历过这个过程。银行监督机构的作用越来越多地从监督银行法律及传统的审慎法规的合规性转移开来，而如今更多的是"创造监管和法律环境来提高银行风险管理的质量和有效性，从而创建健全可靠的银行系统"。

由于大银行的业务极度复杂而且很难跟踪与评估，监督机构在很大程度上要依赖内部管理控制系统。传统的监管监督方法会消极地刺激银行规避法规而不是激励其恰当地管理金融风险，从而造成金融市场变形。自20世纪80年代末以来，人们不断认识到传统银行监督承受不住现代银行环境和动荡市场的挑战。在某些地区，该认识奠定了在监管机构和银行之间建立一个以市场为导向、基于风险的银行监督方法的法律框架的基础。要建立这样的框架，就要明确风险管理过程中各参与者的责任。

银行监督逐渐负责监控、评估，并在必要时加强银行的风险管理过程。然而，监督机构只是维持银行稳定的众多参与者之一，其他参与者还负责风险管理和审慎法规，不断强调高层管理的责任。认识到为满足大量报告的要求产生了高额成本却没有带来相应的益处，许多国家正逐步采取一种鼓励并使监督部门能够在日常业务中更广泛地依靠外部审计人员的报告系统，但前提是要明确其在风险管理中的作用。第六章讨论的巴塞尔协议 II 已经引入了三大支柱并特别提到由外部各方（例如，评级机构以及外部审计人员）评估的市场规则作用。责任共享始于20世纪90年代，由新西兰首先提出这一理念（见专栏3.2）。

---

**专栏3.2 反对银行现场检查意见**

在建立反映银行监督新理念的监管环境方面，新西兰储备银行做出了很好的表率。下面是该行前任行长的一席话：

"针对银行（至少是新西兰银行）的现场检查或非现场详细信息

> 收集，我们的进一步考虑是风险问题。这些方法会导致银行管理责任的界限模糊不清。若银行监督机构应进行定期的现场检查，那么它还应鼓励或要求银行修改其风险头寸或对其资产负债表（监督机构所关心的银行风险预测）做出其他调整。这可能会削弱银行董事及管理层最终负责银行风险管理的动机，而有效地将某些责任转移给银行监督机构。还有可能形成银行董事及银行监管机构之间有效的分享银行风险的责任的公共观念。反过来，政府确实很难置银行于水火而不顾……我承认，一旦银行陷入危机，任何银行监管系统都会给纳税人带来风险。然而，为了尽量减少这些风险，新西兰储备银行宁可将重点放在银行董事及其管理层上，而不是冒险去进一步模糊其责任。"
>
> —— D. T. 布瑞希，1997 年

在此方面的一项重要进展是强化公共信息披露要求，从而将监控责任向公众转移。银行监督监管的新方法，就其基本要素来讲，同非银行中介机构监督监管的传统形式对应，因此使金融机构的监管环境更加一致、均匀。有人可能很容易得出结论认为银行及非银行金融中介趋同必然引起这些变化。

## ● 3.5 股东：任命正确的政策制定者

股东在提升公司治理中起着至关重要的作用。通过选举监事会以及批准董事会、审计委员会及外部审计人员，股东处于决定银行发展方向的地位。银行与其他公司的不同在于：银行管理层及其董事不仅要对股东负责还要对储户负责，他们是银行资本金的来源。储户不同于普通的贸易债权人，因为支付及清算等诸如此类的经济中的整体中介功能至关重要，会影响到金融系统的稳定性。

银行及公司法律，以及监管机构承认股东和董事的重要性。在现代市场导向型的银行监管方法中，股东的信托责任已明显增加。这体现在几个方面，如银行创建人和大股东必须满足更加严格的银行许可要求及标准。针对股东未能正确履行确保为公司治理过程选择合适人选的职责所采取的行动也变得更加广泛。银行许可程序通常需要确认大股东并要求委任的股东人数必须达到一个最低标准（各地区有所不同）。

要成为银行的创建人或"大"股东，需获得监督机构的明确批准，通常，前提条件是持有该银行一定比例的股票（一般在10%—15%之间）。要取得这种认可，股东须达到某种预先定义的标准。该标准的作用在于使公众相信，股东有能力且愿意有效地行使其信托责任，能够及时增加银行所需资本，并且不强迫银行投资其最感兴趣的项目。中央银行通常准许银行股东结构的所有变化。大部分国家的中央银行还负责审查及批复银行章程以及决定银行与其股东之间特定关系的主要内部规章制度。

股东应在银行事务监督中起主要作用。一般来说，股东要选出一个合格的董事会，董事会成员应具有制定健全政策和目标的经验及资质。董事会还必须能为银行选定适当的经营战略，监督银行事务及其财务状况，维持合理的资本化，并防止股东之间及整个银行中出现徇私舞弊。

实际上，由于分散的所有权结构，股东在大银行可能无法行使监督职能。虽然银行的创建人必须符合一定的标准，但随着银行的扩大及股权的稀释，股东也可能变得非常分散，单个股东在银行管理中没有发言权。若股东不认可银行的管理方式，除出售其股份外别无他法。这种情况下，有效的监管监督就尤为重要。

## 评估股东的作用

银行评估的决定因素是银行所有权、控制结构及其资本状况。该过程应包括所有权登记的审核，持银行资本2%以上的所有股东应实名登记。如果银行国有资本高于私有资本，银行更容易做出草率行动。所有权审核因此也应包括评估国家、企业，以及银行管理层及雇员的持股或参股比例，还应说明股份附加的任何特殊权利或豁免。银行大股东及由此产生的银行有效所有者能通过采用表3.2的特定形式决定。

表3.2　　　　　　　　　　　　　　　股东信息

| 股东 | 股东数 | 持股 | | 持股百分比 |
| --- | --- | --- | --- | --- |
| | | 数量 | 单位 | |
| 私营企业 | | | | |
| 个人 | | | | |
| 公共部门及政府企业（私人股份<51%） | | | | |
| 直接或间接持有2%以上银行股份的股东名称 | | | | |

其他有价值的信息涉及大股东业务及其控制者的主要关注点。应对银行的公司章程、有关注册成立的其他任何文件、公司内部规章制度进行审核，以确定股东及银行之间关系的确切性质。应特别注意任何75%以上股东及董事通过的议案的情况，因为这可能造成不合理的特殊保护（牺牲少数股东的合法权益）。需要了解的一个关键问题是，决议通过是否遵行简单多数原则，如果是，在何种情况下是这样。此外，需考虑是否某些规定使单个股东的投票权受到限制，或者个别股东（或某类别的股东）获得与其持股比例不相称的投票权，还要考虑是否可以通过其他方式获取更多的资本。

另一个问题是股东是否有效地履行其信托责任，是否充分利用其银行的所有者地位。在实践中，这可以通过审核某些特定事项来确定，如股东大会的召开频率、通常到会的股东人数以及他们所代表的股份比例。还应考虑股东在银行、监事会（董事）及管理委员会（高层管理人员）的直接参与程度（如果有所参与的话）。该评估应包括审核当前管理层及监事会的组成，他们的剩余任期，以及董事会成员、股东及银行客户之间的关系。应审核对于持股超过1%的股东（银行客户）来说银行的风险级别，包括考核通过贷款或存款工具传递给股东的数量、条款、条件以及资金。

## 3.6　董事会：银行事务的最终责任方

银行所开展业务的最终责任由董事会承担。董事会制定战略方向、任命管理人员、建立业务政策，而且最重要的是，确保银行的健康稳定。董事会在合法、透明、高效、称职地管理银行方面对储户和股东负责。银行董事会成员通常委任主管及员工负责银行的日常管理，但董事会成员要为不健全或不审慎的内部欺诈性贷款、投资及保护行为，以及其他银行活动的结果负责。

监管机构非常关注董事会，因为基于风险的银行监督方法强调董事会的信托责任并力求确保其董事有资格并且能够有效地执行该责任。法律法规主要规定董事会成员及主管的选举、所需人数、责任以及任免，还有对董事外部业务利益的披露。其他法律法规还包括限制、禁止、董事会成员的购入和出售行为、获贷回扣、挪用公款、玩忽职守、故意滥用、账务造假、政治贿赂以及其他事项。

董事会的组成非常重要。研究表明，近60%的银行破产都是由于董事成员不了解银行业务，或者不知晓以及消极对待银行事务的监督。强势的常务董事及弱势的董事会将引发灾难。具有强势非执行主席的董事会相对于首席执行官担任主席的董事会更能提供客观的意见。银行机构需要强势而有远见的董事会。董事会应鼓励公开讨论，更重要的是董事会要能包容冲突，因为冲突反映出意见的全面性。因此，考虑到董事会成员的任命，股东应审查其资质、职业及经验、行业知识、与股东的关系以及操守。

对董事会成员人数的要求各不相同，但大多情况下大部分董事会成员不应是银行的高管。采用监事会模式的银行系统，一般都是非执行董事。尽管这种方法存在一定优势，但政策制定缺乏完全非执行董事的参与是其主要缺点。只有一名执行董事的董事会通常只以总经理的行为方式审视银行。若董事会有多名执行董事，董事会成员的视角将更广阔，将有多名高管的眼睛盯着公司。

董事会必须有力地、独立地、积极地参与银行事务。银行董事及高级管理层必须秉持很高的道德标准，并是最合适提供该服务的人选。尽管银行董事不必是银行专家，但他们应具备相关的能力、知识及经验，使其能有效地履行其职责（见专栏3.3）。

## 专栏3.3 董事会：有效地履行职责

尽管以下内容并未覆盖董事会职责的全部，但本委员会发现，董事会及其成员如能做到如下几点便可以加强公司治理：

- 了解并执行其监督作用，包括了解银行的风险预测；
- 批准银行整体经营战略，包括批准整体风险政策及风险管理流程；
- 在适用的本国法律及监督标准下，对银行履行其"忠诚义务"及"谨慎性义务"；
- 与其他组织交涉时，避免利益冲突或出现冲突；
- 当出现利益冲突而使其无法对银行妥善履行义务时，避免参与决策；
- 保留充裕的时间和能量以履行其责任；
- 董事会进行架构建设以增进效率和促进实际战略决策，包括改变人员规模；
- 随着银行规模及复杂性的增加，开发并保持恰当的专业水平；

- 定期评估其治理实践的有效性，包括董事会成员的提名及选举、利益冲突管理、薄弱点测定以及做出必要改变；
- 选择和监督，必要时更换，主要高层管理人员，但要确保银行有恰当的管理层交接方案，并确认继任者有资格并且适合管理银行事务；
- 通过以下方式监督银行高管：行使其向管理层提出质疑的责任和权力，并要求得到直接答复，在及时得到充分信息的基础上评判管理层业绩；
- 同高管及内部审计定期见面以审核政策，建立沟通渠道，并监督公司目标实现的进展；
- 提升银行安全性和健康稳定性，了解监管环境并确保银行与监管机构之间维持有效的关系；
- 提供合理建议并推荐其他相关成功经验；
- 董事会避免干预银行的日常管理工作；
- 董事会负责外部审计人员的聘用及监督过程中的尽职调查（在某些权限范围内，审计人员由股东直接聘用）。

《增强银行组织的公司治理》
巴塞尔银行监管委员会，2004年

董事会很重要的一项义务是确保管理团队具备必要的技能、知识、经验及见解，以有效负责地管理银行事务。管理团队直接对董事会负责，并且应具备强力的结构支撑此关系。在景气时期，董事会制定基调和方向。董事会监督和支持管理工作，在批准建议前要进行调查研究，并且确保具备充足的控制及适当的系统以便在出现问题前发现问题。在萧条时期，董事会的参与能拯救银行，若其能评估问题，采取正确的行动，并且在必要时掌舵直至有效的管理得以重建、银行问题得以解决。

有效的董事会应充分理解银行业务活动及相关风险的本质，应采取合理的步骤以确保管理层已建立监控风险的强大系统（专栏3.4总结了董事会的风险管理责任）。即便董事会成员并非银行风险及风险管理系统专家，但他们应保证有这类的专家且有合格的专业人士审核风险管理系统。董事会应及时采取必要行动，以确保银行资本能合理匹配其经济业务环境以及业务风险预测。

> **专栏3.4 董事会金融风险管理责任**
>
> 银行法律法规相关条款规定董事会是风险管理过程的主要参与者。下面是董事会的主要责任:
>
> - 制定风险管理各个方面的明确政策;
> - 设计或批准包括明确分派各级别权力及责任的结构;
> - 审查并批准明确量化可接受风险,确定维持银行安全运营的资本数量及质量的政策;
> - 确保高管有效地采取必要的措施来确定、衡量、监督并控制银行的金融及操作风险;
> - 定期审查风险控制以确保其可用性,并对长期资本保全计划做出定期评估;
> - 获取越权的解释,包括对董事及其他相关方面的信用审查、重大信贷风险以及规定的适当性;
> - 确保内部审计功能涵盖对政策及程序的审查;
> - 正式授予管理层制定及执行战略的权力(然而董事会应严格评价并最终批准战略计划);
> - 指明报告的内容及频率;
> - 确保合理的人员编制和薪酬制度,以及积极的工作环境;
> - 对首席执行官的绩效进行年度评估;
> - 选举一个主要由非执行董事组成的委员会,以决定执行董事的薪酬。

董事会应保证银行具备适当的审计计划及风险管理委员会,这样能在适当的时候采用适当的风险管理系统。董事无需是风险管理及审计机制方面的专家,但他们应在必要时咨询银行内部及外部专家,以确定该计划的稳健性并能使之得到妥善落实。

董事会还应保证银行业务符合银行法律法规,应采取一切合理步骤以保证银行信息披露报告的透明度及准确性且披露程序的充分到位,包括外部审计或其他恰当的意见,还要确保披露的信息无虚假或误导性。

银行评估通常包括对董事会机构及其有效性的评估。评估的主要目的是确定董事会的董事是否合格且经验丰富,能够且愿意有效地行使其责任,充分了解其义务,并已制定恰当的目标和政策(专栏3.4)。评估应包括审查董事会记录以及(对于各职能领域而言)定期提供给相关董事的一套完整报告。若董事会有效地执行其银行业务监督责任并及时通知银行状况，那么能通过评估确定董事会的后续行动。

评估尤为重要的组成部分是审查银行法律法规的合规性以及评估是否存在利益冲突或者徇私的行为。徇私的董事会很危险。若存在利益冲突，所涉及的董事应充分披露冲突的实质并避开相关事项的表决。应认真仔细检查这种交易，以发现潜在的徇私行为。

监督机构及分析师应注意的其他徇私行为包括董事、高管或股东利用银行信贷获取贷款或办理其他业务。向银行董事或其业务利益体发放不合理贷款从信贷和管理角度都是严重的问题。该不合理贷款引发的损失已经十分严重，但对于银行整体信贷文化造成的不良效果更加严重。应警惕为了取得董事对融资安排或使用特定服务的赞同而贿赂董事的可能性。

## ● 3.7 管理：银行运营及风险管理政策执行的责任

如专栏 3.5 所示，稳健的银行系统及良好的财务状况最终取决于董事会及成员行的高管。银行的战略定位（银行风险预测的本质）及系统对该预测的正确识别、监督以及管理反映了银行管理团队的水平及董事的见识。基于这些原因，促进金融系统稳健发展的最有效策略是加强董事及管理人员的责任心并强化其审慎管理的激励措施。因此，高管是风险监督监管方法的基石。监管机构逐渐地要加强高管的参与度与责任心，使其担负起维系银行健康稳健的主要责任。

### 专栏 3.5　银行管理人员的责任

美国货币监理署对 1979—1988 年间银行的破产情况进行了研究，力图找出破产根源。研究表明，并非所有面临危机的银行都会破产，只有那些管理脆弱的银行在状况不力时才会破产。

一位在美联储任职的官员凯利曾用以下这句话道出了这种状况：

认识到这一点很重要：无论采用何种解决办法，银行股东在其投资方面都会蒙受损失，而银行高管几乎总是被更换。

——E. W. 凯利，1991 年

每个高层管理人员的资历都很重要。金融机构中,风险管理的过程并不是始于战略会议、规划过程或任何其他委员会,而是任命有前途的雇员或将其晋升为高管。

为选用合格的管理人员,监管机构有几种不同的方法。多数监管机构都制定管理人员需遵守的标准,见专栏3.6。采纳此标准的体系通常要求中央银行在其成员行高管任职前对其经验、技能以及职业操守进行确认。然而,在某些体系中,由于政策原因不参与银行高管的任命,除非由于管理不力已使银行陷入危险境地。

董事会及管理人员需互为支撑,同时各司其职。首席执行官及管理团队应依照董事会的政策开展银行的日常活动,但还需稳健的内控系统的支撑。即便董事会将日常业务交付给管理人员,但仍保有整体的控制力。若董事会听命于管理层,则说明董事会未能尽其责,这样最终会使银行受损。

### 为董事会提供管理信息

管理人员应让董事会了解,他们会履行其职责并迅速充分地满足董事会的要求。此外,管理人员应运用其专业知识为董事会提供创新想法与建议。银行应制定适当的政策来提高其管理人员的责任心。由于管理人员负责银行管理工作,因此应激励其保持对业务活动及相应风险的整体良好把握。银行高管的职责包括任命具有足够专业技能的中层管理人员,建立恰当的绩效奖励与人员管理机制,以及进行人员培训。管理人员应确保银行拥有合适的管理信息系统并且信息应透明、及时、准确、完整。

---

**专栏3.6 银行管理人员"合适及适当"准则**

- 无任何犯罪记录,如欺诈、欺骗或暴力。
- 当事人无任何被监管机构视为因舞弊、无能或渎职造成公众经济损失的违法记录。本准则自当事人供职于银行、保险、投资以及金融服务或担当法人管理起生效。
- 没有迹象表明某位董事曾造成了某一公司无力偿债的情况。
- 不介入任何欺诈、歧视或对管理人员能力及判断力产生怀疑的商业行为。
- 当事人无任何业务申请被拒记录,或者任何执照被撤销或吊销记录。

- 金融机构董事或执行官在其任职期间，该机构未受到国内或国外监管机构的谴责、警告、惩罚或起诉。
- 当事人所在金融机构没有被拒发许可或业务许可被吊销的记录。
- 无被任何专业或职业组织（例如雇主或专业团体）辞退、拒绝或处分的记录。
- 无国内或其他地区不良贷款记录。
- 无破产记录。
- 当事人无任何定罪记录，包括交通违章、政治犯罪或未成年犯罪。
- 当事人无任何与企业的创立和管理相关的诉讼记录。
- 与相关金融机构不存在关联方交易。

管理的主要责任是确保所有主要银行职能可以依据明确的政策和程序执行，并且银行具有适当的机制来有效地监督及管理风险。专栏3.7总结了金融风险管理的管理责任。

巴塞尔银行监管委员会很好地描述了管理人员对金融风险的确定、评价、定价及管理风险的作用。巴塞尔委员会指出任何使用新金融工具的企业必须保证各级管理层都了解其内在风险，并采用了内部会计制度以保证准确的控制。风险管理应是各级管理人员日常活动必不可少的一部分，从而能采用适当的风险管理系统并确切地遵守管理程序。

### 专栏3.7 管理人员金融风险管理责任

- 向董事会提出审批的战略计划及风险管理政策。
- 执行董事会批复的战略计划及政策。
- 建立企业文化，提升职业道德操守。
- 确保银行主要职能及风险的政策、程序及标准等手册的开发。
- 执行有效的内部控制系统，包括不断评估所有不利于银行实现目标的重大风险。
- 确保控制措施的执行，以遵守已确立的风险限额。确保立即向管理层报告违规事件。
- 确保内部审计人员能够正确审核并评估控制措施的充分性且满足限额及程序要求。
- 开发并执行正确反映商业风险的管理报告系统。

管理层还应确保银行拥有充分的内部控制，包括适当的审计计划，因为风险管理失败往往不是由于意外或外部风险，而是由于无效的决策过程及脆弱的控制造成的。

近来，国际银行业的变化极大地增加了对管理过程的需求。金融创新将价格或市场风险从一方转嫁给另一个方，但风险本身没有被消除。创新速度的增加、表外交易的增长以及不同类型风险的分类计价，使财务报表分析及银行财务状况管理变得更加复杂。管理逐渐面临的重要问题是如何最好地计算、监督以及管理风险敞口，如何将表外活动整合到其他敞口中。

### 风险分析：管理评估

评估管理资质也很重要。对高层管理人员的评估应专注于以下几点：

- 具有管理银行的合适与适当资质，如廉洁。
- 足够的技术能力及经验。可以依据银行职员的管理实践对此方面的进行评估。
- 监督及控制银行重大风险的系统，包括信贷、风险集中度、利率、货币、偿债能力、流动性以及其他风险。如果有必要的话，还应该对该系统是否正确运用及管理活动是否恰当进行评估。
- 对银行业务的所有主要领域提供恰当的管理指导及正确的决定。
- 遵守所有银行注册所需的条件。
- 定期联系能控制或极大影响银行利益的人。应制定要求披露董事间的利益冲突的政策。

## ● 3.8 审计委员会及内部审计人员：董事会风险管理功能的拓展

董事会是最终风险管理者，而审计委员会被视为董事会风险管理职能的拓展。审计委员会能帮助管理层识别并处理复杂的组织风险。依据现代企业准则，审计委员会的使命是"加强管理集团范围内的操作风险"。下面是内部审计功能的目标：

- 使管理层能识别并管理商业风险；
- 提供独立评估；
- 评估运营的效用、效能及经济性；

- 对法律、政策及操作规程的合规性进行评估；
- 评估会计及计算机系统信息的可靠性；
- 为条线管理提供调查服务。

对审计委员会的作用也存在反对意见。此类委员会已成为坚持称自己了解风险的固执董事的救命稻草。董事会在面临风险管理问题时，会先跑去问了解公司问题历史情况的人士，也就是审计人员；这一点是合乎逻辑的。该意见的支持者指出，审计人员往往只是循章行事的专家，而风险管理从来不是这么简单的事情，因此不应将此项工作授权给任何委员会、部门或小组。

## 审计委员会及内部审计职责

内部审计监督及指导功能是审计委员会整体职责不可或缺的部分。董事会和管理层必须有能够确保贯彻政策及管理风险的工具。采用市场导向型的风险管理方法，审计已经超越了管理控制和会计的范畴。审计涵盖了应用的所有业务方法和措施，以保障企业资产并管理风险，检查会计及管理信息的准确性和可靠性，提高业务效率，并鼓励遵守管理政策。总之，内部审计有独立的评估功能，因为其建立在组织内部，用以检查并评估组织活动，这有益于组织的服务。

内部审计的重要职责是保证有效的公司治理、控制系统以及风险管理流程。内部审计人员在年度财务报表提交给董事会之前对其进行审核，确保财务报表采用正确的会计政策和方法。财务报表的审核需详尽，以便内部审计人员能够全方位报告各种情况，包括资产负债表和损益表报告的公平性。内部审计人员还应考虑法律法规的合规性，确认所有重大差异及披露问题，突出年报与管理记录的差别，并指出主要波动。

因此，内部审计人员及审计委员会对风险管理程序非常重要。总的来讲，风险管理责任包括监督金融机构的财务风险预期和审核管理程序。审计委员会及内部审计人员在财务风险管理中的责任是：

- 审核管理人员对董事会政策和程序的执行情况，并向董事会出具报告；
- 保证有效的公司治理、控制系统及风险管理流程；
- 验证管理人员报告给董事会的信息的充分性与准确性；
- 改善董事会与管理层之间的交流；
- 评估风险管理方法对风险敞口的适用性；

- 测试风险活动及状况各个方面；
- 确保对风险状况、风险限额及超出限额所采取的行动的有效管理控制；
- 确保管理人员能充分理解已有的政策及程序，并有贯彻执行的必要专业知识；
- 业务评估，并提出改进意见。

内部审计人员还要评估外部审计，并保证审计报告指出的后续管理活动的问题。虽然审计人员和审计委员会应满足公众和监管部门的所有期望，但要满足这些要求的能力是有限的。这个问题备受关注，（各方面）已设法设计有效的框架和更好的方法（如本章附录中讨论的 COSO 准则）以使内部审计过程更加有效。

## 3.9 外部审计人员：对传统银行审计方法的重新评估

审计的主要目的是使审计人员能就银行财务报表是否反映其某个时期的财务状况及经营成果发表意见。外部审计报告主要呈递给股东，但也被其他很多人使用，如监管者、金融专业人士、储户及债权人。根据国际审计准则的要求，传统的外部审计方法主要是审核内部控制系统。进行该评估是为了确定实质性测试的性质和程度，提供分析审查或趋势分析，以及进行一定的详细测试。除审计损益表外，还要通过独立程序对资产负债表的某些项目进行审计，例如固定资产、现金、投资或债务人。传统的外部审计是寻找贷款职能中舞弊和管理不善的行为。审计很少详细分析借款人的信用，通常由银行监督机构执行该职能。

基于风险的金融监管还要求重新评估传统的外部审计方法。作为风险管理中不可或缺的外部审计人员有其特定作用。如果采用市场规则促进银行系统的稳定性，市场必须首先能让银行董事及管理人员对银行业务负责。外部审计人员的重要作用是，帮助市场参与者更好地决定可以与哪些银行进行合作。

外部审计人员的职责包括：

- 评估被审计银行的内在风险；
- 评析所收到的信息，以确保信息的合理性；
- 了解交易的实质和客户银行所使用的金融工程（结构）；
- 审核管理人员对董事会政策和程序的执行情况；

- 审核呈递给董事会、股东及监管机构的信息；
- 审核遵守法规要求的情况；
- 向董事会、股东及监管机构报告所递送信息的公平性。

很明显，外部审计原理及方法是风险管理协作策略成败的关键。当然，外部审计人员的工作是为客户提供额外的保护。因此，实现从简单的资产负债表审计到评估金融服务行业的风险的职业转变是非常重要的。当金融机构所有审计人员都采用该方法时，风险管理过程将显著增强并且所有金融服务用户都将受益。

会计人员和审计人员的作用是银行监督过程的重要组成。审计人员出具的管理信函及详细的审查报告为监管机构提供了银行各种经营方面的宝贵意见。特别重要的是，审计人员能发现可能威胁某个银行或整个银行系统稳定性的因素。在很多国家，尤其是监管薄弱的国家，监督机构可能会避免重复外部审计人员已提供给客户银行的工作。这样，赋予审计人员的法律权限更广，但至少应建立充分的联络机制。

## 3.10 公众的作用

也许监管机构对投资者最大的伤害——尤其是在没有明确存款保险的国家——是制造监管机构能保证公众存款安全的幻觉。当一切都说过和做过，投资者必须明白任何管理和监管保护都不能取代其自身对投资所负的责任。投资者和存款人有权要求采用健全的准则来分散风险及评估金融机构。客户在不能保护自身的情况下，应考虑采取限制性银行存款保险计划并简化保险公司及其他投资组合经理的合约披露。

保护公众利益的唯一途径是了解谁在承担风险：是通过中介（投资经理和经纪人）运作资金的个体投资者，还是吸引投资者的资金并以投资主体身份出现的金融中介（银行）。当对此进行明确区分并且公众更清楚地理解投资所承担的风险时，金融机构的基本作用是保护客户。如果以上描述的"合适及适当"要求被应用于所有金融服务提供商，这点将能得到更好地体现。

如果"公众"的概念扩大到将金融传媒和分析人员（如股票经纪人、其他顾问及评级机构）等涵盖在内，投资者将能更好地进行风险管理。此外，市场提供明智决策的能力必须通过银行财务报告充分披露及媒体准确的分析来提高。保障投资者的利益有多种方式，但披露实际发生了什么是必须的。

作为一般原则，很多国家进行银行监管的大部分原因都在于信息披露被指存在缺陷。提供充足信息的政策将帮助减缓该潜在问题，并有可能消除当今银行中普遍流行的众多定量限制。强调管理的透明度与问责制也将减少通常与银行传统监管方法相关的合规成本及监管扭曲。

解决该问题最可行的方法可能就是强制公开披露。1913年，美国最高法院法官路易斯·布兰德斯曾说过，日光是最好的杀毒剂，而灯光是最好的警察。这个听起来很奇特有趣的格言至今依然适用。布兰德斯的另一个重要观点是：要使之有效，必须对公众公开。强行公开披露的主要好处是，信息应该公开披露的意识会影响金融机构的管理活动。董事会及管理人员明白，财经媒体及竞争对手在了解情况之后，即便是最艰深的技术类信息也能传达给公众。在美国及其他信息披露要求严格的国家，由于信息披露引起的个人诉讼威胁会促使管理人员和董事会避免出现此类问题。

另一种形式的公开披露形式是标准普尔、穆迪投资者服务公司、贝氏等公司的评级报告。在理想情况下，这些私人评级机构可以平衡公开披露和保密的需要（由于汇集了公司大量的信息，评级机构必须尊重金融机构的意愿对某些信息进行保密，而仅向公众披露经过评级的信息）。通过评级报告，评级机构比监管机构更能迅速做出反应，并更加有影响力。如果评级机构能在金融机构、金融机构的高管及更多的公众之间建立可靠性信誉，那么评级公司也能为银行提供其他形式的风险管理。

因此，市场规则能有效减轻监管者关于较大且成熟的投资者的压力。金融分析师对公众的风险管理作用不容忽视。金融分析师的工作是为客户提供投资意见，因此他们惯于从风险投资的角度提供财务数据。买入银行可转让定期存单及其他批量货币市场工具的投资者应与银行持股公司债权人共同承担风险。由于投资可能蒙受损失，所以投资者将对银行进行监督以保护其自身利益。即便市场可以起监管作用，但施行监管当局和私人部门之间资源共享的政策势必比单方行动更为有效。

然而，只有当问题广泛出现并造成实质性的，有时是致命的损害时，该金融机构的评级才会下降。问题是，如果可以获得更多可用信息，是否整个市场能够在足够早的阶段发现形势恶化或存在过高的风险。风险评估方法的开发并将其合理运用到数据公布上需要很长时间。因此，市场参与者随着其发展发现信贷问题的能力受到限制。20世纪80年代，在重大信贷问题突然发生时所采取的做法很可能在不久的将来依然会继续作为一般模式。

若市场分析师在实质性伤害出现前不能识别并正确评估信贷及其他问题，市场规则将不能保护银行系统或存款保险基金的整体安全。实际上，迟来的市场压力会使监管者面临更复杂的问题。因此，保护较小且不成熟的投资者的机制仍需继续存在。

## ⦿ 附录3A：各国在改善公司治理方面的举措

"……仅是墨守成规是不够的。如我之前所说，他们应将这种方法注入公司的骨子里。对采用该方法的公司，关于合规性的众多考虑消失了。此外，若公司将新法律视为机遇——即改善内部控制，提高董事会绩效，加强公开报告的机遇——公司的运作最终会更好、更透明，也因此将吸引更多的投资者。"

威廉·唐纳森<br>美国证券交易委员会前任主席

鉴于公司治理对金融机构有效运作及其竞争力的重要性以及公司运营的经济大背景，公司治理框架已备受国际和国内的关注。如前所述，最重要的国际举措是：

- 经济合作与发展组织（简称经合组织）公司治理准则（1999年和2004年版）。
- 国际清算银行巴塞尔银行监管委员会银行组织公司治理准则（1999年和2006年版）。

自20世纪90年代初以来，各国也有很多强调公司治理的准则。这些举措主要针对某些国内的金融或企业系统。下面是几个最具代表性的例子：

- 内部控制整体框架：全美反舞弊性财务报告委员会发起组织（COSO），1992年和2006年版（较小公司指南）。
- 企业风险管理框架——COSO，2004年9月发布。
- 美国萨班斯—奥克斯利法案（SOX），2002年。
- 英国坎伯理准则，1992年和2003年版。
- 南非国王报告，1994年和2002年版。

## 经合组织公司治理准则

经合组织在 1998 年将公司治理列入主要议题。1999 年公布的第一版经合组织准则,成为世界决策者、投资者、企业及其他股东的国际基准。经合组织准则将公司治理定义为"公司管理层、董事会、股东及其他利益相关者之间的一系列关系"。公司治理还提供了公司目标制定的结构,以及实现这些目标的方法和绩效的监督。良好的公司治理应恰到好处地激励董事会及管理层按公司及股东的利益追求目标,并促进有效地监督。

2002 年,公司治理指导小组整体审核了准则的初稿,充分考虑经合组织成员国和非成员国的新发展和经验。2004 年公布了新版准则(专栏 3A.1)。除专栏 3A.1 的主要条款外,经合组织网站(www.OECD.org)上可以有更详细的信息。相关经合组织金融市场稳定论坛已将该准则归结为稳健金融系统 12 个主要标准中的一个标准。

### 专栏 3A.1　经合组织公司治理准则（修订版）

一、确保有效的公司治理框架的基础——公司治理框架应提升市场的透明度与有效性,应符合法律法规并且明确清晰阐述职责分工。

二、股东权利和关键所有权功能——公司治理框架应保护并促进股东权利的行使。

三、股东公平待遇——公司治理框架应确保公平对待所有股东,包括小股东和国外股东。对于侵权,所有股东都应有获取有效赔偿的机会。

四、公司治理中股东的作用——公司治理框架应承认依法或协商建立的股东权利,并鼓励企业与股东在创造财富、工作及维持企业财政稳定等方面的合作。

五、披露及透明度——公司治理框架应确保公司重大事件的及时准确披露,包括财务状况、绩效、所有权及公司管理。

六、董事会责任——公司治理框架应确保董事会对公司的战略指导及管理的有效监督,还要确保董事对公司和股东负责。

在经合组织的原始文件中,对各条款有更详尽的介绍。

经合组织秘书处,2004 年

经合组织准则为国际清算银行巴塞尔银行监管委员会的《银行公司治理准则》提供了基础。由于公司治理是银行健康稳定发展的必要条件，并且若有效地执行会影响银行风险预测，因此监督机构对其十分感兴趣。董事会及高管的政策制定、执行及合规性监督职能是银行控制职能的关键因素，银行董事会及高管对银行业务及事务的有效监督能够维持有效、划算的监管机制。

## 全美反舞弊性财务报告委员会发起组织（COSO）

全美反舞弊性财务报告委员会发起组织（简称 COSO）由美国国会组建，以应对 20 世纪 80 年代后期发生的并被媒体大肆报道的财务违规事件。COSO 为促进公司降低资产减值风险，确保财务报表的可靠性及法律法规的合规性，并提高公司效率，制定了内部控制框架。COSO 被许多公共部门及专业团体视为评估内部控制及风险环境的标准。

**财务报告内部控制整合框架。** 在 COSO 框架下（见图 3A.1），内部控制系统的有效性体现在其可以合理保证银行管理层及董事会能实现三种类型的目标：(1) 业务的有效性和效率；(2) 财务报告的可靠性；(3) 适合法律法规的合规性。COSO 模型强调认清现实，即政策规定需要什么样的管理；实际的管理是什么；遵守、服从或驳回何种规则取决于公司文化。

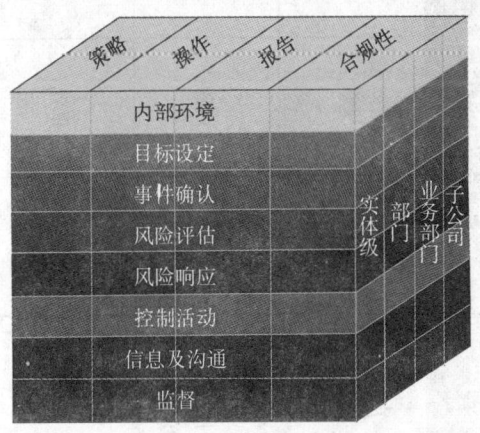

**图 3A.1　COSO 企业风险管理框架**

COSO 内部控制模型由五个相互联系的部分组成，是组织运行管理方式所固有的。各部分联系在一起作为决定系统是否有效的标准。COSO 组成部分包括控制环境、风险评估、控制活动、监督及学习以及信息和沟通。表 3A.1 总结了 COSO 企业风险管理框架和操作风险方法的主要部分。

表 3A.1　COSO 企业风险管理框架

COSO 企业风险管理框架

| 职能 | 活动 | 内部环境 | 管理目标 | 风险与事件识别 | 风险评估 | 风险响应 | 控制活动 | 信息沟通 | 监督 |
|---|---|---|---|---|---|---|---|---|---|
| **企业范围：**<br>1. 战略规划<br>2. 公司治理<br>3. 总体管理<br>4. 基础设施与自身能力发展<br>5. 业务发展<br>**操作层面：**<br>6. 建立新的客户<br>7. 投资组合管理<br>8. 结算与控制<br>9. 估值与会计<br>10. 风险分析 | 执行10项单独职能中的每项职能所要求的活动 | 氛围<br>正直<br>职业操守 | 战略 | 人员 | 可能性 | 规避 | 政策 | 识别相关信息 | 监测整个企业风险管理流程 |
| | | 关于风险的看法 | 运营 | 流程 | 影响 | 降低 | 流程 | 获取 | 持续的活动 |
| | | 风险管理理念 | 报告 | 系统 | | 分担 | | 沟通 | 单独评估 |
| | | 风险偏好 | 合规 | 外部事件 | | 接受 | | 使人们能承担责任 | 需要时修改流程 |

**风险管理框架**。COSO 的另一个重要主题是企业风险管理。COSO 将企业风险管理（ERM）框架分为相互联系的八个组成部分（见图 3A.1），包括：

- **内部环境**：组织内部环境描述了其工作环境及风险偏好，并且为其管理人员及雇员设立了如何考察及处理风险的框架。内部环境包括风险管理理论、风险偏好、操守和价值观以及其所处环境。
- **目标设立**：必须预先设立目标。风险管理功能应保证建立企业管理层设立目标的程序，所选目标支持并符合企业宗旨，并同风险偏好一致。
- **事件确认**：影响企业目标实现的内部和外部事件必须得到确定，区分风险和机遇。机遇会引导管理层制定策略或者设立目标程序。
- **风险评估**：考虑风险发生及作用的可能性，风险分析作为决定如何管理风险的基础。以内在和剩余量为基础评估风险。
- **风险响应**：管理层选择风险响应方式——规避、接受、降低或分担风险——开展一系列活动，使风险符合公司风险承受力及风险偏好。
- **控制活动**：应建立并执行控制策略和程序，以确保风险响应有效地执行。
- **信息和沟通**：采用使人们能履行其责任的某种形式或时间框架确认、收集以及互换相关信息。有效地沟通也具有更广泛的意义——贯穿整个公司。
- **监督**：企业风险管理的完整性需受到监督，并在必要时做出改变。

## 其他举措

**美国萨班斯—奥克斯利法案（SOX）**，是为应对 21 世纪初美国一系列的公司丑闻制定的法规。法案第 302 条要求管理人员应保证做到：

- 已审核其公司的财务报告。
- 尽其所能确保财务报告未隐瞒任何重大事件的真实信息，并且未遗漏任何会引发误导性报告的重大事件。
- 尽其所能保证公平地呈现财务报表及报告中的其他财务信息，包括所有重要领域、公司财务状况、经营成果及现金流量。
- 接受建立及维持披露控制和程序的责任，并且对该方法的有效性进行评估。
- 已向审计委员会及外部审计人员披露有关控制及任何与控制相关的舞弊的主要缺陷或弱点。
- 报告中应披露自上次报告以来,对内部控制产生了重大响应的改变以及是否已采取纠正措施。

SOX 法案最具争议的部分是第 404 条,但这也是最值得遵循的。它要求管理人员及外部审计人员报告公司财务报告内部控制(ICFR)的充分性,作为各年报周期的一部分。该报告必须证实"管理人员建立及维持充分的财务报告内部控制结构和程序的责任"。报告还必须在"截至最近一个会计年度结束时,包括对内部控制结构及财务报告程序的有效性的评估"。更具体的讲,首席执行官及首席财务官必须各自对财务报告内部控制有效性的准确性进行报告,包括:

- 管理层采用的内部控制框架;
- 管理人员评估内控的有效性;
- 披露审计人员发现的任何重大弱点;
- 外部审计成果要求独立评估管理层的评估(美国证券交易管理委员会的要求);
- 公司年报包含任何重大弱点的声明。

要做到这点,管理者通常要采用内部控制框架,例如 COSO 所描述的。2006 年年末提出的新标准,帮助降低合规性的巨额成本并将评估的重点放到最主要的风险上。

**英国坎伯理准则**强调公开、诚信及义务。公开是信心的基础,对于业务活动和希望成功的人来说必不可少。信息的公开披露促进市场经济的有效运行,促使董事会采取有效的行动,并让股东及他人更全面地了解企业。

**南非国王报告**是改善发展中国家公司治理的探索性准则。与同时期其他国家公司治理准则不同的是,1994 年南非国王报告超出了公司治理的财务和监管内容——它提倡维护广大股东利益的综合治理方法,是良好金融、社会、道德及环境实践的基本原理。吸取了诚信企业的参与型公司治理系统的 1994 年南非国王报告强调,公司需要认识到他们与社会不再脱节。国王报告不再单一地强调公司的底线,而广泛关注公司行为的经济、环境及社会影响。报告还将问责与责任区别开来。

# 第4章 资产负债表的结构

## 本章要点

- 银行资产负债表中资产和负债的构成是决定该机构面临的风险水平的主要因素之一。
- 资产负债表项目的增长以及由此导致资产或负债相对比例的变化会影响风险管理程序。
- 作为银行政策制定者的董事会应关注资产和负债相对结构的变化。
- 通过监控资产负债表的主要组成部分,分析师可以及时发现资产增长和资本保有能力之间关系的不良趋势。
- 监控低盈利项目、无盈利项目和资产负债表外项目很重要。
- 资产负债表结构是资产负债管理程序的核心。

## 4.1 引言:资产负债表的构成

财务管理的目标是使银行价值最大化,银行价值是由盈利能力和风险水平决定的。风险对银行业务来说是与生俱来、不可避免的,所以财务管理的任务是以恰当的方式管理风险,将各种不同类型的风险控制在可接受的范围内并保持盈利。要做到这一点,就必须持续不断地识别、量化、监控风险敞口,这要求银行拥有稳健的政策、适当的组织机构、有效的程序、富有经验的分析师以及精心设计的计算机信息系统。另外,风险管理要求具有预测变化的能力以及做出回应的能力，这样才能对银行业务进行安排或调整，以从变化中获利或者至少使损失最小化。监管机构不应该规定如何开展业务，而应通过评估资产的风险成分对银行保持审慎监督，并确保有适当金额的资本和准备金保障其偿付能力。

20世纪70年代以前，银行业务主要包括发放信用贷款（换句话说，就是以相对较低的成本吸收存款的简单媒介），银行经理只需要就贷款金额、定价以及投资做一些简单的决策。过去，管理方面的挑战主要包括控制资产质量和由此引起的贷款损失以及管理经常性开支。从20世纪70年代末到80年代初，在经济衰退、利率不稳定和通货膨胀的背景下，为了维持令人满意的毛利业绩，对资产和负债的管理已经变得必不可少。到了20世纪80年代，由于国家对经济干预的范围越来越小，资产负债表管理变得越来越复杂。对资金的争夺日趋激烈，这成为管理层关注的首要问题。

20世纪90年代，国家对经济干预的范围缩小而竞争越来越激烈，除银行以外的金融机构也参与到竞争中来。这种环境强化了对具有竞争力的定价需求，并在实际上增加了对负债的需求以达到息差最大化并控制相应风险。但是由于这两个目标呈反向关系，所以在息差最大化和控制风险之间寻找平衡成为银行财务管理、控制和监管的焦点问题。

本章重点讨论资产负债结构和资产负债构成的重要性以及相关损益表项目。另外，还详细阐述了银行风险管理人和分析师分析资产负债表结构、损益表结构以及具有某种风险因素的单个资产负债表项目（如存款形式负债的流动性或交易性证券的市场风险）的各种方法。在这一过程中，必须了解各种类型风险之间的相互作用，确保风险不被孤立地评估。

资产负债管理是银行财务的核心，包括筹集资金和使用资金。资产负债管理程序包括战略规划、实施和控制。这会对银行资产和负债的规模、组合、到期日、利率敏感性、质量和流动性产生影响。资产负债管理的首要目标是产生高质量的、稳定的、大规模的并不断增长的纯利收入。达到资产、负债和财务风险的最佳组合和最优标准时便可实现这一目标。资产负债管理将在第12章详细探讨。

图4.1说明了银行资产和负债的构成。要评估资产负债表结构，我们不仅要了解银行，还要了解银行业务、竞争环境；综合监管环境、经济环境和政策环境；还有客户群。同时，还应审查标准的资产负债表结构，如吸收客户存款计入负债栏，而客户贷款及垫款计入资产栏。这种格式显示出银行作为中介的本质，他们的资产负债率非常低，其财务杠杆对于除金融服务业外的其他行业来说是不可接受的。

第4章 资产负债表的结构

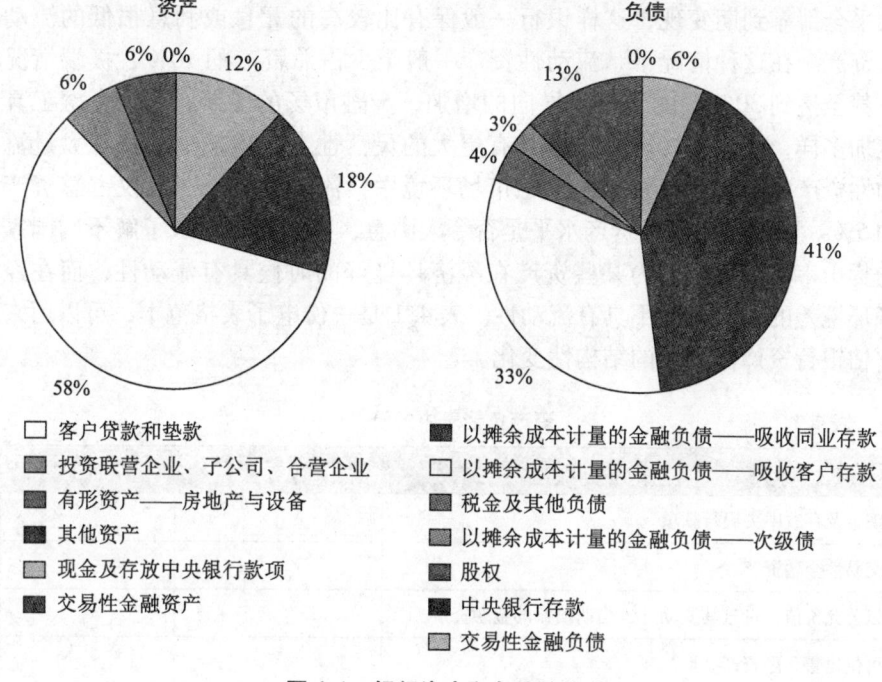

图4.1 银行资产和负债的构成

## ● 4.2 银行资产

分析师只要分析不同资产项目的相对比例以及随着时间推移所占份额的变化情况就应该能够评估出银行的风险状况。例如，如果贷款业务量大幅下降而物业贷款大幅增长，我们就应该怀疑该银行的风险管理系统是否可以有效应对风险的上升。通常这种突然的变化反映出风险领域的转变。同样，交易性证券的增加或减少意味着该机构面临的市场风险水平发生变化。我们在详细审查信贷、流动性和市场风险管理之前，就可以在宏观层面做出评估。如果与每种资产产生的纯收入额联系起来，这种分析就更加重要，而且必须对风险回报进行复杂的评估。

银行资产负债表（财务状况报表）一般以流动性为基础编制，而非银行企业则是以非流动资产/流动资产为基础编制。评估银行的流动性对于金融分析师来说是极其重要的，流动性可以在资产负债表和现金流量表中体现出来。银行需要流动性资产应对预期的和意外的资产负债表波动。在市场未被充分开发的情况下，不同债权的流动性不是依赖卖出债权实现，而几乎全部靠到期变现，这样银行一般保有比较高的无息或利息很低的流动性资产。在这种情况下，流动性资产一般至少占总资产的10%，极端情况下甚至达到30%。由于市场导向的增加、金融市场的发展、全球金融工具更加多样，流动性管理在短期具有更大的灵活性，因此减少了持有大量流动性资产的需求。在发达的金融市场环境中，流动性资产一般仅占总资产的5%。要评估流动性资产水平是否令人满意，我们必须深入了解不同国家的货币市场活力，因为某些资产在经济环境好的时候具有流动性，而在经济环境差的时候可能不具有流动性。表4.1是一份电子表格范本，可以用来评估银行资产流动性的结构性变化。

表4.1　　　　　　　　资产负债表中的资产

| 资产 | 01 期 | 02 期 |
| --- | --- | --- |
| 现金及存放中央银行款项 | | |
| 交易性金融资产 | | |
| 以公允价值计量且其变动计入当期损益的金融资产 | | |
| 可供出售金融资产 | | |
| 客户贷款和垫款 | | |
| 持有至到期投资 | | |
| 衍生产品——套期保值会计 | | |
| 有形资产 | | |
| 无形资产 | | |
| 投资联营企业、子公司、合营企业 | | |
| 所得税资产 | | |
| 其他资产 | | |
| 持有待售的非流动资产和出售组合 | | |
| 资产总计 | 100% | 100% |

## 现金及存放中央银行款项

现金及存放中央银行款项是持有的高流动性资产，如纸币、金币、金条以及存放中央银行款项。银行一般缴存一定比例的存款以达到中央银行对存款准备金的要求，这是一种货币政策工具。统一费率的存款准备金可以控制银行的放贷规模。但是，如果要求银行缴存过多的准备金资产，特别是这些资产没有支付利息时，银行的成本将会上升。这会刺激银行设计出不受存款准备金控制的工具，鼓励开发新渠道作为媒介，还可能赋予不受存款准备金管辖的机构以获取竞争优势。这些做法会降低存款准备金作为货币政策工具的有效性和重要性。

监管者已经努力使存款准备金更加难以回避，并降低银行规避这一规定的动机。比如，监管者已经在存款准备金方面做出了一些改变，包括降低准备金存款的水平、类型和易变性。监管者还增加了对银行保留准备金的各种补偿方式。

## 交易性金融资产

这些资产是银行的投资、自营证券投资、外币投资、股权投资和大宗商品投资。

尽管涉及的证券相似，但投资组合（第10章）必须与自营投资组合（第11章）相区别。自营业务的目标在于使用杠杆资金开发市场机会（如通过采用回购协议），而投资组合则是作为缓冲或稳定流动性的投资组合所持有和交易的。

投资和交易资产按国际会计准则（IAS）第39号的规定计价，并且可以划分为"交易性、可供出售或持有至到期"三种。但是，这些资产在银行的资产负债表中通常以公允价值（市值）进行披露（对这种资产收益的处理参见第5章5.2节和第14章国际财务报告准则[IFRS]披露）。

在许多发展中国家，银行已经购买或有义务购买政府债券或其他指定债权，这通常是为了确保持有最低金额的高质量的流动性资产，以达到存款要求。提出对这种流动性资产要求的主要目的通常是为了确保特定的接受者可以预测资金流。由于常有隐性补贴，政府是最常见的受益人。这种强制性的投资不仅减少了向经济体系（和私营企业）投放信贷的金额，还增加了信贷成本，而且信贷成本的增加也将导致更高的风险水平。

在发达国家和发达的金融市场中，银行投资和交易证券组合的增加通常反映出银行向非传统业务发展的趋势。在这种情况下，一个投资组合包括几种证券工具。按照风险管理的观点看，这种趋势可能意味着银行面临的风险已经由信贷风险转变为市场风险和交易对手风险。

## 客户贷款和垫款

客户贷款和垫款一般是银行资产中最重要的部分,包括普通营运资金贷款(透支)、投资贷款、资产抵押分期偿付贷款、抵押贷款、债务融资(应收账款和信用卡账户)、可转让债务(如承兑汇票和商业票据)。贷款和垫款以本外币发放,并由银行提供资金支持供公共部门或私营部门投资。

在过去的十年中,通过引入资产销售创新增强了银行资产的交易能力,如抵押贷款、汽车贷款、出口信贷等用于支持发行有价证券(这种做法被称为证券化,流行于美国和英国)。

对这种趋势进行分析突出显示了经济体系中不同行业的投资或消费行动,对外币贷款证券组合的分析意味着对汇率和利率走势的预期。另外,对贸易信贷的评估可以揭示经济竞争力及贸易状况的重要趋势。

## 有形资产

有形资产(如房地产)是银行的基础设施资源,一般包括银行的房产、其他不动产、计算机设备、车辆、家具以及附着物。在某些情况下,银行可能拥有较高比例的固定资产,如房屋、土地或商业用地。这些资产可能来自征收的抵押物,根据大多数法律规定,银行应在规定的期限内对其进行处置。这也可能反映出银行在市场流动性好、价格上升时投资房地产的精心决策。在某些发展中国家,固定资产投资所占的比例非常高,因此中央银行认为必须限制或控制与房地产相关的资产。银行不应涉足投资房地产业务,所以这部分资产所占比例很高将影响对银行的评估。在较发达的国家中,凡是未在正常的银行业务过程中取得的房地产应登记在控股公司一级的子公司中,避免让储户承担相关风险。

## 投资联营企业、子公司、合营企业

其他投资包括银行较长期的股权投资,如银行长期投资组合中持有的股权和资本结构调整债券/非交易债券。这包括对子公司、联营企业、其他上市企业或非上市企业的股权投资。投资组合中这种类型的工具所占比例在各国有所不同,但这不一定是银行自己做出的资产负债管理决策。这种资产也按国际会计准则(IAS)第39号的规定计价并且一般划分为"可供出售或持有至到期"。

对于股权投资，我们应审查合并的资产负债表，以确保恰当地了解这些投资对银行本身资产负债表的影响，严格评估银行的资产质量。

**其他资产**

其他资产一般包括预付款项和其他杂项。这些资产会随着一些因素的变化而发生变化，如与某种具体资产相关联的收入的可预测性、这些资产市场的存在与否、销售的可能性以及资产使用寿命评估的可靠性等。在评估资本充足率时，这类资产的处理会引起争议。比如，这类资产可以包括暂记账户，资产必须经过分析、核实以确保该其是真实的、可回收的。

## 4.3 银行负债

如第4.2节所述，不同的资产负债表成分（比如负债）的相对份额已经很好地反映出一家银行面临的风险水平和风险类型。

非零售存款筹资（如回购协议或存款证明）水平的增加，使银行在满足资金要求方面面临更大的不稳定性，这就要求银行对流动性风险管理越来越完善。除流动性风险外，筹资工具（如回购协议）还使银行面临市场风险。

银行业务在传统上按低保证金、高杠杆的理念开展业务。因此，银行资产负债表的一个突出特点是资本负债率很低，除金融服务业外，其他行业一般都不会有如此低的资本负债率。与此结构相关的可接受的风险水平要根据风险资本要求来衡量和规定，这又与银行资产的构成情况相关。

银行资产负债表中列示的负债类型大致相同，但其准确的构成却因特定银行的业务、市场定位以及特定时间各种不同负债的价格和供给特点的不同而大相径庭。银行筹资结构直接影响到业务成本，从而决定了银行的利润潜力和风险水平。银行负债结构还反映出银行的资产负债管理政策和风险管理政策。图4.4（以表4.2为资料来源）说明了典型的负债结构。

表 4.2　　　　　　　　　　　资产负债表中的负债

| 负债 | 01 期 | 02 期 |
| --- | --- | --- |
| 向中央银行借款 | | |
| 交易性金融负债 | | |
| 交易性衍生品 | | |
| 空头头寸 | | |
| 债务证明书（包括短期内准备回购的债券） | | |
| 交易性金融负债：回购协议义务 | | |
| 以公允价值计量且其变动计入当期损益的金融负债 | | |
| 以摊余成本计量的金融负债 | | |
| 吸收同业及其他信用机构存款 | | |
| 吸收客户存款 | | |
| 债务证明书（包括债券）——本行发行的证券 | | |
| 次级负债 | | |
| 与已转移金融资产相关的金融负债 | | |
| 衍生产品——套期保值会计 | | |
| 投资组合利率风险套期中被套期项目公允价值变动 | | |
| 准备金 | | |
| 所得税负债 | | |
| 其他负债 | | |
| 按需求偿还股本（如股份合作） | | |
| 出售组合中包含的持有待售负债 | | |
| 负债总计 | 100% | 100% |

## 向中央银行借款

从中央银行的借款属于银行的负债。从中央银行借款的原因大多是由于存款波动导致所需的准备金发生变化。这种变化的出现是因为银行未能准确地预测日常准备金头寸，不得不借款弥补差额，或帮助银行满足临时的资金要求。从中央银行取得较长期的信贷意味着该银行所在国家或地区发生困难或出现问题，从而发生不同寻常的情况。历史上，向中央银行借款经常指向由政府政策决定的某种特殊目的，如农业或住房领域，但这种做法日渐退出历史舞台。

### 交易性金融负债：回购协议义务

银行可以卖出证券并同时承诺在某个特定时间或达到某种条件后回购证券，以此替代直接贷款。银行经常采用回购的方式为银行的交易性投资组合筹集资金，提高上述投资组合的回报率。

因此，自营投资组合的目标在于利用杠杆融资（如回购协议）开发市场机会，而投资组合则是作为缓冲或稳定流动性的投资组合所持有和交易的，资金主要是较稳定的存款。

回购协议使银行面临利率风险或市场风险，因为它们涉及特定的证券；如果买方未能彻底履行承诺，银行甚至面临信用风险。回购协议中卖出的证券（过去）也是系统中非居间化水平和大额资金需求的晴雨表。

### 以摊余成本计量的金融负债

吸收其他银行及金融机构存款以及客户存款构成了以摊余成本计量的金融负债。

#### 吸收同业及其他信用机构存款

吸收同业及其他信用机构存款（同业拆借）包括银行间发生的所有存款、贷款和垫款，它们通常被视为来源不稳定的资金。分析同业拆借余额可以指出银行系统中的结构性特征，比如一组银行的资金均来自其中的一个成员。

鉴于这种资金来源具有不稳定性，如果某银行大量借款，应结合影响借款的其他业务因素来分析它的业务活动。依赖银行间借款可以接受的理由包括临时的或季节性贷款或现金需求，满足客户预料之外的大额提款。参与货币市场业务的货币中心或大型区域性银行倾向于持续性借款。否则严重依赖银行间借款意味着该银行的筹资风险很高，而且相对于其正常的存款额来说，信贷投放过度。

#### 吸收客户存款

存款通常在银行负债总额中占比最大。客户存款指银行接受的公众资金（即应付其他客户和储户的资金），如活期存款、定期存款、通知存款和外币存款。存款基础的结构和稳定性是至关重要的。更广泛的趋势也显现出来。对私营部门存款（包括回购协议和存款证明获得的资金）进行分析可以显示出消费水平及其对通货膨胀的影响等经济趋势。另外，可以使用银行系统总存款额来计算货币供给的增加值。因此，银行系统中存款水平的变化是影响货币政策的变量之一。

在存款结构中，一些项目天生比其他项目更具风险。比如，大型企业存款不如家庭存款稳定，原因在于它不仅具有较高的集中度，而且对资金的管理更加积极。非零售存款或非标准存款占比高是不稳定的，这通常意味着该银行比其竞争者支付了更高的利率，或其宽松的信贷支持吸引了储户。尽管现金抵押及其他各种贷款托管账户只可以按指定用途使用，但也可以算作存款。

对资金的争夺是金融市场的正常部分，而不论家庭储户还是公司储户，他们的目标是最大限度地减少闲置资金。因此，银行应该拥有吸引存款、维持存款的政策，定期分析存款结构的易变性和特点，从而更有效地使用资金，即使取款的可能性不存在也应这么做。分析存款结构应确定绝对存款、稳定存款、季节性存款和不稳定存款的比例。

**对外借款**

国际借款与国内贷款的形式相同，有一点例外，即银行通常还面临着货币风险。国际借款的直接形式包括从外国银行、各国出口促进机构、国际贷款机构获得贷款以及来账。国际借款的间接形式包括卖出的带有银行背书的期票、承兑汇票、进口汇票、商业票据、担保函、在各国中央银行再贴现的期票和商业票据。一般来说，对外融资的存在说明国际上对某国及其经济充满信心。

## ● 4.4　股东权益及其他项目

银行的股东权益是一种缓冲资金，用于保护债权人避免因银行风险管理不善而导致的损失。表4.3说明按照国际财务报告准则（IFRS）如何列示和披露权益。根据国际规则，银行通常有三级资本（详细内容请见第6章）。银行资本的主要组成部分是普通股、留存收益、永久优先股，以上均构成一级资本。另外，只有期限很长且不含有与稳健的银行业务相矛盾的协议、条款或限制条件的银行工具，才能成为一级资本和二级资本。例如，当银行的财务状况恶化时，要求支付较高分红或较高利息的工具不能算作这部分资本。构成二级资本和三级资本的部分一般在某个时点到期，银行必须在不损害资本充足率的前提下准备替换或赎回。在确定资本充足率时，也应评估二级资本和三级资本剩余的期限。

表 4.3　　　　　　　　　银行股东权益的构成

| 股东权益 | 01 期 | 02 期 |
| --- | --- | --- |
| 已发股本 | | |
| 股本溢价 | | |
| 其他权益 | | |
| 以下项目重估价准备及其他评估差额： | | |
| 公积金（包括留存收益） | | |
| <库存股> | | |
| 当年收益 | | |
| <期中股息> | | |
| 少数股东权益 | | |
| 股东权益及少数股东权益总计 | | |
| 负债、少数股东权益和股东权益总计 | 100% | 100% |

## 资产负债表外项目

金融创新也催生了很多新的资产负债表外金融工具。资产负债表外工具的运用通常可以避开货币政策规则（如最低存款准备金）和对资本充足率的要求。信贷的替代品（如保函和信用证）和衍生工具（如期货和期权）使银行面临某些风险并有资本方面的要求，但它们不计入资产或负债。如何管理资产负债表外项目带来的风险是一个挑战。因此，管理信息准确反映与上述工具相关的风险是至关重要的。作为管理表外项目风险的一部分，应量化负债或权利水平。要达到这一目标，应评估信贷承诺、或有负债、担保以及其他资产负债表外项目的性质、金额和预期用途。影响这些票据对市场变化的敏感性也应在公司整体风险的背景下予以确定。

## ● 4.5　资产负债表增长和变更

银行业的资产包括在各家银行资产负债表上反映出来的项目，但资产负债表的结构可能因业务方向、市场环境、客户群、经济环境的不同而大相径庭。银行资产负债表的构成通常是资产负债管理和风险管理决策的结果。图4.2和图4.3说明了随着时间推移,银行资产构成的结构与增长情况。图4.4显示了资本与负债的结构性变化与增长情况。

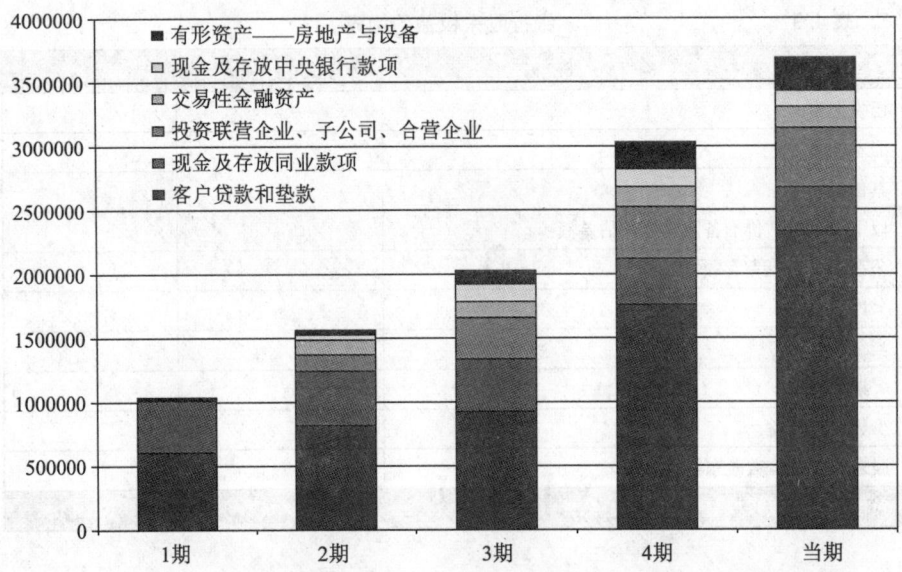

图4.2 结构变化及资产增长情况

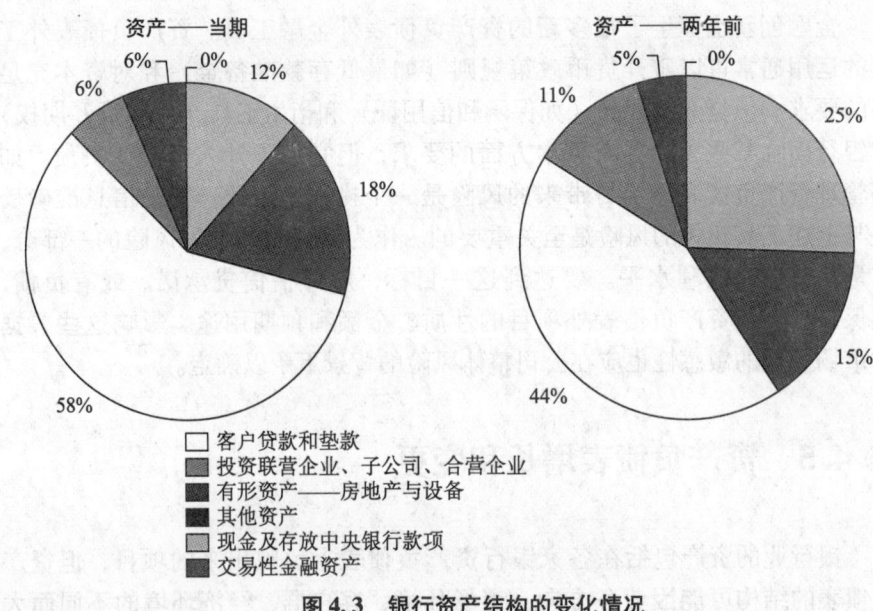

图4.3 银行资产结构的变化情况

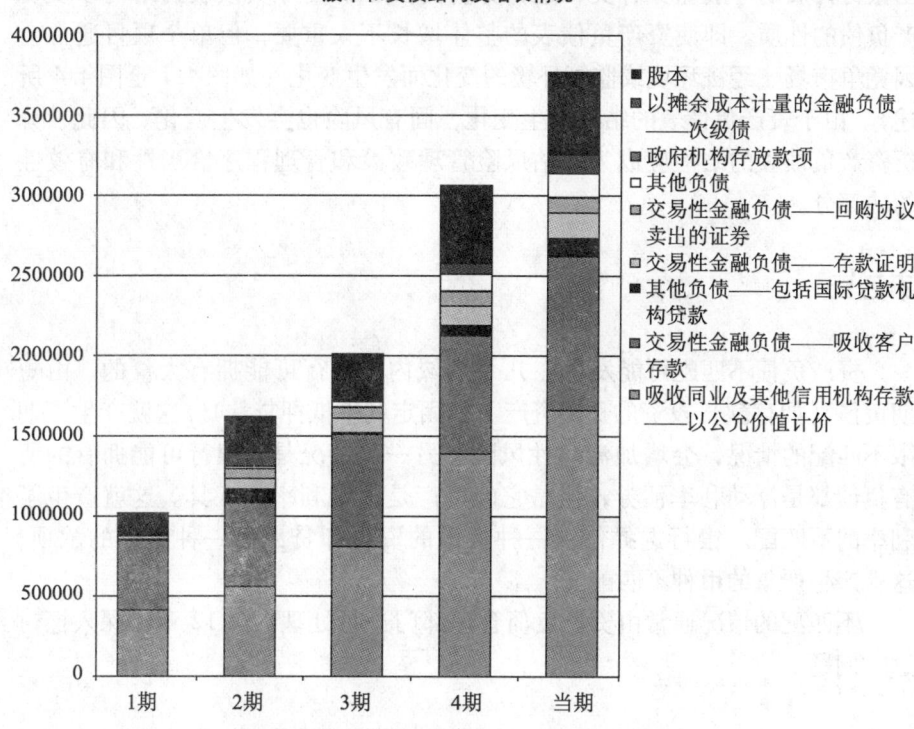

图4.4 股本和负债结构的变化及增长情况

分析师只要分析不同资产项目的相对比例以及随着时间推移所占份额的变化情况就应该能够评估出银行的风险状况。例如，如果贷款业务量占资产负债表中总资产的比例从44%激增至58%（图4.3，第4期至当期），我们就应该怀疑该银行的风险管理系统是否可以有效处理贷款交易和贷款组合业务的增加额。另外，这种突然的变化反映出风险领域的转变。同样，交易性证券的增加或减少意味着该机构面临的市场风险水平发生变化。我们在详细审查信贷和市场风险管理之前，就可能观察到这些情况。如果与每种资产产生的纯收入额联系起来，这种分析就更加重要，而且必须对风险回报进行复杂的评估。

## ● 4.6 资产负债表结构与增长的风险分析

在市场中定位良好且获得成功的银行会不断成长。分析资产负债表可以确定增长率以及银行中发生的结构性变化（表4.4）。这种分析可以显示出银行开展的一般业务种类,这种分析需要了解资产负债表的结构以及资产负债的性质。即使资产负债表的整体增长不太重要,但单个项目通常会因竞争市场、经济环境或监管环境的变化而发生变化(如图4.1至图4.4所述)。由于资产负债表的结构发生变化,固有风险也会发生变化。因此,分析资产负债表的结构应成为评估风险管理政策和管理程序恰当性和有效性的一部分。

### 不匹配

资产负债不匹配可能发生在几个领域内。银行可能拥有大量的、由短期负债(如存款)投资的长期资产(如固定利率抵押贷款)。这就产生了期限不匹配的情况,会增加流动性风险。另一种情况是,银行可能拥有的所有负债都是浮动利率债券,但是它的资产是固定利率的工具。这就产生了利率的不匹配。银行选择借入一种货币的资金却贷出另一种货币的款项,这就产生严重的币种不匹配。

不匹配的情况通常由资产负债管理部门进行处理,第12章将深入探讨这一问题。

### 增长趋势

表4.4和图4.5描述了银行资产和股本的总体增长情况。另外,它突出显示了银行增长的均衡程度,或银行保持与总资产和风险加权资产增长相当的法定资本金的能力。这种图表可以较早预测由于快速扩张而导致的资本充足率问题。

**表4.4　资产负债表项目及资产负债表外项目的总增长率**

| 总增长率(%) | 1期 | 2期 | 3期 | 4期 | 当期 |
| --- | --- | --- | --- | --- | --- |
| 总资产 | 100 | 120 | 150 | 190 | 258 |
| 风险加权资产 | 100 | 160 | 205 | 295 | 370 |
| 合格资本 | 100 | 205 | 254 | 295 | 315 |
| 资产负债表外项目占总资产的比例 | 1.09 | 1.39 | 15.89 | 24.62 | 24.92 |

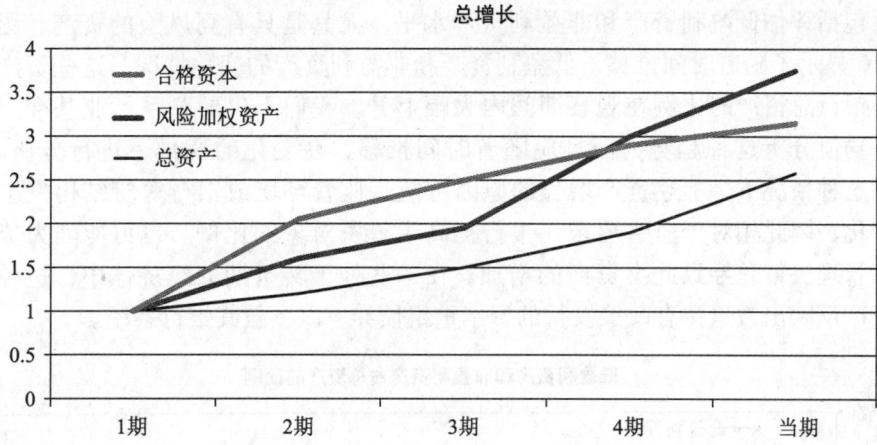

图4.5 银行资产和股本的总体增长情况

正常情况下,如果资金量稳步增长而且付出的成本银行可以接受,同时赢利机会增多,那么资产的增长即是正常有效的。在正常情况下,获得的利息与支付的利息之间的差额应该稳定或逐步增长。在稳定的市场环境中,提高利润意味着接受更高的风险。为了避免增加贷款风险,应将重点放在增加服务费带来的收入上,这不会影响银行的资产负债表。

增长速度过快的银行一般会承担不当风险,而且经常会发现其行政管理信息系统跟不上其扩张速度。即使是管理良好的银行也会遇到由过度增长带来的管理问题,尤其是由贷款组合业务引起的问题。

在一些国家,货币政策行为可能限制或严重影响增长率以及银行资产结构。然而,在一些处于转折期的经济体,尤其是金融市场欠发达的国家中,尽管不再依赖限制监管和行政控制,但是对信贷的限制已经是,而且依然是,执行货币政策较为常用的方法。在传统上,间接控制经济中信贷需求和信贷水平的另一种方法是影响信贷成本。

银行业和金融业发生变化意味着回避信贷限额和利率监管的范围大幅扩大。担心信贷限额和利率控制发生变化以及有效性的丧失,使这些工具日趋遭到抛弃,这有利于公开市场干预。在长期运用这种货币政策的国家里,信贷限额的使用降低了银行的竞争力,并鼓励创新可替代的工具和金融中介渠道。换句话说,信贷限额在不经意间塑造了银行系统的发展。

## 低盈利资产和非盈利资产

为了营利,银行显然需要保持合理的风险水平。降低净息差的原因必须包括评估低盈利资产和非盈利资产水平，尤其是具有高风险的资产。图 4.6 显示了随着时间推移，低盈利资产和非盈利资产的变化情况。这些资产占银行总资产的比例在观察期间内大幅上升。我们不仅要联系行业基准或平均值分析这种趋势，而且应随着时间推移，在变化的背景下进行分析。在这种情况下，上述资产增长的原因可能是监管环境或银行筹资结构发生变化，因此相对于监管要求，银行提高了筹资对象的比例。也可能因为资产管理决策差导致此类资产的增加。在一些处于转折期的经济体中，这种资产反映出被迫持有政策发行的资本重组债券，以拯救其银行系统。

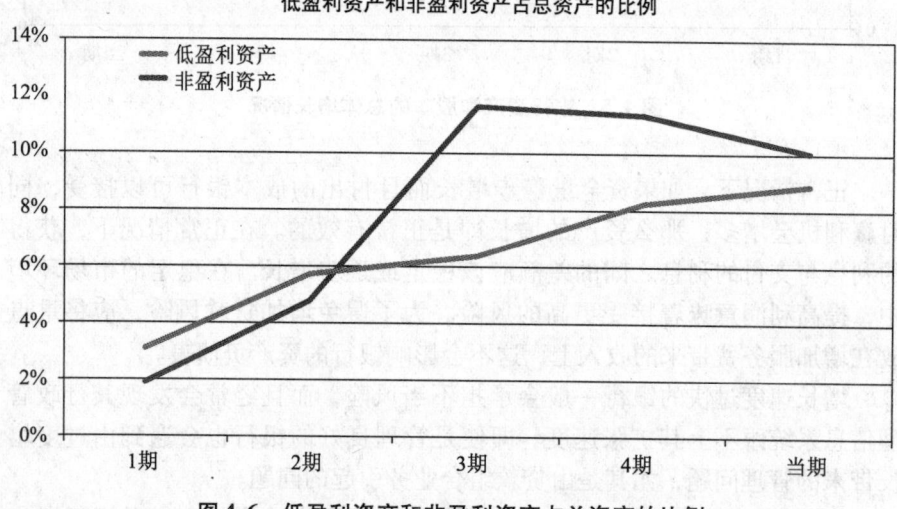

图 4.6 低盈利资产和非盈利资产占总资产的比例

## 资产负债表外项目的增长

同样，图 4.7 描述了资产负债表外项目的增长。该图可用于确定资产负债表外项目的增长情况以及此类项目占表内和表外业务的比例。很明显，被观察的银行增加了资产负债表外业务，许多资产负债表外工具的名义价值可能不会直接影响风险水平。分析师应了解哪种工具导致出现这一重要趋势及其原因。因为资产负债表外项目确实会给银行带来财务风险，所以出现了一些问题，包括未列示在资产负债表上的不同工具所隐含的风险。另外，我们还不知道银行承担的附加风险是否会换取相等回报，银行是否已经有恰当的针对资产负债表外风险的风险管理系统。

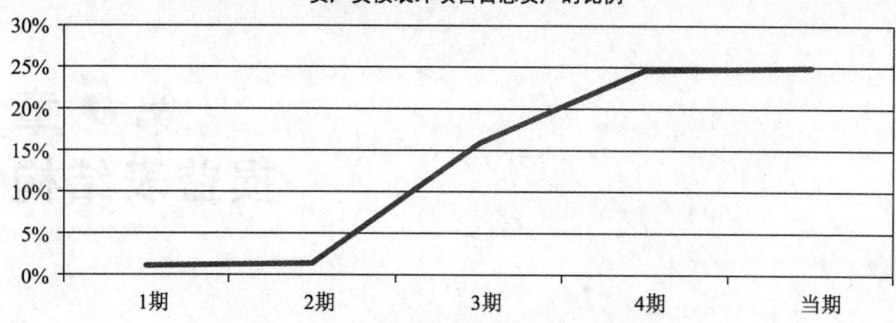

图 4.7 资产负债表外项目占总资产的比例

# 第5章
# 损益表结构

> **本章要点**
> - 收入和利润是衡量银行承担风险能力或增加资本能力的指标。
> - 监管者应欢迎盈利的银行成为稳定银行系统的贡献者。
> - 应将盈利比率置于一定的环境下进行审视,应扣除资本中"自由"权益部分的潜在收益后再得出关于盈利能力的结论。
> - 收入的构成可能随着时间的推移而发生变化,核心成本应与相应的核心收入相比较,以确认核心成本是否确实已获得足额补偿。
> - 管理人员应该了解他们的精力花在哪些资产上以及这些资产产生的收益与之有何关联。

## 5.1 盈利能力

盈利能力以留存收益的形式出现,是产生资本的主要来源之一。稳健的银行系统建立在具有盈利能力且资本充足的银行的基础之上。盈利能力是反映银行在金融市场上的竞争地位和管理质量的指标。由于银行具有盈利能力,所以银行可以维持一定风险,并为短期问题提供了一种缓冲。

损益表是反映银行盈利能力的主要信息来源,它揭示了银行利润的来源及其数量和质量、银行贷款组合的质量以及支出的焦点范围。损益表的结构也显示出银行的业务导向。虽然在传统上,银行收入的主要来源是利息，但是非传统业务的增长趋势也反映在损益表中。比如，来自交易业务、投资和收取手续费的收益账户的收入在现代银行的利润中占比日趋增加。这种趋势意味着利润和盈利能力具有更大的不确定性。这也说明现代银行的风险结构与传统银行不同。

有时，法定资本要求和货币政策措施（如法定准备金）导致了银行的利润结构和利润稳定性发生变化。为了维持公众对银行系统的信心，银行应达到最低资本要求。这种法定最低资本的限制性本质使银行的业务组合更倾向于投资于对资本要求较低的业务和资产。然而，虽然这些资产风险较低，但收益也较少。如果法定准备金和法定流动性要求过高，利润会受到损失而且可能鼓励非居间化。还可能产生不良的银行行为。比如，在许多处于转折期的发展中经济体中，银行的资产负债表中包含大量的固定资产，这是一种损害盈利能力的趋势。监管当局应认识到利润的重要性，而且应尽最大努力避免出台不恰当地打压盈利能力的法规。

税收是另一项影响银行盈利能力及其业务选择和政策选择的重要因素，因为它影响到金融市场上不同工具和不同部门的竞争力。比如，对利息收入征税，同时给予资产收益免税期，这会使股权投资比存款更具吸引力。总的来说，银行会调整业务和决策以最大限度地减少税金，充分利用税法中的漏洞。评估银行业务环境和利润潜力时，除利润征税水平和透明性外，还需要考虑几个重要方面：财政管理部门是否对未实现收益和利息收入征税以及如何征税、税前是否可以提取准备金。许多财政管理机构还直接对银行交易征税。

详细了解个别银行和整个银行系统的收入/利润结构中的利润来源和利润变化对风险管理过程中所有主要人员都是至关重要的。比如，监管部门应将银行盈利能力视为银行稳定性的指标和促进储户信心的因素。因此，可持续盈利能力的最大化应得到鼓励，因为对利润的健康竞争显示这是一个有效的、具有活力的金融系统。

## ● 5.2 损益表的构成

银行全面收益表（即损益表）是收入来源和收入结构信息的主要来源。分析性的损益表如表5.1所示。

表 5.1 损益表的构成

| 财务及营业收入和营业支出 | 01 期 | 02 期 |
|---|---|---|
| 利息收入 | | |
| 利息支出 | | |
| 利息净收入 | | |
| 手续费及佣金净收入 | | |
| 交易性金融资产和金融负债损益 | | |
| 汇兑净收益 | | |
| 其他营业收入 | | |
| 其他营业支出 | | |
| 管理费用 | | |
| 减值损失 | | |
| 权益法下从联营企业和合营企业分得的利润或承担的损失份额 | | |
| 持有待售的非流动资产和出售组合损益 | | |
| 持续经营业务税前利润或亏损总额 | | |
| 非持续经营业务税后利润或亏损 | | |
| 归属于少数股东的利润或亏损 | | |
| 归属于母公司所有者的利润或亏损 | 100% | 100% |

## 利息收入

　　利息收入来自银行发放的贷款及其他所有垫款，如流动资金贷款、投资贷款、住房贷款、外币贷款、分期付款、透支和信用卡等。它还包括银行在其他金融中介机构存款而收到的利息。利息收入一般按权责发生制计算，即无论利息是否支付，银行都应将到期利息计入损益表涵盖期间。通常情况下，会计政策应规定如果客户贷款过期后一段时间（比如60天）或者银行认为该客户很可能没有支付能力（无论贷款是否过期），该笔贷款应划分为非应计状态下的贷款。这时，所有以前应计的未付利息应从收入中转出。如果没有这一政策，银行通常会大幅夸大其利息收入和利润。

　　为了管理的需要，利息收入一般会进一步按收入来源进行细分。比如，贷款的类型可以细分为政府贷款、国营企业贷款、私营企业贷款（包括流动资金贷款和投资贷款两种）、家庭贷款、抵押贷款等。这种细分是为了监管的需要，还可能是银行自身内部组织的需要，因为具有成本意识的现代银行经常为不同的业务种类和不同的产品系列开发出精细的定价系统和成本核算系统，以确保清楚地了解每种产品对利润的贡献率。

## 利息支出

利息支出包括为存款支付的利息以及为贷款组合筹资而借入款项支付的利息。分析利息支出可以了解银行的资金来源以及相应的资金成本。细分利息支出一般以工具和到期日为基础，如活期存款、储蓄账户、外币存款和存款证明。如果一家银行利息支出低即它的资金成本低，那么它显然比利息支出高的银行更有优势，因为在以市场利率贷出资金的情况下，它可以获得更高的息差。然而，较小的利息支出却经常伴随着更高的营业支出。比如，家庭存款一般利息支出较低，但需要银行有分支网络来吸取储蓄，而且维持存款账户的成本也很昂贵。这就是为什么许多银行愿意支付更高的利息支出获得大额存款的原因。

## 利息净收入

利息净收入是银行利息收入和利息支出之间的差额。利息净收入是传统银行利润的核心，银行的目标通常是保持利息净收入稳定增长。在浮动利率的环境下，必须实施积极的管理：在利率趋于上升的市场中，银行一般在调整存款利率之前先调整贷款利率；在利率趋于下跌的市场中，做法正好相反。

## 交易性金融资产和金融负债损益

交易性金融资产和金融负债损益包括来自证券交易、外币交易、股权交易和大宗商品交易和稳定流动性投资的收入。这种收入大多是标的工具的买卖差价，但也包括利息收入。交易收入的稳定性和可持续性影响着银行的生存能力，而且与银行的市场风险管理质量、相应的功能性程序的有效性以及信息技术支持的适当性息息相关。交易性资产在银行的财务报表中一般以公允价值披露（在损益表中按市价进行调整；见第10章和第14章）。可供出售资产也以公允价值披露，但是按市价调整额直接计入资产负债表中的准备金账户。

## 其他营业收入

其他营业收入，如基于知识或手续费的收入，包括收取的非传统银行业务收入，如商业银行业务和财务咨询服务。这类收入还包括银行向客户提供服务获得的手续费收入，如账户管理服务或资金管理服务、支付交易服务等。一般来说，这类收入是令人满意的，因为它本身没有资本支出。

## 汇兑差额

汇兑差额经常出现在发展中国家银行的损益表中，因为这些银行往往靠国外贷款支持。因汇率变动而导致的损益（这取决于银行的净头寸是多头还是空头，以及本币是贬值还是增值）会对银行的损益产生影响。

## 管理费用

薪水和员工开支，如社会保险、养老金及其他福利通常是银行最大的成本项目，因为银行业是知识密集型、人员密集型行业。与计算机和信息技术相关的费用，如软件使用许可费、应用系统开发和维护费用等，也成为重要的成本项目，尤其是在现代银行或国际性银行中，他们极其依赖信息支持去发现市场机会、进行交易处理、风险管理和提交管理报告。管理费用还包括租金、公用设施、审计费用和咨询费等相关成本。

对这些费用的有效管理需要平衡短期成本最小化策略与人力资源、物力资源投资之间的关系，尤其是投资于有效管理银行风险并长期保持银行竞争地位所需的银行技术。除贷款损失准备金外，管理费用（营业费用）是对居间业务成本影响最大的项目，它也是最可控的项目之一。一般来说，营业费用的水平与银行的效率息息相关。

## 折旧

折旧来自银行固定资产价值的减少。在概念上，它与准备金的意思差不多。银行一般对建筑物按25—50年折旧，可移动资产和办公设备按3—5年折旧，计算机按2—3年折旧。

## 准备金

贷款损失准备金是发放贷款和垫款时固有的与信贷风险相关的费用。准备金用于弥补相关的到期贷款本金及利息的损失金额。这包括冲销和转回（即之前冲销的贷款回收的金额），在损益表中可以独立的项目列示。

### 减值损失

减值损失是可能发生减值的所有其他资产的损失准备金，如银行的长期投资组合中的资产。为了审慎起见，许多国家的法规要求银行以名义价值和市价中的较低者进行资产计价（在这种情况下需提取损失准备金），并且只有在投资清算时才能确认增值金额。

### 权益法下从联营企业分得的利润或承担的损失份额

此类包括银行长期股权投资收入，如银行长期投资组合中持有的联营企业和合营企业投资。投资收入按合同利率确定，对股权投资来说，投资收入按相关公司的财务成果确定。就其本质而言，我们很难准确预测股权投资收入。投资资产在资产负债表中以"投资联营企业、子公司、合营企业"列示。

## ● 5.3 分析银行收入来源

在当今环境下，传统上由银行独占的市场已经向其他机构开放。同样，银行也开展多元化业务，迈向非传统市场，银行不再仅仅担当居间功能（即存贷款）。实际上，纵观大多数发达国家银行业的利润结构，可以发现传统的银行业务只是略有盈利，而来自其他业务的收入对利润的贡献率很大。银行盈利能力似乎在很大程度上有赖于知识型业务的手续费收入，其中包括商业银行业务、公司理财、咨询服务，以及来自固定收益证券、股权、外汇等交易性业务的手续费收入。

从银行损益表中包含的信息，我们可以了解该机构的业务重点及其利润结构和利润的稳定性。为了在不同类型的金融机构间进行对比，不同的损益表项目（如息差、手续费收入、投资收入、管理费用）通常以占总资产的百分比显示。将资产总额作为公分母，银行可以与行业平均值及其他类型的银行进行对比。此类信息汇总后还可以显示出同业机构或银行业所发生的变化。

分析银行的损益表时，分析师应适当考虑并了解以下方面：

- 报告利润的趋势、利润构成及准确性；
- 收入和支出成分的质量、构成和水平；
- 支付的股利和保留的利润；
- 收入的主要来源和利润最大的业务领域；
- 应计未收利息计入收入的方式和范围，尤其是与已经划分为或应划分为次等或更差风险类型中的贷款相关的利息；
- 担保价值（非营业现金流）作为利息资本化或信贷再筹资决策基础的范围；
- 扭曲利润的收入或支出确认政策；
- 集团内交易的影响，尤其是利润转移和资产负债估值交易的影响。

分析师通过改变损益表项目的顺序（见表5.2）可以确定不同银行收入来源的贡献率，比如评估零售贷款相对于交易和投资银行业务的重要性。

表 5.2　　　　　　　　　调整后的损益表

| 调整后的损益表 | 当期 | 上期 |
|---|---|---|
| A. 贷款组合和银行同业存款的利息及类似收入 | 205 | |
| B. 存款和贷款组合筹资工具的利息支出 | 170 | |
| 1. 贷款组合的利息净收入（A-B） | 35 | |
| 2. 其他银行业务的营业收入 | 20 | |
| 3. 交易收入 | 41 | |
| 4. 投资收入（子公司和联营企业） | 4 | |
| 5. 总收入 | 100 | |
| 6. 特定贷款损失准备金及冲销 | 6 | |
| 7. 营业支出 | 55 | |
| 8. 交易及投资业务支出 | 20 | |
| 9. 与非存款借款相关的其他支出和利息 | 5 | |
| 10. 税前纯收入（或亏损） | 14 | |
| 11. 所得税 | 7 | |
| 适用税率 | 50 | |
| 税后占纯收入（或亏损）的百分比 | | |
| 12. 税后纯收入（或亏损） | 100 | |
| 提取一般准备金 | 46 | |
| 已宣告股利 | 14 | |
| 其他（+/-） | 0 | |
| 本期留存收益 | 40 | |

在表5.2"当期"一栏中,收入和支出的各个组成部分(甚至利息收入总额和利息支出总额)按照占第5项总收入的比例进行披露。利息净收入以贷款组合的利息收入总额和利息支出总额之间的差额计算,可以看到它对总收入的贡献率较小,尤其是将产生利息净收入的业务量考虑在内时,更是如此。

## 5.4 分析利润的质量

分析利润质量首先要考虑银行的收入结构及其组成部分(如利息收入、交易手续费收入、交易收入及其他收入来源)以及观察期内的趋势。图5.1描述了银行总收入的构成情况(注意:本章所用图表仅作为说明使用,并不一定指同一家银行)。分析师可以通过这一图表确定银行利润的质量和稳定性,包括利润来源及其结构变化。该图表显示银行的交易投资收入对总收入的贡献日趋增加,而利息收入的贡献却减少。

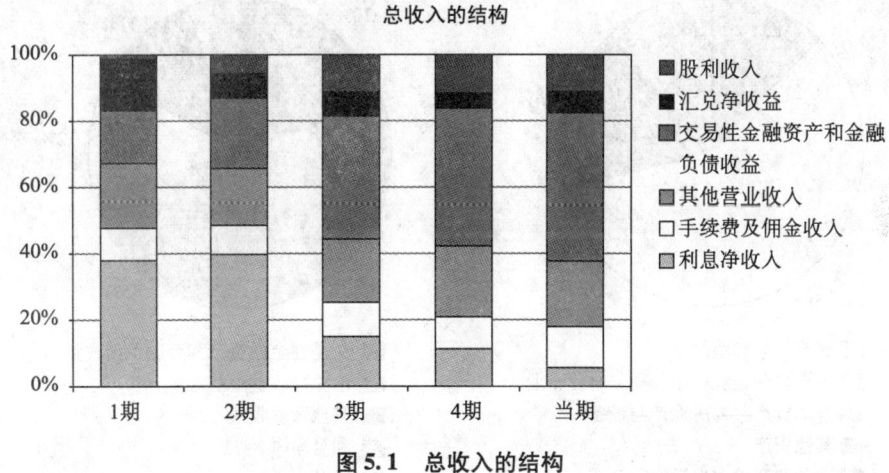

图5.1 总收入的结构

银行损益表结构的变化提高了盈利能力,而且并未增加传统的源自贷款组合的信贷风险。比如,许多公司客户能够以自己的名义发行商业票据和债券以吸引资金。相对于在资产负债表中保持大量的公司贷款,银行更愿意为大型的公司客户承销债券或提供发行服务,或者承担做市功能。这样既可以获取手续费收入,又不会增加信贷风险。然而,以这种方式获得的收入(如证券交易和商业银行业务)从本质上来说较不稳定、很难预测,因为它有赖于市场条件和交易成果。交易组合还面临市场风险(第10章将进行探讨），有时风险可能很大。

这种倾向通常需要详细审查，因为在正常情况下，投资收入不如利息收入稳定。然而，这种趋势可能是由于银行宏观环境或市场环境发生不利变化促成的，这可能是发生这种导向的原因。另一个原因是投资回报率远远高于贷款回报率。对总收入结构和资产结构进行对比，通常可以找到这种异常的合理解释。分析收入结构还可能得到关于资产管理质量的结论。

图 5.2 描述了将不同资产类型的构成与总收入的构成进行对比的过程。这样进行比较的目的是要精确地确定银行的资产是如何使用的，所产生的收入与资产比例就其所属的特定资产类别而言是否相称（换句话说就是，力出了，钱挣到了没有）。资产通常应在可接受的风险水平上应用于收入最高的产品类型。同样的分析可以发现回报较低的贷款和垫款类型。

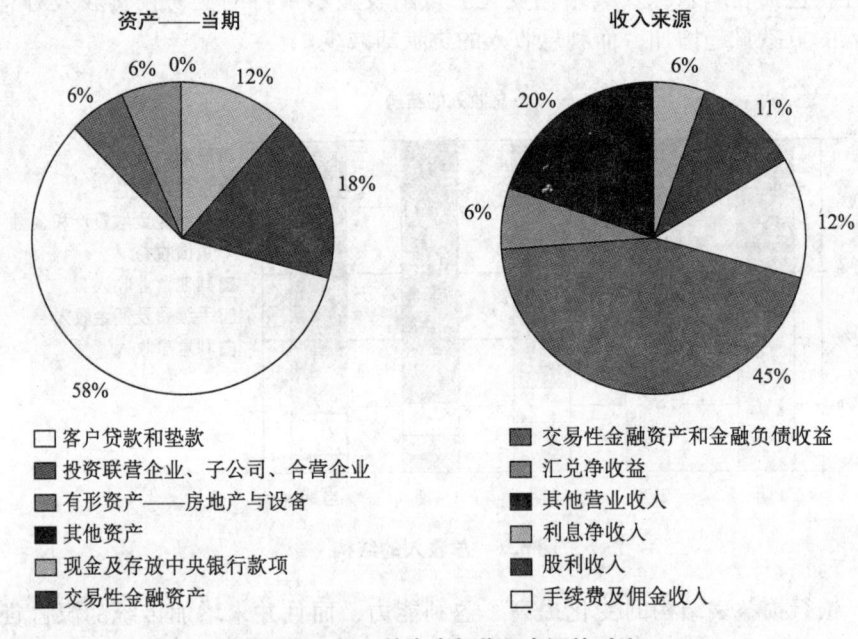

**图 5.2　投入的资产与收入来源的对比**

利息支出种类与相关负债类型的分析性比较显示出银行接受某些资金来源，并揭示其资金来源是否正在发生结构性变化。一种相似的图表和分析可以评估利息支出的各组成部分占总支出的比例是否与相关负债所占比例相同。资金成本高的类型会清晰地显示在图表上，而且需要解释做出某种特定筹资决策的原因。从长期来看，这种分析能够显示出银行的收入支出结构是否正在发生结构性变化以及发生了哪种变化；从盈利能力的角度看，发生的结构性变化是否合理。

图 5.3 描述了下一个步骤，即分析银行收入如何补偿其营业支出。在该案例中，手续费收入和交易收入对银行的盈利能力及其支付营业成本的能力贡献很大。银行收入的稳定性可能已经恶化，因为人们通常认为手续费收入和交易收入不如利息（即居间业务）净收入稳定。在观察期内，总收入和营业支出均大幅增长。尽管收入水平高得多，但是银行的财务状况并未得到改善。该分析应确定营业支出大幅增长的原因。

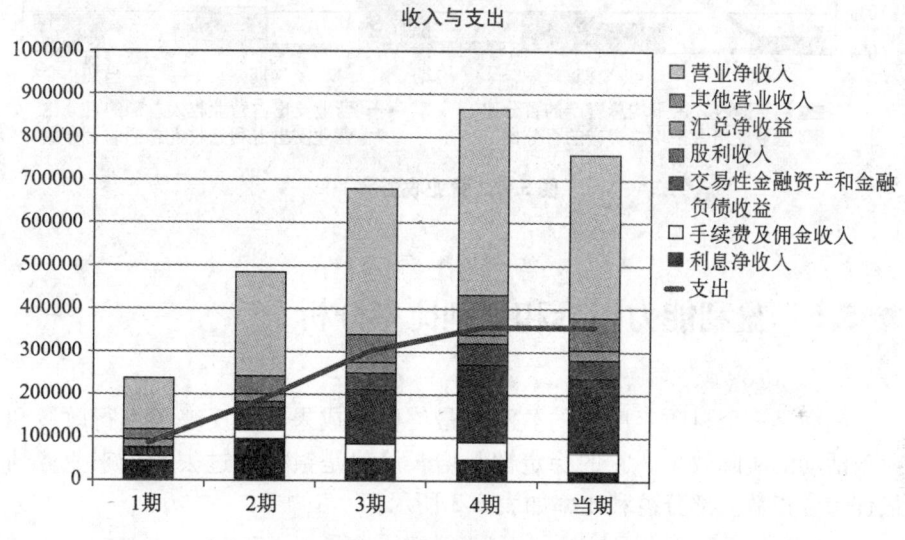

图 5.3 收入来源与成本来源

营业支出是银行损益表上可控的项目之一。可接受的营业支出增加的原因是人力资产投资和银行基础设备投资，有望在未来获得回报。如果未发现这类原因，应请银行重新考虑其业务策略。

图 5.4 描述了营业支出水平的另一种趋势，分析师可以通过分析营业支出相对于资产总额、利息收入总额和营业收入总额的比例获得有关银行支出和获利能力之间关系的信息，以及银行是否已将其潜力最优化。如果与行业平均值相比，可以得出重要结论，比如银行支出高是因为其配备的人员过多。营业支出与利息收入的比率和营业支出对营业收入总额的比率也非常实用，这两项指标可以清楚地说明银行的盈利能力。

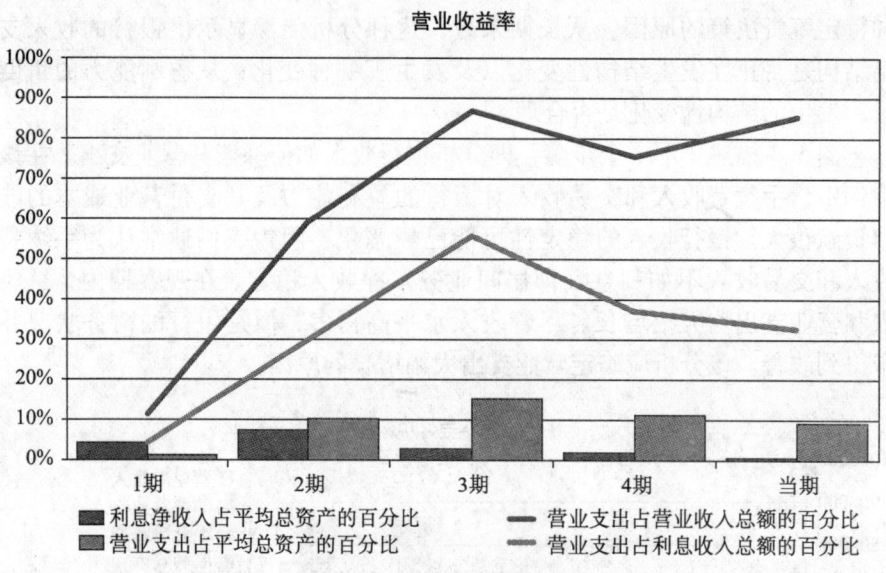

图 5.4 营业收益率

## 5.5 盈利能力指标和盈利比率分析

利润是一个财政年度内的盈利或最终财务成果，它反映了银行政策和业务活动的实际效果。它的稳定性和增长趋势是银行在过去和未来业务的最佳综合指数。部分盈利比率如表 5.3 所示。

表 5.3　　　　　　　　　　　　　盈利比率

| 盈利比率 | 上期 | 当期 | 基准点 |
| --- | --- | --- | --- |
| 利息净收入占平均总资产的百分比 | | | |
| 利息收入占平均盈利资产的百分比 | | | |
| 非利息收入占平均总资产的百分比 | | | |
| 利息净收入扣除准备金后占总资产的百分比 | | | |
| 利息支出占平均总资产的百分比 | | | |
| 居间业务利差 | | | |
| 利息净收入（扣除准备金）占总营业收入的百分比 | | | |
| 贷款损失准备金占平均总资产的百分比 | | | |

续表

| 盈利比率 | 上期 | 当期 | 基准点 |
| --- | --- | --- | --- |
| 股利占税后纯收入的百分比 | | | |
| 平均净资产收益率（税前） | | | |
| 平均净资产收益率（税后） | | | |
| 平均资产收益率（税前） | | | |
| 平均资产收益率（税后） | | | |
| 营业支出/总营业收入 | | | |
| 人工成本/总营业收入 | | | |
| 其他营业收入占总营业收入的百分比 | | | |
| 其他营业支出占平均总资产的百分比 | | | |
| 利息支出总额占平均附息负债的百分比 | | | |
| 次级债利息占平均次级债的百分比 | | | |
| 非利息收入占营业收入的百分比 | | | |

主要的指标包括平均净资产收益率（衡量股东投资的收益率）和资产收益率（衡量运用银行潜力的效率）。其他比率衡量银行核心业务的盈利能力（如利润率）、不同业务类型对利润的贡献率、银行运营效率以及利润的稳定性。随着时间的推移观察比率可以发现盈利趋势。分析不同比率随时间推移发生的变化揭示出银行政策、策略及其业务环境发生了变化。

许多因素都可能影响银行的盈利能力。在某些情况下，通货膨胀使营业成本的增长速度要高于收入的增速。资产价值按市价计价要求将未实现收益确认为收入；但由于这些收入并未实现，所以可能会对收入质量有负面影响。鉴于银行传统的利润率很低，利率水平的变化将导致它在总利润中的比例发生变化。受银行业竞争激烈的影响，许多银行将大量资金投入与基础设施相关的资产（尤其是信息技术）作为竞争策略的一部分。这类投资不仅增加了银行的管理成本，而且对盈利能力有负面影响。

将财务项目置于与其相关的环境下进行审视，分析师可以运用营运比率评估机构获得利润的效率。行业效率的平均值便于各银行间与整个银行系统进行比较。分析师可以审查与贷款和垫款相关的利息收入，确定贷款资产的收益率。同样，利息支出与筹集的资金进行比较会显示出相关的筹资成本。这一程序突出显示了货币政策对银行系统的影响以及官方利率变化对银行盈利能力的影响。

这些比率还可以在更大范围内使用。可以通过计算、分析准备金与贷款和垫款额的比率、息差与总利息收入的比率、投资收入与投资额的比率以及管理费用与总收入的比率来评估银行系统的成本和收入结构。银行系统的增加值可以以下指标衡量：税后纯收入与平均总资产的比率（即平均资产收益率）和税后纯收入与所有者权益的比率（即净资产收益率）。

  银行家非常重视比率分析揭示的信息。银行一般通过努力超过市场平均值并保持利润稳定和可预测来管理其盈利能力，以此吸引投资者。因此，比率是极其有用的工具，但是与其他分析方法一样，使用比率时必须小心谨慎并加以分析判断，因为比率本身不会提供关于银行财务状况的完整答案。从短期看，银行可以使用许多技巧使银行比率看起来好于行业标准。因此，对银行业务和管理进行评估时应对盈利比率进行审查。

  要获得稳定且持续增长的利润也意味着需要管理风险。资产负债管理已成为大家普遍接受的盈利能力（风险）管理方法。由于资本与盈利能力密切相关，因此资产负债管理的主要目标是确保稳定的盈利能力，从而使银行可以保持、扩大其资本来源。如果银行未能有效管理信贷风险，将会给息差带来负面影响。

  坚挺、稳定的净息差在传统上是银行经理的首要目标，且仍然是居间业务效率和盈利状况的首要决定因素。分析银行息差能突显当前利率模型的效果，较长期的趋势分析能够显示出货币政策对银行系统盈利能力的影响。这还可以说明银行对利率变化的敏感性，由此可以反映出银行有效管理利率风险的能力。

  图5.5描述了银行居间业务的表现。该银行的净息差稳定增长，但在近期却突然恶化。这种趋势需要进一步分析。分析师应确定这是否由系统性原因导致的，比如竞争加剧使息差减少。但是，息差减少也可能是由于资金成本增加的结果。这种趋势会给盈利能力带来负面影响，最终甚至可能影响银行的偿付能力。

  盈利能力比率（如净资产收益率和资产收益率）显示银行在一个财政年度或一段时间内运营的最终结果。图5.6说明了如何通过扣除一个假定的资本成本对这些盈利比率进行调整，从而显示出银行的真实利润。通过对比净资产收益率和无风险的国债，可以确定投入银行的权益资本与无风险投资相比是否赚取了附加收益。其结果可能如图5.6所示：对股东来说，投资于无风险的国债是更好的选择；对该银行来说，应终结其居间业务、关门大吉。

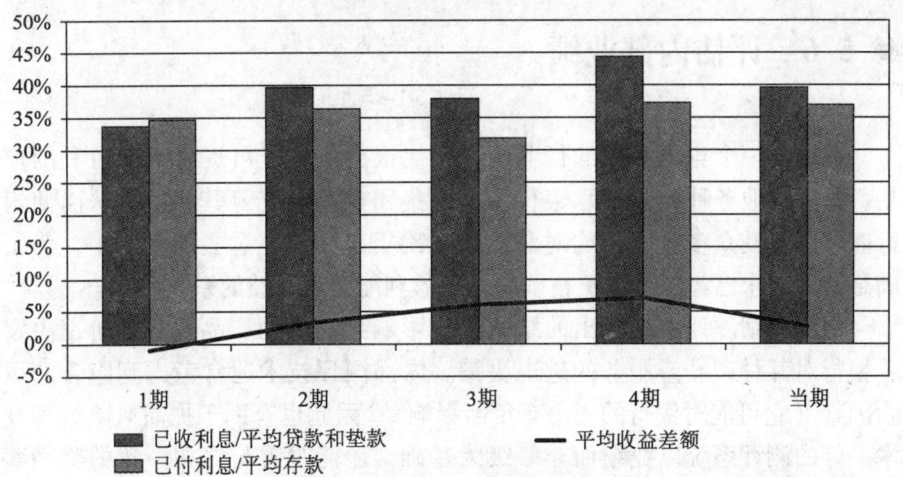

图 5.5 居间业务的平均收益差额

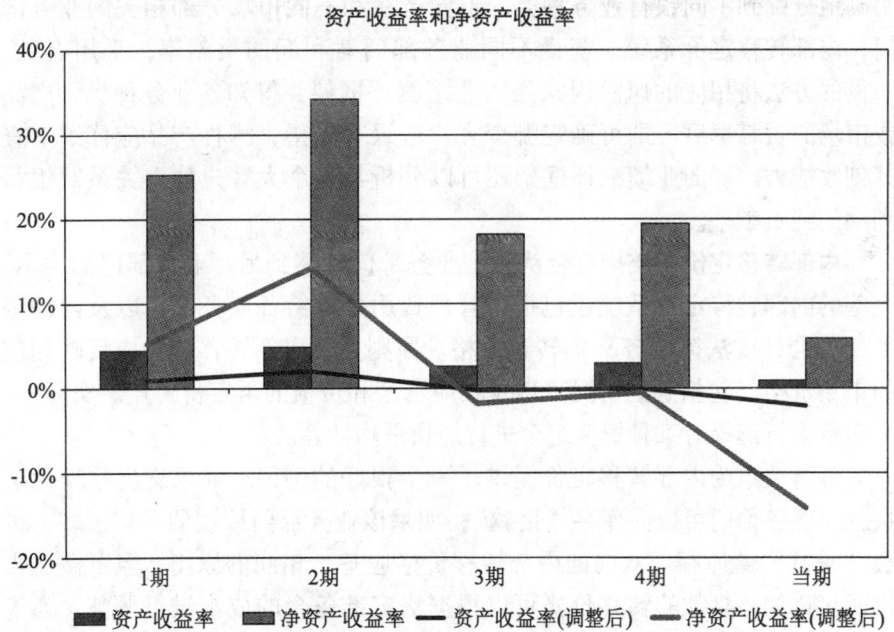

图 5.6 资产收益率（ROA）、净资产收益率（ROE）以及
按资本成本调整后的资产收益率和净资产收益率

## ● 5.6 评估内部业绩

在这样一个竞争激烈的行业中，现代银行不可能再提供不能盈利的产品、服务或业务种类。国际银行和金融集团尤其要统筹其职能，从而使银行能够确定其众多分支机构对利润的准确贡献率。在过去的十年中，为了满足这种需求已经开发出更精确的衡量盈利能力和业绩的系统。

内部业绩测评系统得出的结论直接影响到提供的产品及其定价，决定着银行对某种产品或服务的进退决策。内部测评技术通常考虑到隐含的风险因素（它可能对银行的支出有负面影响），因此也有助于提高风险管理技术。好的测评系统以业绩而非等级为基础，还能改善与之相一致的奖励薪酬系统的实施。

**业绩测评框架**包含许多因素。它包括有效的组织机构，将收入和支出明确地分配到不同银行业务种类、不同产品和不同市场分部相关的业务部门；内部转移定价系统，衡量不同业务部门对利润的贡献率；采用有效、一贯的方法将相应的风险因素融入业绩测评框架。得知各业务种类、产品或市场的贡献率后，即可确定哪个客户群最有希望，哪种产品应仔细审查其创收能力。好的业绩测评框架还可以分析与某个大客户建立关系对银行利润的纯贡献率。

**内部转移定价系统**指资金从一个业务部门转移到另一业务部门的成本。完善的内部转移定价系统还包括将管理费用分摊给各业务部门以及内部服务（如会计或法律服务）的转让价格。原则上，内部转移价格应反映相应的市场价格（包括到期情况）以及相应资产和负债的再定价特点。实际上，大多数银行选择对某种资金组合进行加权平均计算。

分行关系为内部转移定价提供了一个很好的例证。如果贷出款项无法拨款，业务部门可以向库存"借款"；如果该业务部门接收的存款过多，也会"贷款"给库存。双向的内部转移价格应基于相同的原则，但可做适当修改。比如，存款的转移价格可以根据法定准备金的成本进行调整。为了始终如一地贯彻这一系统，银行还必须有配套的管理会计系统。

将风险融入该框架有多种方法。以贷款功能为例，资金的内部成本反映贷款资金的信贷风险，对质量较低的贷款要求支付较高的转移价格。发放风险较高的贷款希望得到更高的收益。大多数银行对所有贷款都采用统一的转移价格，要求从质量较低的贷款得到更高的收益，风险因素即应运而生。

另一个步骤是确定应向每个不同的业务种类或产品系列分配多少资金。主要问题不是如何确定给每个业务部门分配多少资金合适，而是如何根据同样的原则始终如一地向各项业务分配资金。实际上，通常不需要使用精确的模型技术为所有的银行业务种类和产品系列测量风险，以确定适当的系数。而且在任何情况都几乎不可能有效地、有针对性地、始终如一地用精确的模型技术测量风险。相反，银行一般使用更加简单的"风险资本收益"这一类的计算方法。许多银行采用的可行方法是使用巴塞尔协议（在第6章将进行探讨）提供的权数作为计算基础。

如果分析所涉及的银行隶属于某一银行集团或控股公司，尤其是该集团已在国外有固定住所，那么应仔细审查其转移定价。在一些情况下，内部转移价格的设定允许母公司拿走银行利润，比如对于银行向其他业务部门或财团成员的借款，要求支付的费用高于适用的市场价格，或者对同一银行提供的资金支付的费用低于市场价格。这种情况在对红利调回有限制或程序复杂的国家特别常见。

# 第6章
# 资本充足率

## 本章要点

- 资本是应对意外损失所需的缓冲。
- 资本不能弥补管理不善或风险管理制度与措施的不完善。
- 资本以永久性股权和披露的准备金为主要基础,并以其他形式的合格资本为补充(例如,未披露的准备金、重估值准备金、贷款损失一般准备金、组合工具以及次级债务等)。
- 巴塞尔协议(巴塞尔协议Ⅱ或新巴塞尔协议)设定了最低资本要求以及对资本充足率进行评估与计算的国际标准,该协议将资本定为三个等级。前两级资本用于承受与资产负债表内及表外业务、衍生产品以及操作风险相关的信用风险;第三级资本部分用以承受市场风险。
- 新巴塞尔协议规定总资本充足率不得低于8%。该资本充足率是根据监管资本和风险加权资产的定义计算出来的。
- 必须把8%的充足率作为下限。在过渡期或不稳定的环境下,更合理的做法是要求风险加权资本充足率大于8%。
- 在实践中,资本充足率根据其相应监管当局(支柱1)规定的公式计算得出,并由银行的监管机构(支柱2)进行监督。此外,资本充足率还必须遵循市场规则(支柱3)。

## 6.1 引言：资本的特点与功能

银行业的所有环节基本上都直接或间接地受到资本的可获得性和资本成本的影响。在评估某一银行的安全性和稳健性时，资本是需要予以考虑的一个重要因素。充足的资本基础对一个机构在经营过程中遇到的各种风险起到安全网的作用。资本可用于吸纳可能发生的损失，因此，存款人对银行的信心是建立在银行资本的基础之上的。资本也是银行贷款能力的根本决定因素。银行的资产负债表不能超出其资本充足率所规定的范围。因此，资本的可获得性决定了资产的最大规模。

然而，资本不能弥补公司的经营管理不善、风险管理不善、公司治理不力或内部控制的薄弱。

资本的成本和规模会影响银行的竞争地位。股东希望获得股权回报，而银行为履行赚取合理回报的职责会对银行产品的定价产生影响。还有另一种市场观点：一般而言，银行要发放贷款和垫款，就必须有能力吸纳存款，这需要公众对银行抱有信心，而建立和维护公众信心的最佳途径就是通过设置资本缓冲。如果银行面临资本短缺或者资本成本较高，那么该银行可能会在竞争中失利。

资本的核心目的是保持银行的稳定性并吸纳损失，因而如果发生银行破产的情形，资本则成为保护存款人和其他债权人的一种方式。因此，银行资本应当具备三个重要特征：

- 必须具有永久性。
- 不得对资本收入收取强制性的固定费用。
- 必须允许存款人与其他债权人享有法律上的优先权。

资本总额是银行稳健运营的基础。银行所有权的性质也很重要，特别是能够直接影响银行战略方向和风险管理制度的股东的身份。银行的所有权结构必须能够保证银行资本的完整性，并能够在银行需要时提供更多的资本。所有权不得对银行的资本状况造成负面影响或使银行资本承受额外风险。除不够"合适且适当"或未将受托职责有效下放的股东之外，大型金融集团的结构也可能对此等集团内部银行的资本产生负面影响。

资本与资产之比相对较低是银行固有的特征。为鼓励银行对于与其特殊资产负债结构相关的风险进行审慎管理，大多数国家的监管当局开始提出一定的资本充足率方面的要求。20 世纪 80 年代后期，巴塞尔银行监管委员会率先推出了基于风险的资本充足率标准,该标准引起对国际业务活跃银行资本充足率进行管理的监管制度的国际性整合。新制度框架具有双重目的,一是加强国际银行系统的稳健性与稳定性;二是通过保证制度在实施时的高度一致性,以消除国际银行间不平等竞争的源头性原因。这一创举的成果是1988年巴塞尔资本协议(巴塞尔协议)的产生。随着带有复杂风险组合的新工具的出现,波动性与国际化也不断增强,再加上金融集团化的趋势,这些因素均促成了对巴塞尔协议的不断改进。最终,一个新的、更复杂的制度框架随之产生,即新巴塞尔协议。

## ● 6.2 资本充足标准及巴塞尔协议

巴塞尔协议对监管资本、风险敞口评估以及规定资本维持在足以承受风险水平的制度进行了界定。巴塞尔协议还引入了实际的资本充足标准,该标准以银行的风险加权资产总和及资产负债表表外风险敞口为基础,该标准可确保银行维持足够数量的资本与准备金以防止银行破产。尽管巴塞尔协议最初针对的对象是国际银行,但许多国家的监管当局迅速采用了巴塞尔协议,并提出正式的资本监管要求。在引入风险资本充足标准以后,采纳该标准的所有国家均大大提高了对风险资本充足率的要求。

巴塞尔协议在提高发展程度较低的国家与处于过渡期的经济体的银行系统的安全性方面也发挥了重要作用。采用并实施巴塞尔协议的国家已超过100个,并且目前对于任何以风险为基础进行监管的银行而言,巴塞尔协议都是不可或缺的监管内容。许多监管者意识到处于过渡期的与发展中国家的银行环境面临更大的经济和市场风险,因此对此等国家甚至采用了更高的标准,要求资本充足率达到12%—15%通常被认为是适当的标准。

自实施巴塞尔协议后,全球金融系统发生了重大变化。金融市场的波动性不断增强,金融创新不断涌现。同时,也出现了金融动荡引发更广范围的金融危机的情形,例如1997年的亚洲金融危机和1998年的东欧金融危机。国际业务活跃的银行必须处理的风险也更为复杂。因此,巴塞尔协议是否提供了有效方法以确保银行资本要求与其实际风险状况相匹配,这个问题越来越受关注,换言之,越来越多的人认为巴塞尔协议的风险敏感度还不够。巴塞尔协议在风险评估和控制方面需要加以完善。

1999年,巴塞尔委员会开始进行协商并制订了新的资本协议(新巴塞尔协议),该协议能够更好地适应现代金融世界的复杂性。虽然新制度框架旨在提供更为全面的评估银行风险的方法，但其基本目标仍保持不变，即提高银行系统的安全性和稳健性，增强银行在竞争上的平等性。

新巴塞尔协议于 2006 年修订完毕。它的一个重要特征是提高了银行内部系统在评估资本及计算充足率的作用。这也使银行有动力完善其风险管理措施，银行采用的风险管理方法越复杂，适用的风险权重的敏感度则越高。此外，新巴塞尔协议允许各国在适用具体规则方面具有更高的灵活性，各国得以针对本国金融市场的不同情形采用不同标准。除最低资本要求外，新巴塞尔协议还包括另外两大支柱：更加完善的监管审查流程（支柱2）、市场规则的有效利用（支柱3）。这三大支柱相辅相成、同等重要（见图6.1）。

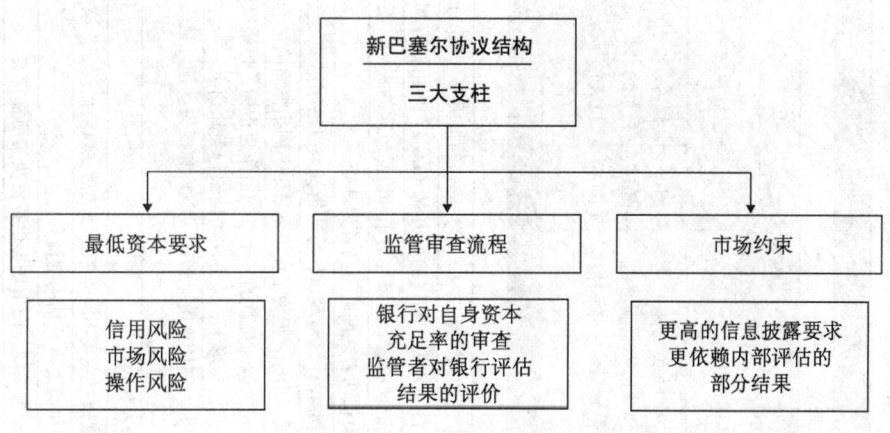

图 6.1　新巴塞尔协议的概念框架

积极参与新巴塞尔协议制订的金融系统较发达的国家迅速开始进行转变，尽管全面落实新协议可能尚需时日。例如，欧盟在 2006 年 6 月发布了一项新的规定——《资本充足指引》，该指引以新巴塞尔协议为基础，要求成员国自 2007 年 1 月 1 日起开始实施。预计各成员国至 2011 年 1 月 1 日才能够全面落实该指引的所有内容。表 6.1 所示为新巴塞尔协议所有要素的概览。本章接下来讨论的内容以新巴塞尔协议为基础，并与之相关。

表 6.1 新巴塞尔协议概览

| 支柱1 资本充足率要求/基准 | | | | | | | | | | | | 支柱2 监管审查 | 支柱3 市场规则 |
|---|---|---|---|---|---|---|---|---|---|---|---|---|---|
| 信用风险 | | | 市场风险 | | 操作风险 | | | | | | | | |
| 标准法 | 内部评级法 | | 标准法 | 内部模型法 | 基本指标法 | 标准法 | 备选标准法 | 高级计量法 | | | | | |
| | 基础法 | 高级法 | | 风险值(VAR) | 指标一:总营业收入 | 不同业务领域适用相同指标 | 不同业务领域适用不同指标 | 内部评估法(IMA) | 损失分布法(LDA) | 记分卡法 | | 监管者必须确保银行具备以风险为基础的、完备的资本评估内部流程,且该行的风险状况应与之相匹配。 | 提高信息披露水平,以有利于投资者做出决策。对采用高级风险管理法的银行有更高要求披露更多信息。 |
| 1 | 2 | 3 | 4 | 5 | 6 | 7 | 8 | 9 | 10 | 11 | | 12 | 13 |

详情——监管评估程序及市场规则:

1. 与巴塞尔协议仍合乎协议相似,但更信贷直接管理机构。
2. 将贷款组合分成七个方面。违约率(PD)由银行提供、违约风险敞口(EAD)和违约损失率(LGD)由监管者提供。
3. 将贷款组合分成七个方面。违约率(PD)、违约风险敞口(EAD)和违约损失率(LGD)均由银行基于过去的经验提供。
4. 针对市场风险单独计算得出的资本要求。
5. 市场风险资本以过去60天的平均风险值两者之间的更高者为基础,交易账户用以记录利息、股票、货币和商品风险的头寸,银行账户也可用以记录货币和商品风险的头寸。
6. 一个简化的方法是采用单一指标(总营业收入),代表全部操作风险敞口,将该指标乘以巴塞尔委员会规定的一个α因子。
7. 银行分为八个标准业务领域——目前全部领域均采用同一指标,但为了在未来采用不同指标作为指标,将该指标乘以监管者设定的β因子。
8. 银行分为八个标准业务领域。零售银行商业银行采取的贷款准备金之前也具有高额利润的情形下,该方法可使银行免除以现金。
9. IMA采用标准法是采用过去三年平均的信息。如果操作风险事件(LGE)发生,则计算操作风险敞口(EI)和损失(EL)是EI与LGE的乘积。IMA在预计和意外损失上使用了假定条件。
10. LDA允许银行评估损失分布,因此该方法试图直接评估意外损失。
11. 银行决定操作风险资本的初始水平,该数额随时间发展通过发现不同业务领域的潜在风险而改变。该方法依赖于定量判断,而更不依赖于银行历史数据。
12. 监管者必须证银行具有与风险状况相匹配的、完善的风险资本评估的概念为基础。
13. 提高信息披露水平(数量与性质方面):以重要性的概念为基础,向市场提供投资决策所需信息。

## 6.3 资本的构成与最低资本要求

银行资本包括三级。第一级为核心资本，或称监管资本。第二级和第三级归类为补充资本，且这两级资本需根据第一级资本的数额加以确定。新巴塞尔协议对资本的定义和构成的规定实际上与巴塞尔协议相同，但对合格资本的定义可能做了进一步更改。表6.2所示为按照巴塞尔协议规定可作为合格股权的金融工具一览表。

表6.2　　　　　　　　合格股权工具一览表

| 一级 | 二级 | 三级 |
|---|---|---|
| 股权份额 | 资产重估准备 | 短期次级债务 |
| 留存收益 | 一般准备金/损失准备金 | |
| 不可赎回、不可累积的优先股 | 组合（债务/股权）资本工具 | |
| | 次级定期债务 | |

### 一级资本

一级资本必须具备以下特点：具有永久性，经过注册并全额付讫；具有不可累积性；能够在银行持续经营的基础上吸纳损失；次于存款人、一般债权人和银行的次级债务受偿；只能在至少五年后经监管者同意且该资本由同等的或质量更好的资本取代的情况下，方可被赎回。银行资产负债表中符合一级资本要求的有：

- 股权份额；
- 留存收益；
- 不可赎回、不可累积的优先股。

上述一级资本的特点有：

- 被视为银行的核心资本或主要资本；
- 能使银行在持续经营的基础上吸纳损失，并能够为达到吸纳损失的目的永久使用；
- 能使银行在承受压力时有效保存资源，因为银行完全可以自主决定支付普通股红利的金额和时间；

- 在大部分情形下，它是市场对资本充足率做出判断的基础；通过普通股附加的投票权可以将市场规则用以约束银行管理；
- 被认为是银行一级资本的主要形式。

一级资本在所有银行系统都很常见，通常都明确披露在银行发布的财务报表中。一级资本对利润率以及银行承担风险的能力与竞争力也有着重要影响。一级资本被认为是能起最佳缓冲作用的资本。

了解资本是否以现金或实物形式（如固定资产）出资是很重要的。监管者有时会限制实物出资的金额，并将该限额确定为一级资本总额的一定比例。因为实物出资资本的价值可能会发生变化，监管者通常要求股东获得可靠的第三方评估之后再把相应金额计入银行资本，并考虑到固定资产的重估准备金将计入二级资本的事实。

一级资本要求的压力使银行为达到资本充足率而不断使用创新资本工具①。新巴塞尔协议将创新资本工具的金额上限限定在一级资本的15%以内。这一上限是指将带有任何可能导致该工具被赎回的明确特征（非纯粹看涨期权）的非普通股权一级资本工具的总和限定在银行一级资本总和的15%以内。

## 二级资本

资产负债表中，除一级资本外的一些组成部分并不具备核心资本的永久性，但在评估银行资本充足率时也可能计入银行的资本之中。这些组成部分包括最终会被赎回或对未来收入计收强制性费用的出资，无论此类资本是否具有收益。此类资本由与股权和债务具有相同特征的工具构成，包括资产重估准备金、一般准备金以及一般损失准备金、混合资本工具（例如，可赎回、可累积的优先股）以及次级定期债务等。此类资本构成银行的二级资本。二级资本总额限定在一级资本的100%以内。

---

① "创新资本工具"一词是指特殊目的工具（SPV），是具有成本效益、在必要时以非本币计值的资本。一个SPV要被接受作为一级资本，至少必须达到一级资本的标准要求。此外，该SPV还必须易于理解并公开披露；其收益必须可以立即实现而不受任何限制；银行必须能够自主决定SPV红利分配的数额和时间；红利仅可从可分配项目中分配；在预定了红利分配的情形下，不得根据发行人的信用情况而重新设定红利分配；如需要调高SPV的利率，只有在SPV至少发行十年后并且将SPV初始利率予以调高的幅度不高于（1）100个基准点（根据国家监管机构的规定）或者（2）与初始利率的价差的50%（两者均需减去最初利率与调高的利率之间的掉期息差）的情形下，才允许结合看涨期权予以调高SPV的利率。SPV的条件应规定在其期限只能调高一次利率。掉期息差应当在定价日时确定。

巴塞尔协议的法定限制条件对特定工具可以计入二级资本的情形进行了规定：

- **资产重估准备金**在经过审慎评估并完全反映了价格波动和强行销售的可能性的情况下，可计入二级资本。重估准备金的产生有两种方式。第一，某些国家允许银行根据市场价格变动对固定资产（通常是银行自身的房产）进行重新估值。第二，价值按历史购买成本计入资产负债表的长期权益证券可以产生重估准备金。此等重估准备金在计入二级资本前通常要将其历史成本账面价值和市场价值的差额乘以一定的折扣，以反映潜在的波动性，并且只有50%的重估准备金可以计入二级资本。
- **一般准备金/损失准备金**在针对未来不确定的损失而提取的情形下可计入二级资本。二级资本中包含的一般准备金/贷款损失准备金的数额不得超过与其相关联的资产的1.25%。
- **混合（债务/股权）资本工具**如满足以下条件即可计入二级资本：无担保、次级、全额付讫；未经监管机构事前同意不可赎回；能够持续弥补损失。此外，此类资本工具允许银行在其利润不能支撑债务偿还的情形下可以延期还款。
- **次级定期债务**包括最初固定的到期期限最低为五年以上的传统、无担保、次级债务资本工具。在到期前的最后五年里，该次级定期债务仅能按80%的金额计入二级资本。计入二级资本的次级定期债务总额不能超过核心资本的50%。

## 三级资本

1996年，巴塞尔委员会引入了三级资本的概念，允许银行根据国家监管当局的决定利用三级资本抵消银行一定的市场风险。因此，三级资本仅能用于抵消交易账户上的股权和计息工具的市场风险，以及银行账户与交易账户上的外汇和商品的市场风险。三级资本工具主要包括短期次级债务。三级资本的法定条件规定，其到期期限必须在两年以上，并受锁定条款的约束。锁定条款规定，如果对三级资本还本付息将导致银行总资本低于最低要求的话，则该利息与本金均可不予偿付。

## 最低资本要求

巴塞尔协议将资本充足率的最低风险标准设定为风险加权资产的8%，

其中一级资本应该至少占4%。二级资本总额不得超过一级资本的100%。二级资本的计算（例如，一般准备金/损失准备金如何计入二级资本）取决于信用风险的计算方法。① 三级资本不得超过为市场风险配备的一级资本的250%。二级资本可替代三级资本，但上限为250%，且仍应受二级资本适用限额的总额限制。

资本充足率按照监管资本与风险加权资产的定义计算得出。风险加权资产涉及信用、市场和操作风险。将市场风险和操作风险的资本要求金额乘以12.5（即最低资本充足率8%的倒数），再将该乘积与信用风险的风险加权资产总和相加，得出的就是风险加权资产总额。所以，计算资本充足率的公式为（一级＋二级＋三级）资本除以[信用风险加权资产＋（市场风险资本要求金额×12.5）＋（操作风险资本要求金额×1.25）]等于8%。

其中，

- 一级资本是指银行一级资本总额。
- 二级资本不得超过一级资本的100%；二级资本中所含的次级债务限定在二级资本总额的50%以内。
- 三级资本限定在足以承受市场风险的资本金额以内（即受限于三级资本的限制条件）。

按照新巴塞尔协议的规定，计算资本充足率时，使用内部评级法评估信用风险以及使用高级计量法评估操作风险时应进行一定的调整或扣减，包括一定的过渡性安排。一级资本的扣减还包括金融机构的商誉与投资。对投资进行扣减的目的在于防止银行系统内资本的交叉控股与"双重杠杆"情形，此类情形可能导致银行系统更易受到资本相互关联的机构问题扩散的影响。

## ● 6.4 基于风险的监管资本配置：支柱1

巴塞尔协议规定的资本充足率的基础性原则是银行资本水平应与其特定风险状况相联系。资本充足率的要求是巴塞尔协议的唯一核心，并构成了新巴塞尔协议的支柱1。资本充足要求的计量决定于三种风险成分：信用风险、市场风险及操作风险（新巴塞尔协议的规定）。可使用多种模型评估

---

① 根据计算信用风险的标准法，可计入二级资本的一般准备金最高可达到风险加权资产的1.25%。根据内部评级法计算信用风险，一般损失准备金不得计入二级资本。

这三种风险。原则上,这些模型包括一定形式的标准法以及以银行内部模型系统为基础的方法。

**新巴塞尔协议：信用风险评估方法清单**

| 简易标准法 | 标准法 | 基础内部 | 高级内部 |
| --- | --- | --- | --- |
| 巴塞尔协议规定的方法 | | 评级(IRB)法 | 评级(IRB)法 |

图6.2 新巴塞尔协议：信用风险评估选项清单

## 信用风险

巴塞尔协议关于资本充足率制度框架的关键核心即为信用风险评估,包括国家风险与对手风险两方面。这是因为银行通常会面临巨大的信用风险。银行的信用风险组合由其资产及表外业务的不同的风险权重所决定。巴塞尔协议对于银行资产负债表中不同类别的资产损失可能性的风险权重采用一种相当**简单的标准法**。表外业务风险敞口通过使用倍增因数计入在内,这也与各类金融工具的预计损失可能性相关。对资产及表外头寸的风险权重评估大大提高了评估银行资本充足率的客观性。该方法的简易性也使各银行体系在发展的初级阶段也能够采用该方法。附录6A所示即为巴塞尔协议规定的简易标准信用风险评估法摘要。

然而,对资产进行如此简单的加权仅仅是对经济风险的粗略估计,主要原因在于该方法不能有效地将不同的违约风险予以标准化。因此,新巴塞尔协议提供了进行风险信用评估的更多、更好的标准化方法,银行与监管者可以选择最适合操作且最适宜本地金融市场的方法。新方法还允许各国具有一定程度的决定权,可自由决定适用于该国市场的方法（虽然这也意味着需要进一步努力,以保证在实施过程中所必需的一致性）。修订后的制度框架包括一种更加复杂的标准法及内部评级模型的两种版本。

## 标准法

标准法以外部评级机构的评估为主要基础。表6.3简单描述了新巴塞尔协议规定的不同类型银行客户的风险权重选项。主权评级的选项包括特定评级机构的直接评级或是出口信贷机构做出的评级。对银行而言,选项1意

表6.3 标准法：新巴塞尔协议规定的风险权重

| | 新巴塞尔协议规定的标准法适用的风险权重 | | | | | |
|---|---|---|---|---|---|---|
| **对主权及中央银行的债权** | | | | | | |
| 选项1——以主权信用风险为基础专业评级机构的评估（CRA） | AAA 至 AA − | A + 至 A − | BBB + 至 BBB − | BB + 至 B − | B − 以下 | 未评级 |
| 风险权重 | 0% | 20% | 50% | 100% | 150% | 100% | 可以对国内货币风险敞口适用更低的权重。 |
| 选项2——以出口信贷的CRA为基础机构（ECA）风险得分 | | 2 | 3 | 4−6 | 7 | | 监管者可以决定使用国家风险得分对应的ECA。 |
| 风险权重 | 0% | 20% | 50% | 100% | 150% | | |
| **对银行、公共部门实体（非中央政府）及证券公司的债权** | | | | | | |
| 选项1——以主权CRA为基础 | AAA 至 AA − | A + 至 A − | BBB + 至 BBB − | BB + 至 B − | B − 以下 | 未评级 | |
| 风险权重 | 20% | 50% | 100% | 100% | 150% | 100% | 风险权重是比主权风险更不利的一类，20%为下限。 |
| 选项2——以银行自身的CRA为基础 | AAA 至 AA − | A + 至 A − | BBB + 至 BBB − | BB + 至 B − | B − 以下 | 未评级 | |
| 风险权重 | 20% | 50% | 50% | 100% | 150% | 50% | 对三个月或期限更短的债权可以适用更有利的风险权重。 |
| 风险权重，短期要求 | 20% | 20% | 20% | 50% | 150% | 20% | |
| **专业评级机构对私营部门企业与保险公司债权的评估** | | | | | | |
| 信用评估 | AAA 至 AA − | A + 至 A − | BBB + 至 BBB − | BB + 至 B − | B − 以下 | 未评级 | |
| 风险权重 | 20% | 50% | 50% | 100% | 150% | 100% | 如果该国过去的总体违约情形不乐观，则应当增加风险权重。 |

味着银行使用的风险权重为银行所在国主权风险权重（从 AAA 至 BBB 级别）下的一个级别。选项 2 则采用贷款银行实际评级基础上的一组风险权重。向无评级机构国家的银行提供的贷款应适用"未评级"一栏所示的风险权重。国内银行则继续适用 20% 的风险权重。监管当局可以在所在辖区适用的选项之间选择最适合本地情形的选项。

对于外部信用评估机构（或评级机构）做出的信用评估予以采纳的合格标准包括客观性、独立性、透明度、可信度、国际认可度以及可获取必需资源建立并定期更新个人评级的程度。各国监管当局负责决定外部信用评估机构是否能够合理达到合格标准。然而，由于各评估机构在对"次优"借款人进行评估的记录好坏参半以及这些机构采用的信用分析方法不同，监管当局在采纳这些机构的评估时还有所保留。此外，许多发展中国家无评级机构或评级机构的评估能力不足（一个相关问题是银行与其客户的会计与财务报告标准均存在不足之处）。

使用标准法时，表外项目通过使用换算因数转变为信用风险当量，换算因数与巴塞尔协议的规定相近。① 对衍生工具（如远期合同、掉期、期权等）信用风险的处理也与 1995 年实施的协议版本相同，该版本是巴塞尔协议的修正案。银行在衍生工具方面面临的风险并不是合同面值总额，而是如果对手方违约，银行恢复现金流所需的潜在成本。评估所有衍生工具风险的系统性基础是一致的，即根据各衍生工具合同的期限以及该类工具基础资产的利率与价格的波动性提取"信用等值"的金额。在评估资本充足率时，衍生工具应按照与其他类型的表外项目风险敞口一致的原则进行转换。

标准法允许银行通过使用信用风险缓释技术（如担保品、净额结算、保证等），以控制（即降低）风险敞口及风险权重。新巴塞尔协议对于降低信用风险敞口的信用风险缓释技术的合格标准作了详细规定，并规定了相关的"扣减"规则。

## 内部评级（IRB）法

使用 IRB 方法的银行在决定既定风险敞口的资本要求时可以使用银行自身的内部模型与风险评估方法。从概念上说，IRB 方法以资产类别为基础。按照 IRB 方法，银行必须将风险敞口分成带有不同风险特征的资产类。资产类别包括（1）公司；（2）主权；（3）银行；（4）零售；（5）股权。

---

① 一个重大变化是一年以下的债务适用 20% 的信用转换因数（CCF），而不是巴塞尔协议确定的 0%。只有可无条件注销的债务才能适用 0% 的 CCF。

大类下面还有小类①。每种类别的资产都有意外损失（UL）与预计损失（EL）。新巴塞尔协议规定了对预计损失（通过一般损失准备金弥补）进行资本处理的特别规则。IRB 模型重点关注意外损失的风险加权功能。

风险评估包括违约概率（PD）、违约损失率（LGD）、违约风险敞口（EAD）及有效期限（M）。借款人或借款人集团的 PD 是 IRB 方法以之为基础的核心评估概念。银行对信用风险的内部评估通常建立在对借款人与特定交易类型风险特征进行评估的基础之上。此外，如果发生借款人不履行债务的情形，银行必须估计其可能性损失的精确金额。可能性损失的大小即为 LGD，LGD 通常表现为银行风险敞口的一定比例。实际损失因违约时的金额而各异，通常表现为 EAD。IRB 中通常包含的最后一个因素为风险敞口的期限。这些要素（PD、LGD、EAD 与 M）构成 IRB 方法的基本参数。这些参数综合在一起对预计的固有的或经济性的损失进行计量，因此，这些参数构成了与信用风险相关的资本充足率要求的基础。

使用 IRB 方法评估信用风险会导致资本支出量更低，这是一种普遍的错误认识。实情并非如此：按 IBR 方法进行评估通常会更加准确，且适用 IRB 方法的风险加权曲线比标准法的波动幅度大得多。因此，如果使用 IRB 方法，不良贷款组合的资本要求会更高。表 6.4 所示为按新巴塞尔协议规定使用 IRB 方法时对意外损失适用的风险权重。另外值得注意的是，使用 IRB 方法将造成资本要求的波动幅度加大。

**表 6.4　　IRB 方法：特别贷款意外风险（UL）的风险权重**

| IRB 方法：特别贷款意外风险（UL）的风险权重 | | | | | |
|---|---|---|---|---|---|
| 监管类别 | 很好 | 良好 | 满意 | 不良 | 违约 |
| 外部信用风险评估 | BBB – 及以上 | BB – 至 BB | BB – 或 B + | B 至 C – | 不适用 |
| 风险权重：特别贷款的意外损失 | 70% | 90% | 115% | 250% | 0% |
| 风险权重：高波动性商业地产的意外损失 | 95% | 120% | 140% | 250% | 0% |
| 特别贷款：包括项目融资、物品融资、商品融资 | | | | | |

使用 IRB 制度框架对各类资产的风险进行评估可以使用两种选项：

**基础法**，即银行提供其自行评估的 PD 值并采用监管当局对 EAD 与 LGD 的评估值。一旦计算出可能性损失总额（鉴于不同的违约概率），即以

---

① 例如，公司资产可分为五小类：项目融资、物品融资、商品融资、产生收入的房地产以及商业地产；零售类资产可分为三小类：个人、住房抵押贷款，以及小企业贷款。

各类（小类）资产的风险权重为基础确定资本支出金额。

**高级法**，即银行根据其过去的经验提供其自行对 PD、EAD 与 LGD 的评估值及其自行计算的 M 值。这一选项引发了信用风险模型的兴起并引入了相关系数的概念，虽然监管当局与资本协议均未采用相关系数的概念，但相关系数是业务较复杂银行的通行举措。

在实践中，实施任一种 IRB 方法均包括下列内容：

- 将风险敞口进行资产大类（如主权、公司、零售等）的分类。
- 银行必须对每大类（小类）资产或信用风险敞口进行风险评估（使用标准基础法或银行自身的内部评估法）。
- 发挥风险加权的功能，为各类风险敞口提取相应的资本准备金。
- 监管当局规定的银行使用 IRB 方法必须达到的一组最低资本要求。该最低要求涉及支持信用风险评估、内部风险评级分工以及履约与损失估值定量的方法、流程、控制、数据收集与信息技术系统等。
- 对银行所有各类资产是否达到最低要求进行监管审查。从原则上说，银行可以选择一种 IRB 方法评估一定类别的资产，并采取另一种 IRB 方法评估其他类别的资产。一旦银行采用了 IRB 方法，则该银行应当继续无限期地采用 IRB 方法。

为达到使用 IRB 方法的合格标准，银行须向其监管者证实该银行最初即达到了最低标准的要求并一直符合该要求。合格标准的首要原则即银行的评级与风险评估系统和流程能够提供对借款人与交易特征的深入评估，对风险进行的有意义的区分，以及易于第三方（如监管当局或外部审计人员）了解并证实的风险的定量估值达到合理准确水平且具有一致性。新巴塞尔协议对于评级系统的设计与实施、内部评估的风险定量与验证以及相关的公司管理与监控等有详细要求。

## 市场风险

市场风险的定义是由于市场价格波动导致资产负债表内表外项目出现损失的风险。具体而言，市场风险包括银行债务及股权工具以及相关表外业务合同的交易账户的一般性及特定的利率与股票价格风险，以及整个银行（即包括交易账户与银行账户）的一般性外汇与商品风险。交易账户估值方法通常包括：（1）盯市，即每日通过可随时获取、具有独立来源的、闭市时的市场价格对头寸进行估值；（2）模型估值，即以市场参数为基础分析得出的估值；（3）独立的价格验证，即通过外部专家对市场价格的准确性进行独立验证（至少每月一次）；（4）视情形需要进行估值调整。

按照新巴塞尔协议的规定进行市场风险评估时，银行可以使用标准制度法或内部模型法。两种方法最终计算得出实际资本支出金额，并乘以各国监管当局设定的资本要求的一定比例，将其转化为名义风险权重。根据第6.2节规定的限制条件，一、二、三级资本均可用以弥补市场风险。符合市场风险资本要求的资产不得用于信用风险加权资本要求。

**标准制度法**

市场风险评估的标准制度法以搭积木法为基础。按照该方法，市场风险由银行在四个基本市场的总体敞口引起的一般性市场风险以及与银行的个人证券头寸相关的特定风险构成。对于下列风险分别计算各自的资本要求：

- 银行交易账户上的利率风险；
- 银行交易账户上的股票风险；
- 交易账户与银行账户上的外汇风险（见第13.4节与图13.4）；
- 交易账户与银行账户上的商品风险。

以上各类风险的资本支出金额一旦定量，则将其相加并乘以监管当局要求的资本充足率的倒数，以此确定市场风险的风险权重，通过该权重可以计算出三级资本的可用部分（例如，资本充足率要求为8%的话，则倍增因数为12.5。计算的细节见第6.3节的注释1以及附录6A）。

**内部模型法：风险值（VAR）的运用**

在使用内部模型法时，市场风险资本支出以下列更高者为准：前一日的风险值（VAR；见第11.5节）或者过去60个营业日的平均VAR。实际资本需求通过使用符合建议参数的模型进行计算，然后将计算得出的数值乘以所在国监管当局规定的与银行风险管理系统质量相关的因数 k（k 的最低值为3.0）。监管当局希望银行对 k 也增加一个"额外"的在0.0与1.0之间的因数，具体根据内部模型回溯测试显示预计VAR超额的次数决定。因为该额外的因数与内部模型以往的表现相关，增加该因数是为了鼓励银行保证其模型维持良好的质量。按照新巴塞尔协议规定，市场风险资本标准要求每日计算VAR且市场风险资本要求应当每日都达到标准。

使用内部模型评估市场风险应当获得监管当局的批准，并以与下列内容相关的一组详细要求为基础：

- **市场风险管理流程**。该流程应当：具有全面性；由高级管理层进行审慎管理；与业务管理相结合，同时独立于业务管理；进行完善的控制；具备学习能力。
- **涵盖范围**。该风险评估系统应包含与利率风险、外汇风险、股票价格风险与商品价格风险相关的特定风险因素。
- **可接受内部模型的定量参数**。包括 VAR 计算频率、历史观察期、信心参数、持有期及倍增因数等参数。
- **压力测试与外部复核要求**。此等要求包括确保银行对于可能使交易组合产生金额巨大的收入或损失，或者造成风险难以控制的不同假设条件与因素进行测试的参数，以保证银行具备一个能够汲取压力测试得出教训的系统，同时确保该系统在符合巴塞尔协议标准方面经过外部验证。

## 操作风险

新巴塞尔协议还规定了明确涉及操作风险的资本支出。操作风险的定义是"内部流程、人员及系统不够完善或失效以及外部事件导致损失的风险"。银行统计数据表明，随着银行不断提高高度自动化技术的使用程度，增加零售业务并发展电子商务，不断增加外包业务量以及越来越多地使用复杂金融工具与降低信用与市场风险的技术，银行的操作风险也随之不断扩大。对这一点的认识使银行越发重视稳健的操作风险管理，并将操作风险纳入银行的内部资本评估与配置流程。

随着操作风险日益复杂且风险敏感度不断提高，银行确定了三种计算与操作风险相关的资本支出的方法：基本指标法、标准法与高级计量法。银行应当选择最适合其操作风险状况与风险管理能力的方法。所选择的方法应当经监管当局批准，监管当局是否批准应以银行操作风险管理系统的质量、内部控制与审计方面资源的可获取程度以及管理质量为基础。

### 基本指标法

基本指标法采取单个指标代表银行的总体操作风险敞口。使用基本指标法的银行为操作风险配备的资本必须等额于银行前三年正值的年度总收入的平均固定比例（以 $\alpha$ 因数表示）。总收入的定义为净利息收入加上净非利息收入（即任何准备金与经营费用总额且不包括证券销售及任何巨额或非常规项目的利润/损失）。新巴塞尔协议将 15% 规定为 $\alpha$ 的标准值。非 G10 银行采用该方法的可能性最大。该方法无需银行付出太多工作量，在管理层针对操作风险的完备的控制流程、董事会监督、数据报告及审计流程实施到位前,该方法是建议使用的最合适的方法。

**标准法**

标准法要求银行通过八大标准业务领域展现其业务情况:公司融资、贸易与销售、零售银行业务、商业银行业务、支付与结算服务、代理与保管服务、资产管理及零售经纪业务。在各个业务领域内,总收入再次作为业务经营范围的指标并因此作为各经营领域范围内可能性操作风险敞口范围的标准(见表6.5)。每个业务领域的资本支出等于相关总收入乘以各业务领域的因数(表现为β因数)的积。β因数根据各个业务领域过去整个产业的经营损失经验得出。操作风险的总资本支出为各业务领域每年资本支出的三年平均值。使用该方法的银行不必收集经营损失数据,但必须具备有效的风险管理标准。

## 高级管理法(AMA)

最具风险敏感度的方法是三种高级管理法(AMA),这三种方法源自银行的内部风险评估系统以及相关的经营损失数据。按照AMA法,预计能够弥补操作风险的资本需求通过银行的内部操作风险评估系统采用银行使用的AMA类型规定的定量与定性标准加以确定。以下是三种AMA法:

- **内部计量法(IMA)**。该方法使用标准法的信息,为每个业务领域提供敞口指标(EI)、损失事件发生概率(PE)以及此等事件一旦发生将造成的损失(LGE)。这些因素的结果以及额外的风险因素决定了预计损失(EL)。
- **损失分布法(LDA)**。该方法允许银行评估在给定期限内各业务领域或风险种类造成的操作风险的可能性分布。LDA方法试图直接评估意外损失,而IMA则采用预计损失与意外损失关系的假设条件。
- **计分卡方法**。按照这种方法,银行首先应当使用其最初资本金额覆盖公司或业务领域的操作风险。然后随着时间发展,通过发现不同业务领域的潜在风险状况而改变最初资本金额。这种记分卡方法要求进行定性分析,而更不依赖于历史数据。

原则上说,使用AMA应获得监管当局的批准,因为该方法使银行具有很大的灵活度。监管当局批准的条件通常是:银行具有良好、独立的操作风险管理功能、与日常风险管理流程相结合的操作风险评估系统以及向高级管理层报告日常风险与损失的系统。至关重要的要求是,银行需具备完

**表 6.5　操作风险：业务领域及经营损失事件类型**

操作风险：巴塞尔协议规定的业务领域及事件类型

| 事件类型<br>业务领域 | 内部欺诈 | 外部欺诈 | 雇佣实践与工作场所的安全性 | 客户、产品与业务服务 | 对实体资产的损害 | 业务中断与系统失灵（技术风险） | 签署、交付与流程管理 | 将该业务领域确定为资金损失率最高的领域 |
|---|---|---|---|---|---|---|---|---|
| 风险动因 | 人员 | 外部事件 | 人员 | 人员/流程 | 外部事件 | 系统/外部事件 | 流程 | |
| 公司金融 | | | | | | | | |
| 贸易与销售 | | | | | | | | |
| 零售银行业务 | | | | | | | | |
| 商业银行业务 | | | | | | | | |
| 支付与结算 | | | | | | | | |
| 代理与保管服务 | | | | | | | | |
| 资产管理 | | | | | | | | |
| 零售经纪 | | | | | | | | |
| 将事件类型确定为资金损失发生率最高的类型 | | | | | | | | |

\* 巴塞尔协议确定了四类风险动因：本表将风险动因分配至最有可能导致发生重大影响的事件，本表并未排除适用于所有事件类型的风险动因。

备的操作风险管理系统。该系统的基础是对内部损失数据、相关外部数据、场景分析以及反映业务环境与内部管理系统的因素的使用必须具有一致性。

## ● 6.5  监管审查：支柱2

监管审查是新巴塞尔协议的第二大支柱，也是资本充足率制度的重要内容。监管审查有两大目标：一是评价银行是否具备足以承受其业务状况与营业环境固有风险的资本；二是鼓励银行实施最符合其风险状况、运营与经营战略的资本充足率评估与管理的制度及内部流程。图6.3所示为支柱2的重要组成部分。

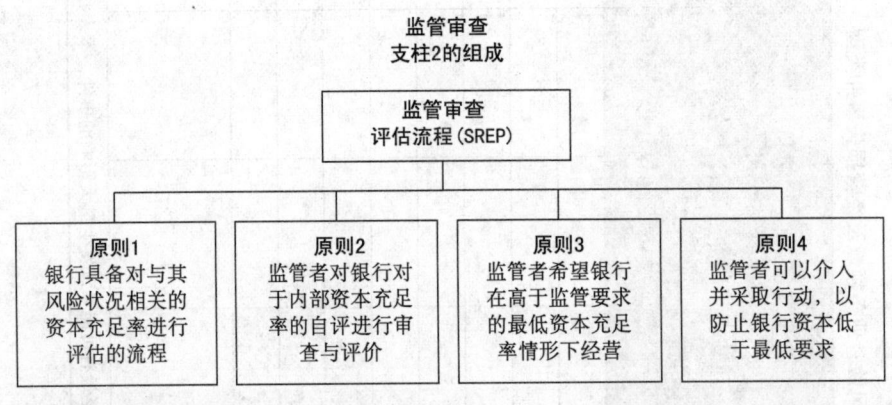

图6.3  监管审查：支柱2的组成

监管当局的作用是审查银行内部资本充足率的评估与管理流程，确保银行的资本目标与资本状况与其总体风险状况和战略保持一致，并在银行资本不足以缓冲其风险时，监管当局得以介入。随着市场环境风险不断提高，监管审查流程也日益复杂。

监管审查的一个重要方面就是评价使用IRB方法评估信用风险以及采用AMA方法评估操作风险的银行是否符合最低资本标准及披露要求。对于银行资本标准降低导致其承受业务冲击能力存在问题的情形，监管者还应具备确认并干预的方法。新巴塞尔协议确立了监管审查的核心原则。这些原则以及《有效银行监管核心原则》（巴塞尔协议组成部分，最初发布于1997年9月并于2006年10月修订），再加上巴塞尔委员会发布的关于银行监管审查流程的其他指导性说明将在本书第15章中作详细探讨。

如果监管者对银行内部流程质量以及银行自身的风险评估与资本配置情形不满意，监管者应当采取适当行动。监管者应当具备可供其使用的必需的强制执行权力与工具。例如，如果根据特定银行的风险特征及其经营环境，该银行的资本要求必须高于最低标准的话，那么监管者应该能够要求该银行使其资本高于最低标准，如果该银行的资本未维持或恢复到应有水平，则监管者有权要求其立即采取补救行动。新巴塞尔协议的制度框架在监管者之间的合作方面有特别要求，特别是针对业务复杂的银行或金融集团的跨国监管合作。本书第15章将更加详细地讨论监管审查流程与技术。

## 6.6 市场规则：支柱3

市场规则要求，即新巴塞尔协议的第三大支柱，与最低资本要求和监管审查流程起相互补充作用。市场规则以信息披露要求为基础。市场规则要求银行及时披露市场参与者所需的可靠信息，以便市场参与者做出有根据的风险评估，包括评估银行作为损失缓冲的资本充足率以及评估可能导致产生此等损失的风险敞口。

信息披露要求以重要性概念为基础，也就是说，如果信息的任何疏忽或错误表述可能改变或影响此等信息使用者的决策，则必须披露此等信息。披露的唯一例外情形是专有或保密信息，公布此等信息可能影响银行的竞争地位。通常每季度或半年进行一次信息披露。银行应当具备常规性信息披露制度且该制度经董事会审批，包括予以披露的信息、复核报告频率以及对披露流程的内部控制等。

需要予以披露的方面包括资本结构、资本充足率以及风险敞口与评估。信息披露包括性质与数量两方面。每种风险类型（信用、市场、运营、股权等）在性质方面的信息包括：战略、制度与流程；各类风险管理职能的结构与组织；风险评估与报告系统的范围与性质；对冲与降低风险的策略与制度；监控制度有效性的流程与系统等。数量方面的信息包括披露特定金额。本书第14章将进一步讨论透明性与信息披露制度。

## 6.7 资本充足率的管理

银行管理层对该银行的资本充足程度负持续性责任。资本管理流程应当解决银行面临的所有重大风险。按照银行的经营战略，银行必须明确界定资本充足目标；确定、评估并报告所有重大风险的完善的制度与流程；将资本与风险状况相联系的资本评估流程；确保总体资本评估与管理流程完整性的内部控制系统。

银行董事会也必须对维持资本充足率方面的所有事务予以足够重视。董事会有责任对资本要求进行规划并决定当前业务发展与资本准备金是否具有持续性，并建立稳健的风险管理制度以及有效的风险管理与控制的系统与流程，以确保组织的效率并为吸引与维持必需的专业骨干团队提供充足的资源。

在讨论资本充足率时，还必须关注银行资产的质量。如果不考虑资产质量，银行的资本充足率可能会毫无意义或极具误导性，在发展中及过渡性经济体尤其如此。即使在发达市场经济体，许多银行报告的资本充足率很高，但这些银行实际上却可能面临破产，原因在于这些银行夸大了其资产质量，且提取的损失准备金并不充足。对资产质量、表外业务敞口及或有负债进行准确评估，对于正确评估资本而言至关重要。同理，对准备金及贷款损失储备进行准确评估也是资本充足率评估过程中重要的一环。

改变资本充足率比例算式中的分子或分母都使银行的资本充足率发生变化。在大多数情形下，为达到或维持必需的资本充足率，银行既会改变分子，也会改变分母。银行通过不予分红及发行股票或次级债务等举措以增加一级及/或二级资本；银行还会通过减少总资产（例如，通过减少支柱性贷款）以及增加风险权重更低的资产（例如，将业务从公司贷款转移到政府证券或住房抵押）来改变资产负债表的结构。银行通常根据其经营周期决定采取上述何种举措。在需求大的时候，银行更有可能增加资本；而在不景气时期，则选择减少其资产负债的规模。

除了经营周期方面的原因，在选择达到或维持资本充足率策略方面的重要决定因素还包括：资本充足率不足的程度、银行必须达到最低资本要求的时间。如果银行情况恶化，其增加资本的选择将受到更大的限制，同时成本也更高。这种情形的存在论证了银行应维持高于监管最低标准资本的观点。如果资产质量恶化，或者如果资本不足的程度很严重而时间又很紧迫，迅速募集新资本则成为唯一有效的解决方案。希望问题可以自行解决是一种愚蠢的想法，因为从长期来看，银行付出的代价会大得多。迅速收缩资产负债表通常意味着银行在削减其质量最好或流动性最强的资产。这虽然在短期内遮掩了问题，但从更长的时期来看甚至会造成更严重的问题。

资本充足率标准的引入还刺激了监管资本套利现象，表明银行致力于将包括股权在内的资金成本尽可能维持在最低水平。由于普遍认为股权成本比债务高得多，因此，通过其他方式将资本维持在低水平的银行将资本充足率的要求视为征税的一种形式。与其他形式的税收一样，一些银行想方设法地将税费维持在最低水平。实践中，银行通常利用巴塞尔协议风险加权制度对经济风险与信用风险评估的不同规定进行资本套利。资本套利存在多种方式，包括通过一定形式的证券化或通过创造信用替代品（信用替代品的风险权重也较低），将资产组合转变为权重更低的资产。

## ● 6.8 银行资本充足率分析

对资本充足率进行分析包括以下三个步骤：
(1) 分析合格资本的结构；
(2) 分析银行的风险状况及风险敞口；
(3) 评估银行当前及未来的资金需求。

巴塞尔协议与新巴塞尔协议规定的评估资本充足率的方法在概念上没有差别，两份协议规定的评估方法从本质上看是一样的。

然而，新巴塞尔协议对银行风险状况与风险敞口以及风险权重分配的分析比巴塞尔协议复杂得多，原因在于新巴塞尔协议采取的方法更为复杂（敏感度更高，且更能体现银行不同业务领域的风险状况）。因此，在说明资本充足评估流程的因素时，以下讨论将涉及巴塞尔协议，以使讨论更加简单、更切中要害。

### 银行资本结构分析

对资本充足率进行评估，首先是分析银行资本的构成，如图6.4所示（本节所示图表是为了对银行资本进行分析，各图表并不指代同一家银行）。包括普通股权及留存收益在内的一级核心资本应占资本总额的50%以上。股权结构及持股比例较高股东的身份也很重要。在极端情形下，银行可能会要求股东通过增资或不予分红的方式增加银行资本。然而，如果银行股东为恶意股东，银行管理不善或董事会不力的话，银行资本将出现不足的情形。

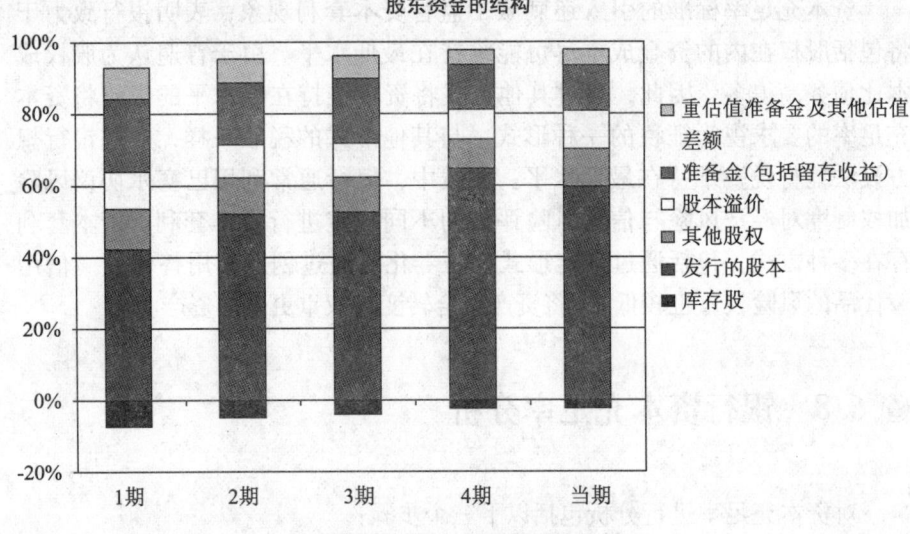

图6.4 银行资本结构构成

资本的数量与结构随着时间发展而发生的变化,这一点也相当重要。图6.4所示银行的资本结构就发生了一定的变化。应当对资本结构的变化,特别是核心资本的减少,做出合理的解释。同时还需对资本减少的情形进行审慎分析,对导致资本损失的具体原因与情形做出解释,以确保银行吸取了过去经验并采取了完善措施以防止未来出现类似情形。分析人员还应当把资本数量的变化与银行的风险状况进行比较。一般而言,为了使银行的风险敞口具备充足的缓冲资金,资本数量的变化应当与风险状况的预计变化保持一致。

除分析银行资本构成的结构以外,还应分析银行对股东分红的程度与要求。在经济低谷期或银行形势恶化的情形下,银行应当减少或暂停股东分红。

## 银行风险状况分析

对资本充足率进行评估的下一步骤是评估银行的风险敞口。这一步骤包括巴塞尔协议规定的信用风险与市场风险评估,以及新巴塞尔协议规定的操作风险评估。首先评估信用风险,银行的资产负债表内及表外资产类型应当按照巴塞尔协议规定的风险类别予以分类(或者根据新巴塞尔协议规定的采用监管当局同意的方法进行的分析),并分配相应的风险权重。

分析人员还应关注风险加权资产的结构,以及资产结构是否随时间发生了变化及变化的情形。只要银行改变了风险权重,需要解决的问题就是分析银行经营战略决策是否发生了变化,风险权重是否反映了实际风险,银行是否能够理解并完善地控制更高程度的风险，以及未来发展趋势的可能情形等。

图 6.5 所示为采用巴塞尔协议规定的评估方法对一家银行主要风险状况所做的分析。随着时间发展，从平均风险权重来看，该银行的风险状况发生了变化，包括资产负债表内及表外项目。如图所示，银行总体风险状况的加权平均值在观察期内有所降低。分析人员应当了解发展趋势的原因及走向。例如，银行增加表外业务可能会造成资产总平均值的减少。银行开始进行监管资本套利或改变其业务需求结构可能会造成其表内项目加权平均值的降低。

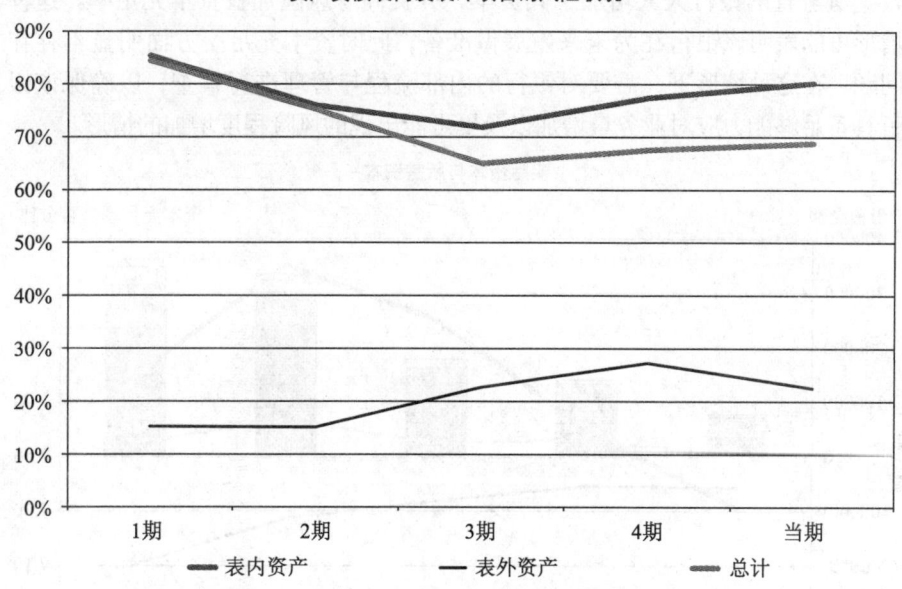

图 6.5 资产负债表内及表外项目的风险状况

## 银行当前及未来资本需求评估

一旦确定了作为资本充足率比例分母的银行的信用风险、市场风险及操作风险相关的数值，计算资本充足率就极为简单。表 6.6 所示为选定银行的资本充足率及其发展过程。合格资本总额中核心资本比例的下降可能表明银行增加了二级资本或债务工具，以达到最低资本要求。这种情形进而又表明资本相对转变成为更不具永久性的形式。资本充足率能够显示银行是否达到了最低资本要求。

如果银行资本充足率表现出下降趋势，则需要引起关注。原因可能在于银行增加了资产负债规模，尽管其仍然符合最低资本要求。如果下降的趋势一直持续，则意味着银行必须增加资本以达到最低资本充足率的要求。资本充足率恶化的其他原因可能是银行的风险状况发生变化。在此情形下，分析人员应当深入了解银行是否具备完善到位的制度、流程及管理，以有效应对其运营过程中风险程度更高的情形。

图6.6是对发展趋势的分析，该图追踪了随着时间发展银行资本的变化情况（按巴塞尔协议的规定）。资本分为一级、二级、三级三类，并将之与对于分别按照8%以及15%的加权最低资本充足率要求所需的资本进行了对较。所考查的银行大大增加了其资本，并提高了风险加权资本充足率。这种情形可能表明该银行在为未来发展做准备，此时资本充足率方面明显不存在问题。在这种情形下，需要对银行的内部流程与管理进行审查，以确保该银行具备足够能力应对业务量增加以及更可能出现的风险程度增加的情形。

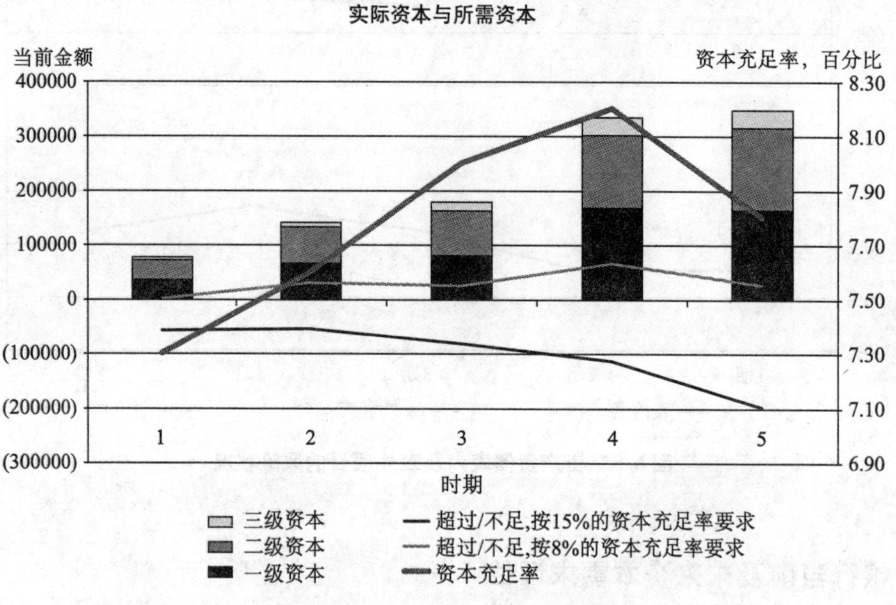

**实际资本与所需资本**

（图表：显示第1至5期的一级资本、二级资本、三级资本柱状图，以及资本充足率、超过/不足按8%和15%资本充足率要求的折线图。当前金额范围从(300000)到400000，资本充足率百分比从6.90到8.30）

图例：
- 三级资本
- 二级资本
- 一级资本
- 超过/不足，按15%的资本充足率要求
- 超过/不足，按8%的资本充足率要求
- 资本充足率

**图6.6　实际资本与所需资本的对比**

接下来要解决的问题是银行能否在将来持续符合最低资本要求。对这个问题进行分析的内容包括对银行可能出现风险的情形与银行管理风险能力失控的情形进行压力测试。图6.7所示为正常情形下对资本充足率的预测，这属于风险管理流程与资本规划的内容。该图所示为银行在未来可能面临的情形下资本的最终金额，同时重点突出了资本充足率达到或未达到要求的任何预测情形。

# 第6章 资本充足率

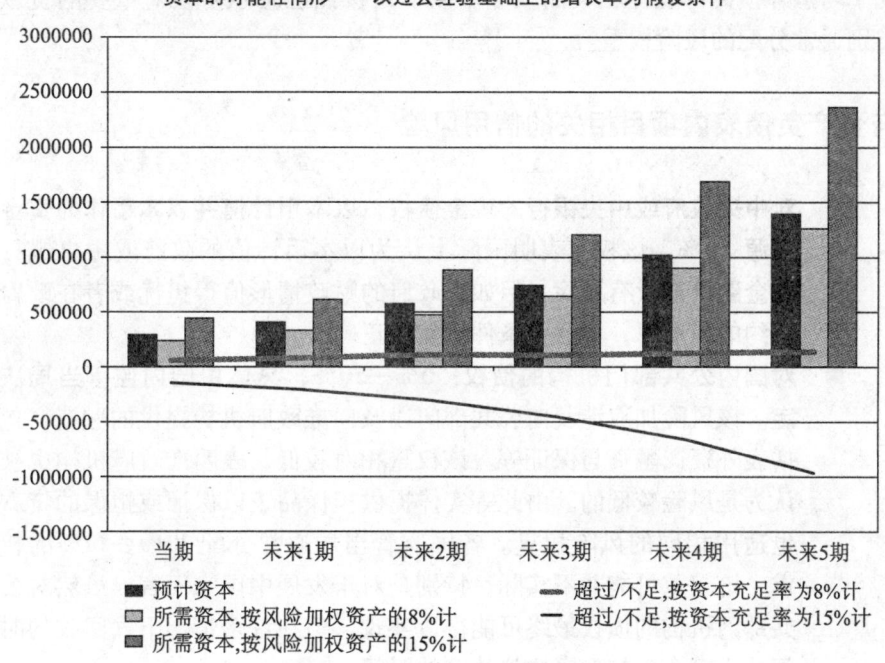

**图6.7 预估的可能资本需求**

图6.7的预测以一个简化的假设条件为基础,即风险加权资产按10%增长且净合格资本按5%增长,同时银行的风险状况保持不变。在此,预计业务量的增长显然将造成资本量下降。银行可以采取多种措施解决资本充足率预计下降的情形,包括:

- 通过要求股东增资,将收益予以留存或在市场上发行新股等增加一级资本;
- 通过发行适当的工具增加二级资本,前提是银行资本结构中具有增加二级资本的空间;
- 改变经营政策,将精力集中在资本需求程度更低的业务;
- 减少其资产负债的规模或放缓其增长速度。

## 附录6A:巴塞尔协议规定的信用风险权重分配,一级与二级资本用以承受信用风险

巴塞尔协议对与信用相关的风险采取相对简单的分类,每种类别均分

配了与意外损失可能性相关的权重。以下是按照巴塞尔协议对重要的贷款类别通常分配的风险权重。

## 与资产负债表内项目相关的信用风险

- **对中央政府或中央银行的现金债权，以本币计值并以本币作为资金来源：0%**。该权重表明国际上认为以本币计值的政府或中央银行的金融资产没有风险。但如果政府的财政情形值得担忧或者在政府违约的情形下，该假设条件显然不正确。

- **对国内公共部门机构的债权：0%—50%，具体由国内监管当局决定**。该风险加权涉及向公共部门以及向准政府机构提供的融资，包括表外资产融资与保证等。该权重相对较低，表明准政府机构也被认为是风险较低的。由此等实体提供担保品予以保证或担保的贷款也适用相同的风险权重。各国监管当局通常分配10%—20%的权重，该权重可能并不实际，特别是对于发展中国家而言。虽然对公共部门机构的债权最终可能得以实现，但在许多情形下，回收的时间并不符合最初融资协议约定的时间。

- **对银行的债权：20%**。该权重较低，因为银行需要遵守严格的监管要求。同业拆借具有标准的风险管理流程并能获得央行资金的调节，因此同业拆借的信用风险比其他贷款更低。对于经济合作与发展组织（OECD）非成员国的银行，仅对剩余期限少于一年的债权适用20%的风险权重。

- **住房抵押：50%**。该权重表明此等投资的性质通常是较安全的。然而，随着抵押债券担保的消费费用不断增长，抵押的风险也不断增大，这种情形反过来又导致了更加灵活的抵押产品（如对已支付资本的家庭净值贷款）的产生。因此，对住房抵押适用相对较低的风险权重可能会扭曲信用的分配，因为对消费费用提供融资的贷款价格可能在经济上并不具合理性。

- **其他贷款：100%**。该权重通常表明银行向私营部门或者向公共实体所有的公司发放贷款时，银行承担了较高的风险。属于此类的其他债权还包括对OECD非成员国政府的非本币计值的债权；对OECD非成员国银行的债权；剩余期限为一年以上的债权；对房地产与其他投资的债权；对固定资产及其他资产投资的债权。

## 资产负债表外项目的信用风险

巴塞尔协议的制度框架中还包括对资产负债表外项目的规定。对表外项目的处理方式是，通过对不同类型的工具或交易适用相应的信用转换因数，将表外项目的敞口转换成表内信用风险敞口。该倍增因数取决于预计违约的可能性。重要的表外项目种类的信用转换因数的规定如下所示：

- 期限不超过一年的承诺（如备用贷款及信用额度），或者可以在任何时间无条件撤销的承诺：**0%**。
- 短期、自偿、与贸易相关的或有负债，如以基础货物作担保的跟单信用证：**20%**。
- 一些与交易相关的或有项目：如与特定交易相关的履约保函、投标保函、担保以及备用信用证；票据发行额度与循环承销额度等；其他承诺，如常规的、期限长于一年的备用贷款与信用额度等：**50%**。
- 直接信用替代品，如债务的普通保证（例如，作为贷款及证券融资保证的备用信用证）及承兑（如背书）、销售与回购协议以及远期资产购买等：**100%**。

资产及表外头寸的风险加权在提高评估银行资本充足率的客观性方面前进了一大步。该方法较为简单，这使银行系统在早期发展阶段也能够采纳该方法。然而，对资产的简单加权只是对经济风险的粗略评估，主要原因在于该方法不足以对不同的违约风险予以标准化。

## 与衍生工具相关的信用风险

1995年，巴塞尔协议经修订并加入了关于处理远期合同、掉期以及类似衍生工具合同的规定。银行在衍生工具方面面临的信用风险并不只是合同的面值总额，而是如发生对方手违约，银行回收现金流需要付出的可能性成本。评估所有衍生工具的系统性基础是相同的，即根据各合同的期限以及作为该工具基础的利率与价格的波动性得出的"信用等额"金额。为评估资本充足率，衍生工具应根据与其他类型表外敞口适用原则相同的原则进行转换，表6A.1是对倍增因数的概述。

**表 6A.1**　　　　　衍生工具的信用风险倍增因数

| 衍生工具的信用风险倍增因数 | | | | |
|---|---|---|---|---|
| 剩余期限 | 利率 | 汇率及金价 | 股票 | 商品 |
| 一年或一年以下 | 0.00% | 1.00% | 6.00% | 10.00% |
| 一至五年 | 0.50% | 8.00% | 7.00% | 12.00% |
| 五年以上 | 1.50% | 10.00% | 8.00% | 15.00% |

自20世纪90年代初期以来，业务及风险状况更加复杂的大型银行一直投入资源开发模型以评估银行重大业务经营产生的信用风险。这些模型旨在帮助银行更好地对不同地理区域与业务领域的风险加以定量、综合以及管理。因此，此等建模实践促成了新资本协议，即新巴塞尔协议的产生。

## ● 附录6B：计算计入市场风险（三级资本）的资本充足率

### 背景

1. 巴塞尔协议将资本分为两种类型：核心资本（一级资本）与补充资本（二级资本）。这两类资本旨在达到信用风险资本支出的明确要求，并能够有效缓冲其他风险。

2. 1996年实施了《巴塞尔协议市场风险修正案》并引入了三级资本的概念，三级资本由短期次级债务构成。三级资本可用以部分抵消市场风险的资本支出，包括外汇风险与商品风险。然而，可用于吸纳市场风险的三级资本金额仅限于为市场风险配备的一级资本金额的250%以内。二级资本可用于代替三级资本，但限于一级资本的250%以内，并且二级资本的总额仍受限于1988年资本协议（巴塞尔协议）的规定。

3. 计算市场风险资本支出得出的结果是必须持有的资本的实际数额；而计算信用风险时，所需资本的数额为风险加权资产乘以8%。为使信用风险与市场风险相互联系，市场风险资本支出额必须乘以12.5（8%的倒数），然后加上信用风险的加权资产计算得出。

4. 因此，计算资本充足率的公式如下所示：
其中

- 一级资本为银行一级资本的全额。
- 二级资本限定于一级资本的100%以内；计入二级资本中的次级债

务不得超过二级资本总额的50%。
- 三级资本限定于足以承受市场风险的金额以内,三级资本总额还应符合上述第二段的限制性规定。

## 例子:计算计入市场风险(三级资本)的资本充足率

假设条件:
1. 银行经营所在国规定的最低资本要求为8%。
2. 银行已计算出其风险加权资产为10000,且其市场风险的资本支出为500。
3. 银行的一级资本为750,二级资本为250,三级资本为700。

**答案——见表6B.1:**

1. 为计算上述等式的分母,市场风险资本支出必须乘以12.5,将得数加入风险加权资产10000之中。在本例中分母为16250。

2. 接下来可以确定,按照8%的资本要求,银行的最低资本需求为1300($16250 \times 8\% = 1300$)。在这个得数中,800是信用风险的配备额($10000 \times 8\% = 800$),500是市场风险的配备额($6250 \times 8\% = 500$)。

3. 为确定银行是否具有足够的合格资本,必须关注银行一级、二级、三级资本的构成情况。首先关注信用风险,因为信用风险的最低资本要求是800,因此银行可以将二级资本中的250用于信用风险需求。因此,信用风险仅需要550的一级资本,而一级资本剩余的200可用于市场风险资本需求。

4. 需要重点关注的是,可用于市场风险需求的三级资本的金额不得超过可用一级资本金额的250%。在本例中,银行仅能将三级资本中的500用于市场风险需求($200 \times 250\%$),尽管实际上三级资本金额为700。**为了最佳利用三级资本,银行可以计算三级资本金额,即一级资本的250%,三级资本金额与一级资本金额相加等于500**。如表6B.1所示,市场风险资本支出为500,那么银行使用一级资本200当中的143加上三级资本的357可达到500的标准,一级资本还剩下357,357是143的250%,两者相加等于500,即达到市场风险资本要求。

5. 最后计算银行的资本充足率,所有的一级资本(750)加上合格二级资本(250)加上合格的三级资本(357)。分母为16250(按上述讨论的结果),得出的资本充足率为8.35%。

表 6B.1 计算三级资本的允许计入部分

| | 可用资本 | 风险加权资产 | 最低资本支出需求（按8%计） | 用于信用风险的一级资本与二级资本 | 用于市场风险的一级资本与三级资本 | 最低资本要求 | 合格资本（不包括不可使用的三级资本） | 未使用但合格的三级资本：当前由一级资本中提供 | 未使用但合格的三级资本 |
|---|---|---|---|---|---|---|---|---|---|
| | 1 | 2 | 3 | 4 | 5 | 6 | 7 | 8 | 9 |
| 信用风险 | 一级：750<br>二级：250 | 10000 | 800 | 一级：550<br>二级：250 | | 一级：550<br>二级：250 | 一级：750<br>二级：250 | | |
| 市场风险 | 三级：700 | 6250 | 500 | | 一级：143<br>三级：357 | 三级：143<br>三级：357 | 三级：357 | 三级：143 | 三级：200 |
| 总计 | | 16250 | 1300 | 800 | 500 | 1300 | 1357 | | |
| 资本充足率 | | | | | | | 8.35% | | |

1. 上述金额为正文中提到的金额。
2. 资本要求金额为500，乘以12.5（8的倒数），等于6250。
3. 风险加权资产乘以要求的比例：10000×8%=800，6250×8%=500。
4. 银行首先利用其全部二级资本（不超过一级资本的100%），这是合理做法。
5. 三级资本与一级资本的比例不得超过250:100（250/350），为达到要求而允许使用的三级资本=250/350×500=357。
6. 将第4栏与第5栏相加。
7. 三级资本与一级资本的要求比例，结果是实际资本充足率为8.35%：（750+250+357）/16250=8.35%。出现该结果的原因在于银行一级资本有剩余（750-550-143=57）。
8. 三级资本最终可以达到资本要求的余额（700-500），即500。因此也有剩余（500-357）。
9. 不得使用三级资本中超过资本要求的余额（700-500），除非发生当前市场风险资本要求（即500）增加的情形。

# 第7章
# 信用风险管理

## 本章要点

- 信用风险管理是关乎绝大多数银行生存的核心。
- 通过实施限制关联方贷款以及控制关联方大额风险敞口的制度可以降低信用风险。
- 资产分类以及对可能性损失计提相应准备金不仅会影响贷款组合的价值,还会影响银行资本的潜在价值。
- 银行的贷款客户信息必须是透明的。
- 对于与银行重点贷款产品相关的风险必须予以了解并加以管理。
- 贷款产品的期限组合(贷款期限的长短)与流动性风险管理之间的相互影响很大。
- 银行的信用风险管理能力很大程度上有助于提高银行风险管理措施的质量。

## ● 7.1 建立信用风险管理制度

信用风险或称为交易对手风险是指金融工具的债务人或发行人(无论是个人、公司或国家)根据信贷协议的约定不偿还本金以及其他与投资相关现金流的可能性。信用风险是银行业的固有风险,它意味着款项可能逾期偿付甚至根本得不到偿付,而这可能导致现金流问题并影响银行的流动性。尽管金融服务业不断有创新之举,但通常银行资产负债表中 70% 以上的资产负债仍与信用风险管理相关。因此,信用风险是导致银行破产的主要原因。虽然对信用风险管理功能的讨论仍主要集中于贷款组合,但决定信用可靠程度方面的原则也同样可以应用于评估发行金融工具的交易对手。

金融分析师以及银行监管机构极其重视董事会制定并由管理层实施的常规性制度。一项贷款或金融制度应当概括说明银行信用额度的规模和配置以及信用投资组合的管理方式,也就是说应当概述投资与金融资产是如何产生的,如何予以评估、监督并回收的。一项好的制度并不是要有很强的限制性,而是应当允许管理人员向董事会提出其认为值得考虑的建议,即使这些建议并不符合书面指导准则的参数规定。制度需要具有灵活性,以便对银行资产组合和市场环境不断变化的情形做出快速反应并进行早期调整。

几乎所有的监管者在信用风险管理方面都设定了最低标准。这些标准包括确定现有及潜在风险的标准,设定符合银行风险管理理念的制度标准以及设定维持信用风险可控性的参数标准等。

通常,与信用风险管理相关的制度有三种类型。第一类制度是设定限制或降低信用风险的标准。该制度包括对集中度与大规模敞口、分散投资、关联方贷款以及风险过度集中方面的规定。第二类制度是设定资产分类的标准。制度要求必须对信用工具组合的可回收性进行周期性评估。第三类制度是设定损失准备金计提的标准,以使银行足以承受预计的亏损。

## ● 7.2 限制风险敞口的监管制度

为降低或限制信用风险,监管者尤其关注下列三个问题:对单个客户的敞口、向关联方提供的贷款以及在一个地理区域或一个经济产业的风险过度集中。

### 单个客户或关联方的大额敞口

大额敞口与风险集中限制通常是指允许向单个客户、关联集团提供的或在单个经济产业(例如,农业、钢铁或纺织业)持有的最大敞口。这一点对于小型、区域性或专业性的银行而言尤为重要。贷款制度还应当要求对所有的风险集中进行经常性审查及报告。

现代审慎监管通常要求一家银行对任何单个的实体或实体的关联集团进行投资或发放信贷的金额占该银行的资本与准备金的比例不得超过规定比例。大多数国家要求对单个客户的敞口需限制在资本金的 10% 至 25% 之间。需要向监管当局报告的门槛标准通常设定为最大敞口限额以下的某个比例，这样监管方能够专注于管理超过门槛标准的敞口并要求银行采取谨慎措施，以防风险集中变成风险过大。

确定风险敞口的主要难点在于对以更不直接的形式表现的信用风险在风险敞口限额中如何定量的问题。从原则上说，或有负债与信用替代品（诸如保证、承兑、信用证以及所有远期承诺）均应包括在内，只是特殊工具的处理方式有所不同。例如，对一项金融债务担保的处理可能会有别于一项履约风险担保。对担保品的处理是另一个具有争议性的问题，原因在于对担保品的评估可能极为主观。从审慎角度说，在决定敞口规模时，担保品不应考虑在内。

另一个概念性的问题是确定"单个客户"一词的含义。根据国际惯例，单个客户是指银行负有风险的一名自然人、法人或一个关联集团。一个关联集团包括相互关联或直接或间接控制其他客户（通常通过至少 15%—20% 的表决权、控股权或有控制制度制定以及管理的能力）的客户。此外，如果某些单个客户存在金融方面的彼此依赖性，并且其预期还款来源也相同的话，那么这些单个客户的风险敞口可能会构成累积风险（见图 7.1，一个假设的例子）。

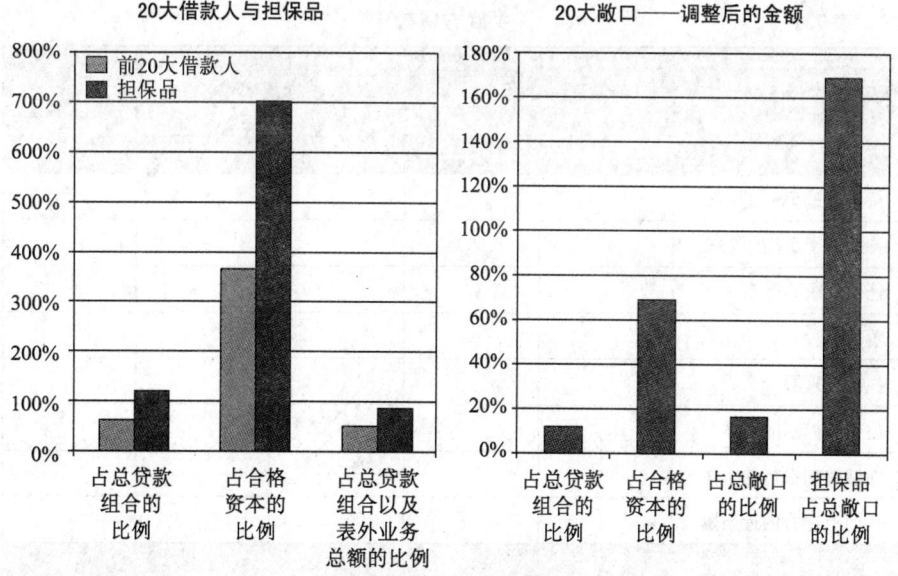

图 7.1　前 20 大客户的敞口

实际上，大额敞口通常表明一家银行对一个特定客户的支持。在此，风险在于银行向一家大的公司客户提供贷款时，银行未必客观地评估与此贷款相关的风险。

对大额敞口的管理还涉及一个方面：银行在确定一般或关联所有权、进行有效控制以及依靠正常现金流偿还债务方面的能力。特别是对于大客户而言，银行必须重视债务人信息的完整性与充分性。银行信贷专员应当对影响大客户及其业绩的事件进行持续监控，而不论大客户正常履约与否。如外部事件成为问题的起因，信贷专员应当要求债务人提供额外信息。如果对于接受银行投资或融资的个人或集团向银行偿债可能存在困难这一点存有任何疑问，则应当向更高层的信用风险管理层说明该问题，同时还应制定解决该问题的应急计划。

### 关联方融资

与关联方或关系方的交易是信用风险敞口极高的一种交易。关联方通常包括银行的母公司、重大股东、子公司、关联公司、董事以及执行人员。这些关联方能够对银行的制度与决策，特别是信贷决策，发挥控制作用。银行确定这些内部人员并对于向其发放的贷款进行监控的能力是极为重要的（见表7.1与图7.2）。

**表7.1　　　　　　　　　　　关联方贷款**

| | 贷款金额 | 不良贷款金额 | 贷款金额占合格资本的比例 | 不良贷款占合格资本的比例 | 持有的担保品 |
|---|---|---|---|---|---|
| 持股超过5%的股东 | | | | | |
| 持股低于5%的股东 | | | | | |
| 任何股东的股东 | | | | | |
| 董事会 | | | | | |
| 执行管理层 | | | | | |
| 由银行控制的实体 | | | | | |
| 能够控制银行的实体 | | | | | |
| 任何上述方的近亲属 | | | | | |
| 总计 | | | | | |

# 第7章 信用风险管理

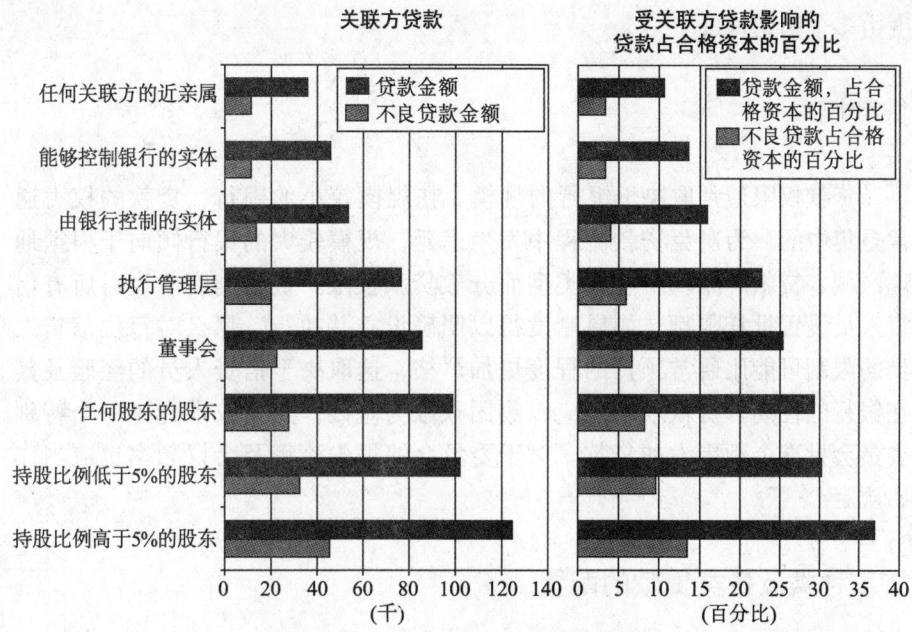

图 7.2 关联方贷款与受影响的贷款

问题在于银行是否是在理性基础上并且根据银行的制度与流程做出信贷决策。另一个值得关注的问题是，贷款是基于市场条件还是基于在金额、期限、利率、担保品方面所提供的优于一般公众的条款。

大部分监管机构都设定了关联方贷款的限额，通常规定向关联方提供的贷款总额不能超过一级资本或合格资本总额的一定比例。如果审慎性监管规则未设置这样一个限额的话，银行应当自行设置一个限额并作为董事会制度加以执行。审慎的银行制度要求向关联方发放的所有贷款均需经过董事会审批。

## 7.3 降低信用风险的管理制度

贷款制度应当对银行信贷安排的规模与配置以及信贷组合管理方式予以概述，也就是简要说明贷款是如何发生、予以评价、监督并回收的。正如之前所述，一项好的贷款制度并不是过于限制性的，而是允许管理人员向董事会推荐其认为值得考虑的贷款，即使这些贷款并不符合书面指导原则有关参量的规定。制度必须具有灵活性，以便针对银行盈利资产组合以及市场环境不断变化的情形做出快速反应并进行早期调整。完善的贷款制度由多个因素构成。

## 贷款权限

贷款权限通常取决于银行的规模。在规模较小的银行，贷款的权力通常是集中的。为避免贷款流程中发生迟延，规模较大的银行倾向于根据地理区域、贷款产品以及客户类型而分散贷款权限。贷款制度应当对所有信贷人员设置批贷限额。如果制度得以明确设立并执行，那么对每位信贷人员的限制可能比通常预计的程度更加严格，这取决于信贷人员的经验及其在银行的任期。贷款限制还应以集团权限为基础，集团权限允许一个特别委员会批准金额更大的贷款。对于委员会的报告流程及会议频率也应当作出规定。

## 贷款种类及各类贷款的配置

贷款制度应当规定银行欲向客户提供的贷款以及其他信贷工具的种类，并应当针对特定贷款提供指导准则。对信贷工具种类的决策应当以贷款高级职员的专业技能、银行的存款结构以及预期信贷需求为依据。造成非正常损失的贷款种类应当由高级管理层加以控制或者应当完全避免这类贷款。普遍做法是对商业、地产、消费者或其他类型的贷款占总贷款的比例进行限制。与这类限制相关的制度应考虑经董事会批准的一些特殊情况。

## 评估流程

贷款制度应当概述评估责任并应明确正常的、标准的评估流程，包括对续贷以及贷款展期的重新评估流程。对各类贷款安排进行评估的可接受的类型以及评估的金额限制也应当予以概述。必须由合格独立的评估人员进行评估的情形也应当予以说明。贷款金额与项目及担保品评估金额的比例、估价的方法以及不同类别的贷款工具在评估时的差异也应当详细说明。贷款制度还应当包含在适用情形下首付款的付款时间表。

## 贷款定价

各类贷款的利率必须足以覆盖资金成本、贷款监督、管理费用（包括一般性日常开支）以及可能性损失。同时，利率还应当支持银行具有合理利润率。应当对利率进行周期性审查和调整，以应对成本或竞争因素的变化。利率差异可能是故意设定的，要么为了鼓励某类借款人通过别的渠道融资，要么为了吸引特定类型的借款人。定价制度还包括其他相关流程的指导准则，如决定贷款费用或罚息率的流程等。

### 期限

贷款制度应当对每种类型的贷款设立最高期限，发放贷款时也应当附带实际还款时间表。期限的时间安排应当根据预计的还款来源、贷款目的以及担保品的有效期决定。

### 地理区域或经济部门的风险敞口

风险集中的另一个方面是单个银行在单个经济部门或有限的地理区域的敞口（见图7.3）。这会使银行容易受到特定产业或地区发展不利的影响，并导致该银行受到多个客户出于相似原因而同时破产的不利影响的风险。这个问题对于区域性或专业性银行或者经济产业范围较窄的小国（如以农业为主的经济体或单一商品出口国）的银行而言尤为重要。

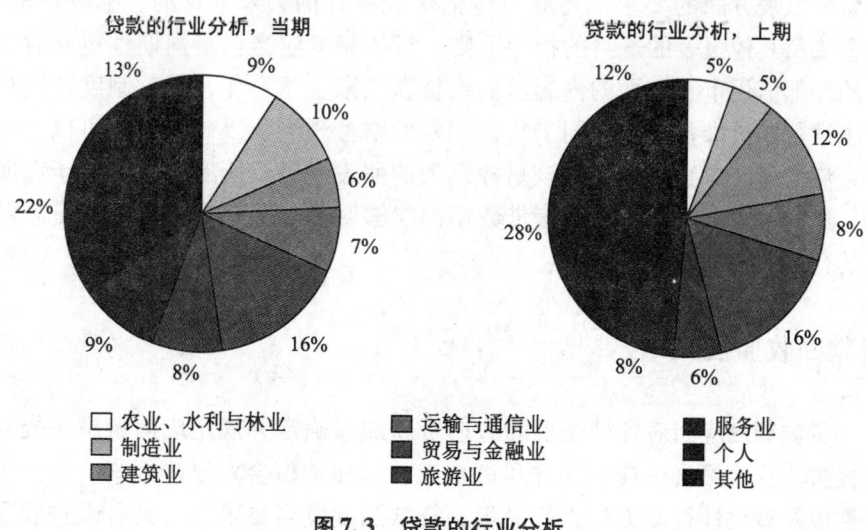

图7.3 贷款的行业分析

评估银行在不同经济部门的风险通常是很困难的，因为大部分银行报告体系都不提供此类信息。例如，一个大型的多元化集团可能会通过其控股公司对该公司运营的不同行业内的项目进行融资。无论如何，银行应当具备完善的系统以监控行业风险，评估其投资组合质量及其损益表不利发展趋势的影响，并对不断增长的风险加以控制。

提供国际贷款的银行还面临其他风险，其中最重大的风险为国家（或主权）风险和外汇转换风险。国家风险包括可能影响客户履约的由一国的宏观经济、政治、社会环境引起的全面风险。外汇转换风险是指客户获得所需外汇并向银行履约存在困难的风险。对国际贷款进行分类通常应当同时包括国家风险与外汇转换风险。可以要求银行对每笔国际贷款都提取准备金，借此提高必需的准备金标准以适应额外的风险。另一种方法是，银行可以决定各国国家风险与外汇转换风险的总敞口，并提取特别准备金以适应风险敞口。

## 重视获取当前金融信息

安全的贷款展期取决于能否获取有关借款人信用状况的完整而准确的信息。此规则一个可能的例外情形是，最初批准的贷款是以随时可用于交易的担保品作为还款来源。贷款制度应当确定不同借款额度的公司与个人的财务报表方面的要求，还应当包括对经审计的、未审计的、临时性的、现金流及其他报表的适当的指导准则。贷款制度应当包括周期性更新时所需的外部信用审查方面的内容。如果贷款期限长于一年，贷款制度还应当要求银行职员准备期限等同于贷款期限的财务预测，以确保贷款可以通过现金流偿付。应当明确说明该财务预测的假设条件。所有要求均应予以明确，这样一来，任何不利的信贷数据都能够明确表明存在违反银行贷款制度的行为。

## 贷款回收监控

贷款制度应当对各种类型的逾期贷款加以确定并规定应向董事会提交的报告。这些报告中应包括详尽的信息，以便董事会对风险因素、亏损可能性以及替代性行动方针进行决策。贷款制度应当要求银行具备跟进收款流程，该流程应具有系统性并且是渐进式增强的。应制定指导准则，以确保所有主要的不良贷款均已向董事会报告并经董事会审查。

### 未偿还贷款总额的限制

对贷款组合总额的限制通常与存款、资本金或总资产相关。设定该限额时应考虑诸如贷款需求、存款波动、信用风险等因素。

### 贷款额与担保抵押物市场价值比例的上限

贷款制度应当对于银行接受作为担保的各类抵押物设定保证金要求。保证金要求应当与抵押物的适销性相关联。贷款制度还应当对担保品的周期性定价进行责任分派并设立时间表。

### 损失的确认

银行应当制定并执行相应制度,以便系统性地对贷款或者集中评估的贷款组合的损失进行认定和确认。一旦银行可能无法根据贷款协议收回到期贷款,银行应进行损失确认。损失可以通过如下方式确认:通过使用已提取的准备金,或者通过损益表的收入将贷款的账面余额降低至其预计的可变现金额。

### 重新协商的债务协议

重新协商的债务是指因为借款人财务状况恶化而重新调整了结构的贷款,以便降低利息或本金。那些以与具有类似风险的新债务等同的条件发放或续期的贷款则不应被视为重新协商的贷款。重组贷款涉及将借款人的房地产、应收账款或者第三方的其他资产转让至银行;进行债转股,以全额或部分清偿贷款;或者在原借款人基础上增加了一名新债务人。

一个很好的举措是在对借款人做出让步之前,将诸如此类的交易交由董事会审批。银行制度还应确保这些事项已经过会计与控制环节进行适当处理。银行在对重组贷款进行评估时,应将重组贷款的账面投资额降低至其变现净值,并考虑到贷款重组之日的所有让步条件的成本。减少的金额在贷款重组的会计期间应当在损益表中记为费用。重组贷款金额巨大往往标志着银行出现问题,这是一种普遍看法,但也有例外:在利率下降的市场情形下,重新协商原来的贷款条款可能对银行与债务人都有利。

### 内部书面指导准则

最后，贷款制度还应当辅之以针对银行特定部门的其他书面指导准则。经批准在不同部门实施的书面制度与流程应当包含在银行的一般性贷款制度之中。书面的制度、指导准则、流程的缺失是一个重大的不足之处，并且标志着董事会没有适当履行其信托责任。

## ● 7.4 分析信用风险

### 贷款组合结构

资产组合的详细情形通常很好地表现了银行的业务概况、重点业务以及银行预计并愿意承受的中介风险的类型。任何分析均应当包括对贷款产品的种类、客户以及期限的综述。

贷款组合的概括分析应当包含下列内容：

- 简要分析主要的贷款种类，包括客户数量、平均贷款期限以及赚取的平均利率等；
- 对贷款组合配置予以说明，包括从不同方面对贷款数量及总金额进行描述，例如，从货币、短期（一年以下）与长期（一年以上）贷款期限、工业与其他相关的经济部门、国有及私营部门借款人、公司及零售贷款等方面进行描述；
- 政府担保或其他形式担保的贷款；
- 按风险类别对贷款所做的概括分析；
- 不良贷款分析。

为说明上述流程，图7.4所示为银行借款人的概况，借款人包括个人、公共部门及其他企业。本图重点突出了给银行造成可承受风险的目标客户群，还展示了目标客户群从公共部门企业至私营部门企业的转变过程。

图7.5展示了银行针对市场需求而可以贷出的不同产品。银行目标客户的变化明显地影响了其贷款产品的分配。

图7.6展示了银行向客户提供贷款的期限结构（或长短）的发展过程。期限结构的变化可能会受到客户与贷款产品以及银行的风险因素及宏观经济趋势变化的影响。

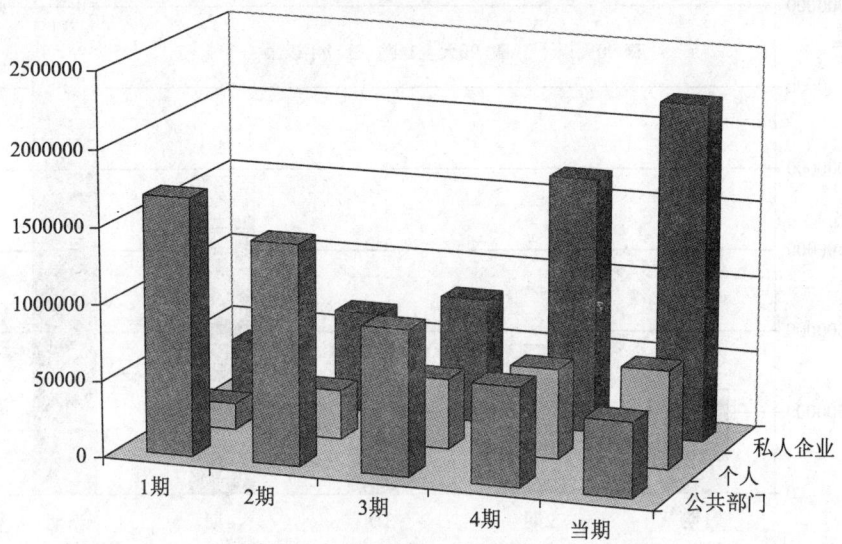

图7.4 客户概况：我们向谁提供贷款

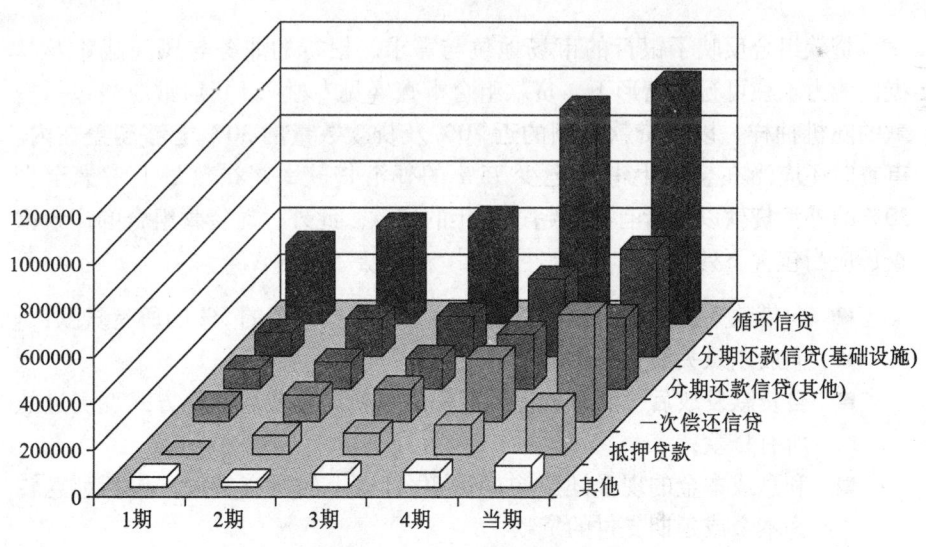

图7.5 按产品分类的客户贷款

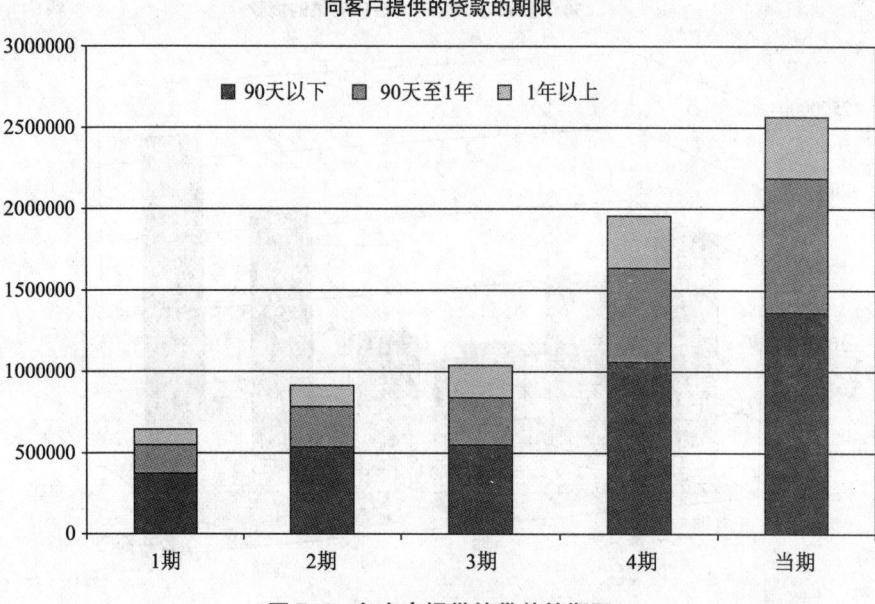

图7.6 向客户提供的贷款的期限

## 贷款组合审查

贷款组合反映了银行的市场地位与需求、银行的业务与风险战略及其授信能力。在可行的情形下,贷款组合审查(见专栏7.1)通常应当包括贷款的随机抽样,以使贷款总额的近70%及贷款数量的30%能够涵盖在内。审查时还应当在金额上考虑至少75%的外汇贷款,并在数量上考虑至少50%的外汇贷款以及所有期限超过一年的贷款。此外,对贷款组合的详细审查还应当包含下列内容:

- 向借款人提供的贷款的总敞口大于银行资本金的5%的所有贷款;
- 向股东及关联方提供的所有贷款;
- 自贷款发放后,利息或还款期限经重新调整或以其他方式变更过的所有贷款;
- 利息或本金的现金还款逾期达30日以上的所有贷款,包括利息转为本金或延期支付的贷款;
- 所有被归为次级、可疑或损失的所有贷款。

在每种情形下,贷款审查均应考虑借款人资料中的文件信息并与负责的信贷人员讨论借款人的业务、近期前景以及贷款历史。如果应还款总额超过银行资本金的5%，则分析中还应考虑借款人未来的业务发展计划以及其还本付息能力与偿还本金的可能性后果。

> **专栏7.1　贷款审查文件的内容**
>
> 对于审查的每笔贷款，审查摘要文件均应包含下列内容：
> - 借款人名称及业务范围；
> - 收入用途；
> - 发放贷款的日期；
> - 贷款到期日、金额、币种、利率；
> - 还款的主要来源；
> - 担保品/抵押物的性质与价值（如果为固定资产的话，则说明估值基础）；
> - 未偿还债务总额，包括到期的贷款本金与利息以及银行承担信用风险情形下的所有其他实际及或然负债；
> - 延期还款或未还款（如有）；
> - 因贷款采取的监管行动说明；
> - 财务信息，包括当期财务报表及其他相关信息；
> - 必须提取并可用的特定准备金。

## 银行同业存款

除贷款外，银行同业存款是银行承担信用风险的最重要的一类资产。银行同业存款占银行资产负债表的比例可能很大，特别是在不可自由兑换外汇但允许公民及经济机构持有外汇存款的国家。银行同业存款出现的其他原因还包括便于资金转移、证券交易结算或因为银行的规模或地理位置使得某些业务由别的银行开展将更具经济性或效率性等。银行同业贷款审查通常集中于以下方面：

- 设立交易对手的贷款限额并遵守该限额规定，包括对既有信贷限额制度的说明；
- 应当提取特别准备金的任何银行同业拆借；
- 往来账户的调节方法及准确性；
- 价格条款不符合市场标准的任何银行同业拆借；

- 银行同业风险敞口的集中度，需详细列出银行名称、未偿金额以及贷款限额。

从信用风险管理的角度来说，对银行同业存款应当如同其他任何信用风险敞口一样对待。银行制度应要求对代理银行进行仔细审查，以确定敞口限额以及代理银行提供足够担保品的能力。通常认为在严格、监管完善并符合国际标准的监管环境下的银行风险较之发展中国家银行的风险更小。

### 表外贷款

所有会造成贷款风险的表外贷款均应予以审查。应当对信用风险分析流程以及表外信贷工具（如担保等）的监管与管理是否充分进行评估。对表外投资组合的审查应当按照与贷款组合审查相同的原则以及相似的方式开展。对个人表外项目审查的重要目标是评估客户及时履行特定财务义务的能力。

## ● 7.5 资产分类与贷款损失计提

银行贷款组合的质量可以通过对资产进行分类以及对损失提取准备金的流程加以评估。此类审查的特定目的是评估贷款可以获偿的可能性以及银行建议的贷款分类是否充分。其他方面的考虑还包括：持有的担保品的质量以及借款人的业务产生还款所需现金的能力。

### 资产分类目录

根据国际标准，资产通常分为下列各类：

- **标准或通过类**。这种情况下，借款人偿还债务本息的能力是确定无疑的。由现金或现金替代物（如银行存单、国库券和国库票据）全额担保的贷款与其他资产通常被归类为标准资产，而不论欠款或其他负面的信用因素。

- **特别提及或关注类**。存在潜在不利因素的资产，如果没有发现或未能纠正该不利因素，则可能在整体上弱化资产或在未来潜在地损害借款人的还款能力。举例来说，如在签订的贷款协议不够完善、无法控制担保品或资料不够充足等情形下发放贷款。如果借款人所处的经济或市场条件可能会在将来对借款人造成负面影响，向这类借款人发放的贷款应当归入本类资产。借款人的业务运营出现不利趋势或其资产负债表存在不均衡情形，但尚未达到危及还款的地步，在这种情形下发放的贷款也应当归入本类。

- **次级类**。这类资产表明存在信用方面的不利因素并危及偿债能力，特别是主要还款来源不足以清偿本息，银行必须指望第二还款来源，如担保品、出售固定资产、再融资或新募资本等，以偿还贷款的资产。次级资产的通常表现形式为向现金流可能不足以偿还到期债务或贷款的借款人提供的定期贷款以及向资本严重不足的借款人发放的贷款。次级贷款还可能包括，从存货变现周期来看，向在贷款到期日不足以偿债的借款人发放的短期贷款。逾期至少90日的未履约资产通常归类为次级资产。重新协商的贷款和垫款在重新协商之前，借款人通过自有资金支付了逾期利息并且借款人按照双方达成的实际还款计划一直维持履约状态的重新协商的贷款也归为次级资产。

- **可疑类**。该类资产与次级资产存在相同的不利因素，但根据已出现的不利因素，该类资产的全额回收存在问题。损失的可能性已表现出来，但一些因素可能延迟资产被归入损失类，直到其更为准确的情况得到确认。逾期至少180日的未履约资产也被归为可疑类，除非资产具备充分的担保。

- **损失类**。被认为无法回收的资产，或者资产价值极小，小到无法继续保证该资产可作为银行资产的资产。这类资产并不是指已经完全无法回收或完全没有残值的资产，而是指从实际或意愿方面来看都不存在不冲销此类资产的理由，即使在未来该类资产还有可能获得部分偿付。到期至少一年后的不良资产归为损失类，除非该资产的担保十分充分。

## 不良贷款

不良资产这个概念通常是在讨论资产分类时引入的。不良资产指不产生收入的资产。首先，贷款的本金或利息逾期90日或以上（该期限在不同的司法管辖区会有所不同）仍未偿付的贷款通常被认为是不良资产。贷款分类与准备金提取绝不仅仅在于关注逾期未还的金额。考虑借款人偿债的现金流与整体偿还能力比贷款是否逾期未还更为重要。

出于财务报告的需要，银行通常使用未还的本金余额而不是未还的债务总额来确定不良资产组合。不良资产组合表明银行总资产组合的质量，从根本上反映了银行贷款决策的好坏。另一个类似的指标是银行的回收率。表7.2 与图7.7 表明一段期间内，不良资产的各个方面以及为簿记可能性损失而需要提取的准备金标准。

表7.2　　　　　　　　　　　　　贷款组合统计

| | 1期 | 2期 | 3期 |
|---|---|---|---|
| 总贷款 | | | |
| 逾期贷款 | | | |
| 逾期贷款占总贷款的比例 | | | |
| 坏账 | | | |
| 坏账占总贷款的比例 | | | |
| 特别准备金 | | | |
| 特别准备金占总贷款的比例 | | | |
| 持有的抵押物的市场价值（提取了特别准备金的资产的抵押物） | | | |
| 债务偿还能力比率（抵押物的市场价值占特别准备金的比例） | | | |
| 贷款损失准备金金额占总贷款的比例 | | | |
| 向私营部门发放的贷款占总贷款（总额）的比例 | | | |
| 向个人发放的贷款占总贷款（总额）的比例 | | | |
| 向公共部门发放的贷款占总贷款（总额）的比例 | | | |
| 向前20大借款人发放的贷款占总贷款组合的比例 | | | |
| 向前20大借款人发放的贷款占总表外项目的比例 | | | |
| 前20大借款人占净利息收入的比例 | | | |
| 前20大借款人占总资产的比例 | | | |
| 前20大借款人占合格资本的比例 | | | |

第7章 信用风险管理

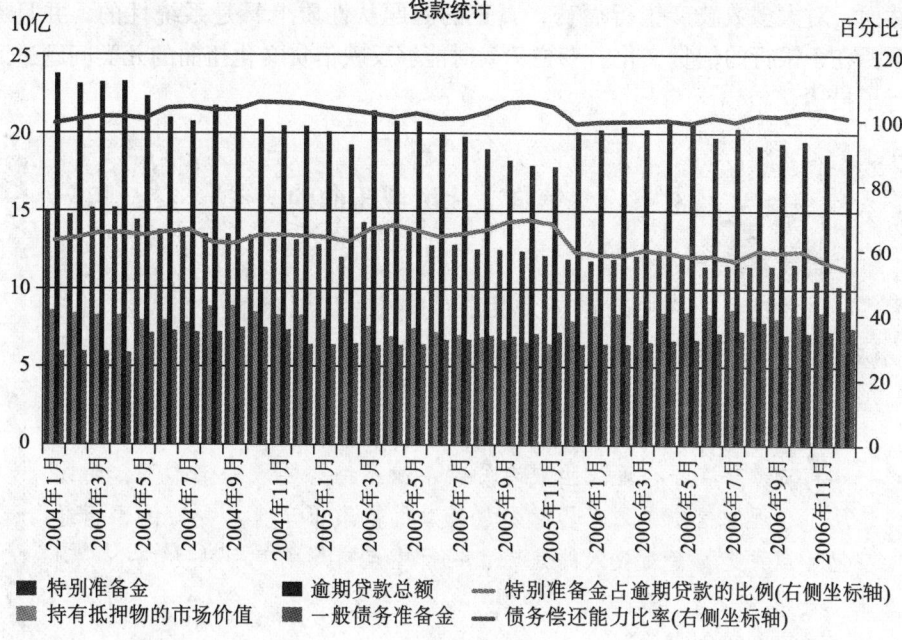

图7.7 贷款组合统计

资料来源：2007年南非储备银行监管报告。

对不良资产进行评估时，准备金总额表明银行有效控制信用风险的能力。对不良资产组合的分析应当包含下列各方面：

- 逾期贷款的账龄（包括本金与利息，且逾期时间按超过30日、90日、180日、360日进行分类）应当按客户的类型与经济活动的领域加以区分，以决定总体发展趋势并确定是否所有客户都受到相同影响。
- 应当明确贷款组合质量恶化的原因，这有助于银行确定能够采取的可能性措施以扭转现有趋势。
- 不良贷款清单，包括所有相关细节，应当对每笔不良资产都进行评估以确定是否能够扭转情形，可以采取什么具体行动以改善还款能力以及是否已采用冲销或回收计划。
- 应当考虑准备金标准，以确定银行承担贷款违约风险的能力。应当考虑不良资产对损益表的影响，以确定银行将受到资产质量恶化影响的具体程度。

贷款组合质量恶化存在多种原因。不可避免的原因是银行的判断失误。

然而，对大多数破产银行而言，真正的问题从性质上看是系统性的，并且根源在于银行的信贷文化。专栏7.2 对能够反映信贷文化扭曲的几类问题进行了描述。

## 专栏7.2　信贷文化出现扭曲的迹象

**自我交易**

自我交易是指向董事与大股东，或者为了他们的利益而发放贷款，与此同时，银行因为来自关联方的压力而不能坚持合理的信贷原则。自我交易成为大多数问题银行的主要问题。

**信贷原则上的妥协**

在贷款存在不合理风险或者贷款条款不符合要求的情形下，明知违反了合理的信贷原则却仍然发放贷款的情形下产生。妥协的原因通常包括自我交易、对收入的焦虑、银行重点市场的竞争压力或个人利益冲突等。

**对收入的焦虑**

对收入的担心超过了对贷款决策合理性的考虑，而希望风险不会实际发生或者风险将不会导致贷款附带不合理还款条款的心态更是强化了这种情形。这是一个较频繁出现的问题，因为贷款组合通常是银行获得收入的重要资产。

**信用信息不完整**

这表明发放贷款时并没有对借款人的贷款信誉做出恰当评估。

**过度自信**

这是导致贷款决策错误的常见原因。过度自信通常表现为：由于在过去困难的时刻维持了业务关系，因此对老客户、熟悉客户监管不够；更依赖于口头信息，而不是依赖可靠完整的财务数据做出决策；对已了解的贷款不利因素过于乐观地解读等。此外，银行还可能忽视了与借款人、经济、地区、产业或其他相关因素有关的预警信号，或者未能强制执行还款协议，包括未迅速采取法律行动等。

**缺乏监管**

无效监管往往导致在贷款期限内对借款人业务缺乏了解。因此，在开始时质量良好的贷款可能在随后出现问题并因为缺乏有效监管而造成亏损。

**技术不足**

这方面包括信贷人员分析财务报表以及获得并评估相关信贷信息的技术能力不足。

**对于风险的不当选择**

这种情形通常包含以下方面:

- 将最初金融风险较为稳妥的贷款扩大到超出借款人合理还款水平的程度。这种情形在利率为浮动利率的不稳定经济体中较为常见。
- 相较于股东的股权投资,银行融资占项目总成本的比例较大的贷款。股权投入较少的房地产交易贷款即属于这种类型。
- 基于交易能够成功完成的期望而不是基于借款人的贷款信誉发放的贷款,以及基于抵押物或产品的投机性交易而发放的贷款。
- 向经济状况不佳的区域或行业的公司发放的贷款。
- 基于借款人在银行存有大量存款,而不是基于良好的资本净值或担保品而发放的贷款。
- 基于清算价值存在问题的担保品而发放的贷款或抵押物的保证金不足的担保贷款。

《商业银行检查手册》
美国联邦储备委员会
银行监督与管理部门
1985 年 12 月

## 逾期利息

为避免多计收入并保证及时确认不良资产,银行制度应要求采取适当措施处理未偿还利息。有两种基本方法处理利息挂账和利息不计账。首先,在利息挂账的情形下,将利息累计计算或转变为本金,同时建立一个抵消会计分录用以簿记名为"挂账利息"的项目。为了财务报告的需要,这两个分录必须相连,否则资产就会被高估。

第二,当银行将一笔贷款处理为不计息状态时,银行应当从相应的损益表与资产负债表中冲抵未收回利息。当前会计期间累计的利息应当直接从当前的利息收入中扣减。对于之前会计期间的利息,银行应当从准备金中扣除可能的贷款损失的费用,或者在未提取累计利息准备金的情形下,将费用从当前收入中冲减。未计息的贷款在逾期支付的本金与利息均偿还之后或者当未来合同约定债务的还款前景不再有问题时，不计息的贷款则回复到计息状态。

在一些司法管辖区，如果债务的担保充分或回收贷款的流程正在进展之中，银行可以不采取措施处理逾期利息。如果某项债务以房地产或私人财产的留置或质押作为担保，则可以认为该项债务担保充分。此类担保品，包括抵押物在内，必须具有可变现价值，且该可变现价值根据合同条款或通过财务责任承担方足以全额清偿债务。如果贷款回收按正常程序进行，则该债务为"回收过程中"的债务。这种正常程序或是通过法律手段，或是通过可使债务获得清偿或使债务回复到当前状态的回收措施。

## 分类资产

资产分类是进行风险管理的重要工具。资产在其形成时就应予以分类，并在一年内对资产进行数次审查，并视情形需要（根据信用风险的程度）进行再次分类。审查时应考虑资产的运行效益以及客户的财务状况。经济发展趋势、产品的市场情形以及价格变化也会影响对贷款还款的评估。类别定为"通过"或"关注"类的资产通常一年审查两次，关键资产则至少一个季度审查一次。

银行可以自行决定资产的分类，但通常按照监管当局设定的标准进行。

重点在于通过客户的预期运营现金流分析客户履约的能力与意愿。一些司法管辖区要求对所有向个人客户发放的贷款都应当进行同等的风险分类，分类存在差异时也应当予以注明并说明理由。

另外一些司法管辖区则建议将每种资产按其自身特点进行评估。如出现资产由于主观或客观的标准而在分类时出现类别不同的情形，则应当适用更严格的类别。如果监管当局，大多数情形下是外部审计人员对资产适用比银行本身更为严格的类别时，银行应当对其类别进行调整。

在一些发达的银行体系，银行对类别为通过或标准的资产采用一种以上的评级标准。此举的目的在于完善对不同类别信贷资产加以区别的能力，并加深对盈利与评级标准之间关系的理解。

## 贷款损失准备金

贷款分类为判定可能的贷款损失准备金是否充足提供了依据。贷款损失准备金与一般损失准备金通常被定为二级资本并且不配备给特定资产，这两种准备金构成了银行承受损失能力的基础。在决定准备金是否充足时，所有影响贷款组合回收的重大因素都应当予以考虑。这些因素包括信贷制度与流程的质量、之前的亏损经历、贷款增长、贷款地区的管理质量、贷款回收措施、国家与地方经济及企业状况的变化以及普遍经济发展趋势等。

资产价值评估应当系统地、一致地持续开展，并应符合客观的标准。资产价值评估还应当以充分的文件资料作为依据。

对贷款损失准备金是否充足进行评估，这个问题从本质上就具备一定程度的主观性。然而，管理的审慎性要求应当根据既定的制度与流程进行评估。对损失的总体准备金的充足程度进行分析应当包括下列各方面：

- 审查银行既有的准备金制度以及实施制度的方法，特别是应当考虑为担保品及其法律和操作上的强制执行而配备的准备金金额。
- 对资产分类流程与审查过程的总体看法，包括审查时间。
- 确定可能导致银行资产组合损失以及与造成过去亏损的因素不同的当前因素。这些因素可能包括银行经济与营业状况或银行客户的变化、外部因素，或者自上次审查以来银行流程的变化等。
- 分析未来较长时间的趋势发展，这有助于重点突出逾期贷款的任何增加额以及此等增加额的影响。
- 对于当前制度是否完备的建议，并根据已审查贷款的情形，推定是否需要增加准备金以使银行的总贷款损失准备金符合国际财务报告准则的要求。

贷款损失准备金制度根据银行系统的不同分为强制性与任意性制度。虽然许多经济学家认为准备金应当视同营业费用缴税，但准备金的税务处理在不同的国家差异很大。然而，税务方面的考虑不应对审慎性的风险管理制度造成影响。在一些高度发达国家，可由银行自行决定准备金的审慎标准。虽然每笔交易在评估贷款的可能性损失方面都各有特点（大额借款人的贷款尤其如此），但更为实际的做法是按照每种类别的资产配备所需准备金的标准。在许多国家，特别是经济较为脆弱的国家，监管机构设定了各种资产类别所需准备金的强制性要求。

强制性准备金需求的既定标准通常通过一些统计数据加以确定。在有关债务回收的法律制度极为完善的国家（如美国），研究表明约10%的次级资产最终造成亏损。可疑与损失类别的资产最终造成亏损的比例分别约为50%与100%。发展中国家有关债务回收的法律制度与措施的有效性可能更低，因此从次级资产中提取20%—25%的准备金是对可能性损失的一个更为现实的估计。表 7.3 可用于对法律制度欠发达的国家的准备金标准的参考。

表 7.3　　　　　　　　　　建议的贷款损失准备金

| 类别 | 建议的准备金比例 | 性质 |
| --- | --- | --- |
| 通过 | 1%—2% | 一般损失准备金 |
| 关注 | 5%—10% | 特别准备金 |
| 次级 | 10%—30% | 特别准备金 |
| 可疑 | 50%—75% | 特别准备金 |
| 损失 | 100% | 特别准备金 |

## 亏损资产以及冲销流程

处理亏损资产有两种方法。一是将亏损资产继续保留在账簿上，直到用尽所有回收贷款的补救措施。这是建立在英国银行传统基础上的银行系统的典型做法。采取这种做法，准备金的金额通常很高。另一种做法是立即用准备金冲抵所有亏损资产，也就是说将亏损资产从账簿上去除。这是建立在美国银行传统基础上的银行的典型做法。这种做法也更为保守。这种做法不再将亏损资产认为是银行资产，但亏损资产并不必然是无法回收的。如果立即冲销亏损资产，则准备金的金额与未偿还贷款组合金额的比例看上去会更小。在评估银行既定的准备金标准时，分析人员必须准确地了解银行是否积极地冲销其亏损资产或者仅仅只是为冲销做准备。特定国家采取何种处理亏损资产的方法通常取决于财政当局对准备金适用的税务规定。

冲销制度是信用风险管理制度的重要方面。如果没有及时采取行动处理存在问题的贷款，则可能错失提高不良贷款质量或回收不良贷款的机会，而损失则可能累积到危及银行破产的程度。评价冲销制度时应对行使冲销职能的机构，包括部门与负责的职员进行评价，并通过审查可能性与成功的回收（从数量与金额上看）以及回收的平均时间，以评价冲销部门的绩效。还应当对采用的冲销方法以及高级管理层的参与进行评价。

冲销时应考虑每笔贷款与借款人本身的特点。典型的冲销策略包括下列各方面：

- 降低银行的信用风险敞口，例如，让借款人另行提供资本、资金、担保品或保证等。
- 与借款人共同致力于分析问题并寻找增加贷款效益以及提高还款能

力的解决方法，如提供建议、拟定计划，以减少运营成本并增加收入、出售资产，设计债务重组计划或者改变贷款期限等。
- 安排借款人由借贷信誉更高的第三方购买或接手，或者安排某种形式的合资合作关系等。
- 通过庭外和解或者通过采取法律措施、起诉保证人、取消抵消品赎回权或者处置担保品等方式减少风险。

## 7.6 评估信用风险管理能力

董事会在为了存款人与股东的利益履行职责时，还必须保证银行的贷款职能部门达到三个基本目标：
- 应当在稳健及可回收的基础上发放贷款。
- 应当为了股东的利益并保护存款人而开展有效益的投资。
- 应当满足经济主体与家庭合法的信贷需求。

审查风险管理能力的目的在于评估贷款流程的组织是否良好；制度是否合理体现在内部流程与手册中；员工是否完全遵守既定的制度与指南，并且态度审慎；贷款流程的参与人正常可获取的信息是否可以及时获取，以及信息是否准确而完整等。

### 贷款流程

贷款流程的完整性与可信性取决于客观的信贷决策，客观的信贷决策应保证与预计还款相关的风险是可承受的。对贷款流程的审查还应当包括对银行不同部门适用的信贷手册以及其他书面指导准则的分析，以及对于参与信贷的所有部门的能力与实际绩效的分析。对于银行不同信贷职能的产生、评估、批准、支付、监控、回收以及控制流程的审查也应包括在内。尤其值得注意的是，还应当对下列几方面进行审查：
- 详细的信贷分析与批准流程，包括贷款申请表范本、内部信贷总结表、内部信贷手册以及贷款文件等。
- 批准贷款的标准，贷款定价制度及银行不同管理层的批贷限额，以及银行分支网络批贷的制度安排。
- 各种类别贷款的担保品制度，包括对担保品重新估值的实际方式与措施以及与担保品相关的资料等。
- 管理与监管流程，包括责任、合规性与控制等。
- 处理异常情形的流程。

审查过程中还涉及与具备信贷职能所有部门的中层管理人员的会谈。审查应包括对个人信贷文件的审查；还包括将已评估的信贷申请数量与过去 6 个月或 12 个月批准的信贷进行对比（按总数量与以美元计的总金额），这是信贷评估质量的一个指标。

## 人力资源分析

对人力资源的评估应当确定参与到信贷产生、评估、监管以及监控信用风险流程的职员的信息，特别是应当确定这些职员的人数、层级、年龄、经验以及特定职责等。应当结合制度与流程一并分析职员组织、技能以及资质。所有正在开展的银行信贷职员的培训计划均应当予以审查并评估这些计划是否足够。职员培训的质量与频率通常是贷款技能水平的一个很好的指标。

## 信息流

因为贷款职能通常需要涉及一个组织内部的各个部门，因此银行必须具备一个行之有效的系统，以监管各节点是否遵守既定的指导准则。这可以通过一个内部的审查与报告系统予以实现，通过该系统可以向董事会及高级管理层报告制度的实施过程，同时为董事会及高级管理层提供足够的信息，使他们得以对较低层级的职员以及贷款组合状况进行评价。由于信息是信贷管理流程的基本因素，因此应当分析信息的可获取性、质量以及成本效益。此外，信贷管理流程所需信息可能会在银行不同部门之间传递，因此应当特别注重对信息流的分析，尤其是关注实际适用的信息是否完整、可用，同时又具有及时性与成本效益性。对信息流进行分析时应当紧密联系对人力资源、组织与控制结构以及信息技术的分析。

# 第8章
# 流动性风险管理

## 本章要点

- 流动性管理是一项重要的银行职能，也是资产负债管理程序不可分割的组成部分。
- 无论从个别机构的角度还是从系统性或市场观点来看，银行特别容易受流动性问题的影响。
- 存款来源（为银行提供资金者）增加了资金的不稳定性，因为一些债权人比其他人对市场事件和信用事件更加敏感。银行通过资金来源和到期期限的多元化可以避免单一资金来源带来的脆弱性。
- 流动性管理政策应包括风险管理（决策）结构、流动性管理和融资策略、对流动性风险的一套限制条件，以及在不同情景下（包括危机情况下）进行流动性规划的一整套程序。

## 8.1 流动性需求

流动性是银行用于抵偿预期和意外的资产负债表波动，并为银行发展提供资金。它代表了银行有效处理偿还存款和其他负债的能力，以及向贷款和投资组合提供增量资金的能力。如果银行可以立即获得所需资金（通过增加负债、证券交易、出售资产）且成本合理，那么该银行具有充足的流动性潜力。流动性的价格反映了市场情况以及市场对借款单位内在风险性的理解。

巴塞尔银行监管委员会在2008年6月的咨询文件（专栏8.1）的序言中有如下陈述：

- 流动性是银行在未发生不可接受损失的情况下提供资产增长和偿付到期负债所需资金的能力。
- 银行在将短期存款转化为长期贷款的过程中发挥了根本作用，这使银行特别容易受流动性风险的影响，它不仅关系到个别机构甚至可能影响整个市场。
- 实际上每个金融交易或承诺都对银行的流动性有影响。
- 有效的流动性风险管理有助于确保银行具有满足现金流量要求的能力，由于受到外部事件以及代理人行为的影响，所以对现金流量的要求是不确定的。
- 流动性风险管理极其重要，因为个别机构的流动性短缺可能对整个系统产生影响。
- 在过去的十年中，金融市场的发展增加了流动性风险以及流动性风险管理的复杂性。

## 专栏8.1　稳健的流动性风险管理和监管原则

### 征求意见稿

原则1：银行有责任对流动性风险进行有效的管理。银行应建立健全的流动性风险管理框架，以确保银行保持充足的流动性，包括建立备用的无抵押、高质量的流动资产，使之可以经受住一系统压力事件的考验，包括导致银行丧失或减少有保证的和无保证资金来源的事件。

原则2：银行应清楚地说明适合其经营战略及其在金融系统中所起作用的流动性风险容忍度。

原则3：高层管理人员应制定流动性风险管理的策略、政策和惯例，根据风险容忍度管理流动性风险，确保银行保持充足的流动性。

原则4：银行应在所有重要业务活动（资产负债表内和表外业务）的产品定价、绩效评估和新产品审批程序中加入流动性成本、效益和风险，由此调整个别业务种类的风险承担动机，使之与该业务活动给整个银行带来的流动性风险相一致。

原则5：银行应有稳健的程序来识别、度量、监督、控制流动性风险。这一程序应包括一个健全的框架，全面预测适当时间范围内资产、负债和资产负债表外项目带来的现金流。

原则6：考虑到法律、监管和运营对于流动资金可转让性的限制，银行应积极管理存在于各法人实体、业务种类和币种内部及相互之间的流动性风险和资金需求。

原则7：银行应建立融资策略，使资金来源和融资方式达到有效的多元化。银行应保持在资金市场的现有地位，与资金提供者保持牢固的关系，从而促进资金来源的有效多元化。银行应定期评估从各个来源迅速筹集资金的能力。银行应确认影响融资能力的主要因素并密切监控上述因素，以确保对融资能力的预测有效。

原则8：银行应积极管理当天的流动资金头寸和流动性风险，无论在正常条件下还是受到压力的情况下及时履行支付结算义务，为支付结算系统的顺利运行作出贡献。

原则9：银行应积极管理担保头寸，区分抵押资产和无抵押资产。银行应监控保管抵押品的法人单位和具体地点以及如何使抵押品及时流通。

原则10：银行应定期按照该机构受到各种压力的情景和整个市场受到压力的情景（单独或组合）进行压力测试，以确认潜在流动性压力的来源，确保上述风险在银行已确立的流动性风险容忍度范围内。银行应根据压力测试结果调整其流动性风险管理策略、政策和头寸，编制有效的应急计划。

原则11：银行应有正式的应急融资计划（CFP），清楚地规定在紧急情况下应付流动性短缺的策略。应急融资计划应概括处理各种压力环境的政策，确认责任的清晰界限，包含明确的启动和升级程序并定期进行测试升级，以确保该计划在操作上坚实有力。

原则12：银行应始终持有备用的无抵押、高质量的流动资产，作为应对一系列流动性压力事件的保险，包括导致银行丧失或减少无保证的以及目前有保证的资金来源事件。利用这些资产获得资金应没有法律、监管或运营上的障碍。

**信息披露**

原则13：银行应定期披露信息，使市场参与者对其流动性风险管理框架和流动资金头寸的可靠性做出知情判断。

> 原则14：监管者应定期对银行整体的流动性风险管理框架和流动资金头寸进行全面评估，根据该银行在金融系统中的作用确定其是否对流动性压力有充分的适应水平。
>
> 原则15：监管者除了应定期评估银行的流动性风险管理框架和流动资金头寸外，还应监控内部报告、审慎报告和市场信息作为补充。
>
> 原则16：监管者应在银行流动性风险管理程序存在不足或流动资金头寸短缺时进行干预，要求银行及时、有效地采取补救措施。
>
> 原则17：监管者应与其他监管者和各国政府当局（比如该国中央银行内部以及与其他国家的中央银行之间）进行沟通，就流动性风险管理的监督进行有效合作。在正常情况下应定期进行沟通，在遇到压力时，信息分享的种类和频率都应增加。
>
> 巴塞尔银行监管委员会<br>2008年6月

流动性风险管理是公众对银行系统的信心之源，因为商业银行是高杠杆的机构，其总资产对核心资本（一级资本）的比率在20∶1左右。流动性的重要性不限于单家机构，因为一家机构的流动性短缺可以引起整个系统流动性出现。将负债的期限转化为资产负债表中资产栏的不同到期期限是银行的本质。由于收益曲线一般向上倾斜，所以资产的到期期限一般长于负债。资金的实际流入和流出不一定反映了合同的期限，但银行必须在合同到期时履行某种承诺（比如存款）。因此，银行可能遇到流动性错配的情况，这就使流动性政策和流动性风险管理成为其经营战略的主要因素。

因此，流动性风险管理解决的是市场流动性，而不是法定流动性。流动性风险的含义指银行持有的资金不足，不能履行义务（银行的净资金需求包括到期资产、现有负债和其他机构的备用工具。银行出售稳定流动性投资组合中的可出售资产［见第10章］来满足流动性需求是最后的手段）。流动性风险一般由银行的资产负债管理委员会（ALCO）管理，因此资产负债管理委员会必须对流动性与资产负债表中其他市场风险和信用风险的相互关系有透彻的了解。

本章重点探讨预期现金流的管理。要了解流动性风险管理情况，应审查银行在不同情景下的融资方法和流动性规划。由于银行间（货币）市场的发展不断深化，监管当局对审慎流动性管理的态度发生了根本性的转变。现在，监管当局更倾向于关注银行资产负债的期限结构，而不是仅关注其法定流动资产要求。他们在特定期间（或时间段）内采用到期期限阶梯法衡量负债和资产，这种程序指从计算合同现金流出转向计算预期流动资金流量。

## ● 8.2 流动性管理政策

在日常业务中，流动性管理一般通过管理银行资产实现。从中期看，还应通过管理银行负债结构来解决流动性问题。一家银行认为充足的流动性水平对另一银行来说可能不够。某特定银行的流动资金头寸也可能因特定时间的预计资金需求量的变化，而从充足变为不充足。判断流动资金头寸是否充足，需要分析银行的历史融资要求，当前的流动资金头寸和预计未来资金需求，选择减少资金需求或另外吸引资金，以及资金来源情况。

银行应持有的流动资产和可随时出售资产的金额取决于其存款结构的稳定性和贷款组合快速扩张的可能性。一般来说，如果存款主要由数额小、稳定的账户构成，那么银行需要的流动性相对较低。如果贷款组合的大部分是由大额长期贷款组成，或者银行存款的集中度很高，或者近期趋势表明大额公司存款账户或家庭存款账户减少，那么通常对流动性水平的要求要高得多。还有些情况可能导致银行增加其流动资产头寸，比如已列入资产栏的大额承诺，而银行预计客户将动用。

银行的流动性管理政策包括决策结构、融资和流动性操作方法、对流动性风险的一套限制条件，以及在不同场景下（包括危机情况下）进行流动性规划的一整套程序。决策结构反映了管理层对流动性的重视程度：重视流动性的银行一般将流动性风险管理体系制度化，成立资产负债管理委员会，并且将制定政策、审核流动性决策的最终职责交由银行的最高管理层负责。该银行进行融资和流动性操作的战略应由董事会进行审批，这一战略将明确有关风险管理特定方面（比如目标债务架构，特定金融工具的使用，或者各种存款的定价）的具体政策。

流动性需求通常由到期期限阶梯的结构（见表8.1）确定，到期期限阶梯包括一连串规定时间段内预期的现金流入和流出。每个期间内流入和流出的差额（即资金盈余或资金赤字）为估量银行在未来某个特定时间流动性过剩或流动性短缺提供了一个起点。

一旦确定流动性需求，银行必须决定如何满足这种需求。流动性管理与净融资要求有关。原则上，银行可以通过资产管理、负债管理或（最常见的）上述两者相结合来增加流动性。在实践中，银行可以通过处置高流动的交易组合资产、处置基本流动的资产或卖出流动性较差的资产，如多余的房产或其他投资，来满足其流动性需求。在负债栏中，可以通过增加短期借款和短期存款负债、延长负债的到期期限最终增加资本，从而满足流动性需求。

表 8.1　资产负债的期限情况（流动性错配）

| | 2001 年 | 2002 年 | 2003 年 | 2004 年 | 2005 年 | 2006 年 |
|---|---|---|---|---|---|---|
| 资产 | | | | | | |
| 3 个月以下 | 8440268 | 9306606 | 10272647 | 11497545 | 15203780 | 31725644 |
| 3 个月至 1 年 | 1748961 | 1779905 | 2946684 | 6068174 | 5896048 | 10908547 |
| 1 年以上 | 5144749 | 8511279 | 9558988 | 13047642 | 21898451 | 21799745 |
| 总资产 | 15333978 | 19597790 | 22778319 | 30613361 | 42998279 | 64433936 |
| 负债 | | | | | | |
| 3 个月以下 | 7861928 | 9924646 | 12533008 | 18103033 | 21738876 | 38536352 |
| 3 个月至 1 年 | 6308929 | 8059233 | 8520962 | 9498927 | 17543080 | 17638551 |
| 1 年以上 | 1163121 | 1613911 | 1724349 | 3011401 | 3716323 | 8259033 |
| 总负债 | 15333978 | 19597790 | 22778319 | 30613361 | 42998279 | 64433936 |
| 流动性错配 | | | | | | |
| 3 个月以下 | 578340 | -618040 | -2260361 | -6605488 | -6535096 | -6810708 |
| 3 个月至 1 年 | -4559968 | -6279328 | -5574278 | -3430753 | -11647032 | -6730004 |
| 1 年以上 | 3981628 | 6897368 | 7834639 | 10036241 | 18182128 | 13540712 |

许多银行，特别是规模较小的银行，一般不会对负债的总规模构成影响。它们的流动资产提供的资金足以应付存款水平的波动，能够满足贷款需求的增加。面临客户资产和负债偏好发生转变时，仅仅依赖资产管理维持流动性的银行专注于调整信贷价格、信贷可用性和所持有流动资产的水平。

资产流动性（或者说银行资产在时间和成本上"畅销"程度如何）是资产负债管理的关键。为了使盈利能力最大化，银行管理层必须在流动资产总回报（收益加保险价值）和流动性较差资产获得更高回报之间进行权衡。在大多数情况下，流动资产通常只作为流动性缓冲，供银行遇到资金问题和需要偿付存款人时使用。除此之外，银行更愿意投资于收益更高的资产。但是，从收益更高的资产获得的收入可能由于强制性卖出而被抵消，这可能是因为资产负债表发生不利波动而不得不强制性卖出。

由于银行间（货币）市场的发展，仅仅依赖操控资产结构满足流动性需求的银行数量迅速减少。季节性、周期性或其他因素经常导致未付贷款和存款总额向相反的方面运动，导致贷款需求超过可用的存款资金。依赖资产管理的银行应限制贷款增长，贷款的增长水平应以可用存款资金规模为限。另一种选择是通过诸如货币市场等负债来源满足流动性需求。

流动性管理的另一个挑战是或有负债，如信用证或担保函。这代表了潜在的大额现金流出，而这种流出并非由银行的财务状况决定。

尽管在正常情况下现金流出较少，但大规模的宏观经济或市场危机可能导致现金流出大幅增长，因为发生这种状况时一般伴随着企业的违约和破产。市场流动性的低水平进一步加剧了资金短缺，通常还伴随有银行业危机。

### 外汇方面

存在多种货币也增加了流动性管理的复杂性，尤其是在本国货币不可自由兑换的情况下。当市场动荡或者国内货币政策、外汇政策发生变化时，银行不容易筹集外汇资金或卖出外汇资产。原则上，银行应有一套管理系统（即衡量、监控、控制），管理所有处于活跃状态的币种的流动资金头寸。除了评估总的流动性需求外，银行还应对每种货币的流动性策略进行单独的分析。管理外汇流动性的主要决策集中在管理结构上：每种货币的流动性和流动性风险由谁负责，在何种参数范围内。

经营外汇业务但在国外没有分支机构的银行经常由总部管理外汇的流动性。国外有分支机构的银行，其典型设计如下：政策制定和全面协调监管由总部负责，但银行主要外汇的流动性管理由发行该货币国家内的分支机构负责。每种货币的流动性策略，更准确地说，如何满足外汇融资需求，是银行应考虑的中心问题。银行还必须确立备用的流动性策略，用来应付常规的流动性融资方式遭到破坏时出现的情况。根据外汇业务的规模和每种货币的投资组合，银行应确定所有币种的备用流动性策略，或为每个币种制定单独的应急计划。

## ● 8.3  监管环境

审慎的流动性监管在过去 20 年的最大发展是根据银行资产和负债的期

限结构计算预期的现金流，以此来评估流动性需求。但是即使采用现金流动法的监管者也认为（流动资产）存量法发挥着重要的作用，不应受到忽视（见专栏8.1和图8.1）。这种立场是建立在对流动性管理越来越重要这一认识的基础之上，流动性管理不仅是一种资产负债管理工具，还对整个银行系统的稳定性有重要意义。某些关键的前提条件影响这种稳定性，包括银行对同业的信心、银行主要资金提供者的信心以及正常市场条件是否存在。

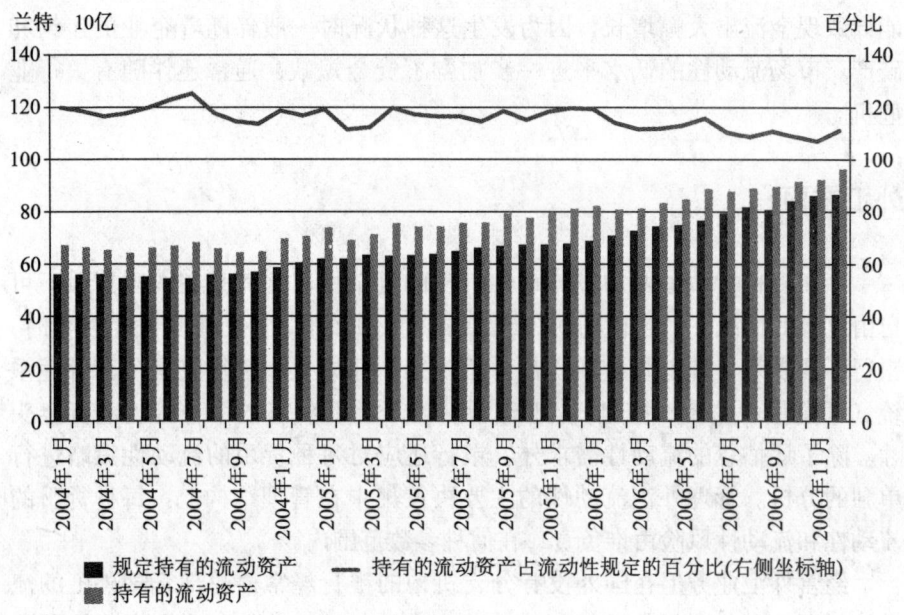

图8.1　规定的法定流动性与持有的实际流动资产

资料来源：2007年南非储备银行监管报告。

银行立法通常包括银行必须达到的特定流动性要求。这些审慎的要求不应视为管理流动性风险的首要方法，实际上反过来说也是正确的。鉴于流动性如此重要，管理谨慎的银行除了确定规划责任和日常资金管理职责外，还应确立风险管理的政策准则。专栏8.2概括了典型的流动性规定（或银行自己的流动性准则）。

> **专栏 8.2　典型的流动性规定或内部流动性准则**
>
> - 贷存比率限额；
> - 贷款与股本的比率限额；
> - 资金来源和资金使用准则；
> - 流动性参数：如流动资产不应低于 X% 或不应高于总资产的 Y%；
> - 为满足这些需求，预计融资需求与现有资源之间的百分比限制，如主要资源与预期需求的比率不应低于 X%；
> - 依赖某负债种类的百分比限制：如可转让定期存单占总负债的比例不得超过 X%；
> - 不同负债种类平均期限的最大/最小值，比如可转让定期存单的平均期限不得少于 X 个月。

与其他领域的监管一样，审慎的流动性监管趋势会落后于市场趋势。另外，在流动性监管的国际协调和趋同方面取得的进展不如资本充足率等领域那么大。虽然如此，还是出现了一些重要的变化，包括：

- 流动资金要求作为监管工具的重要性相对降低，人们更愿意使用现金流方法或期限法；
- 强调对稳定的流动资产库存的持续需求，将它作为控制风险的补充方法；
- 从法定要求转向更具弹性的设定准则和监控流动性的方法；
- 更强调评估单家银行的流动性，而不是全盘的流动性；
- 监管者努力提高银行用于管理流动性的信息和控制系统标准；
- 融入资产负债表外产品监控框架以及资产负债管理的新方法。

因此，监管方法日趋关注对一家银行的流动性风险度量、监控和控制策略、政策、程序及实践的独立评估，越来越强调有效执行银行流动性策略所需的管理结构和高级管理层参与流动性风险管理的程序。

目前，大多数国家都明确区分审慎监管与货币控制。对于特定流动资产的持有特别适用。近年来，更加依赖控制货币供给作为主要的政策工具，它与银行环境的结构性变化一起突出显示了审慎监管和货币控制的不相容性和不一致性。当银行努力逾越货币政策工具（如现金储备要求）的影响时，流动性风险管理可能受到负面冲击，而现金储备要求是审慎流动资产要求（比如将与回购协议相关的负债移到资产负债表以外）的一个组成部分。

## ● 8.4 融资结构

融资结构是流动性管理的主要方面。如果一家银行拥有稳定的、大规模的、多样化的存款基础，那么与未拥有这种存款基础的银行相比，其流动性问题可能比较少。评估存款基础的结构、类型以及存款的条件（即稳定性和质量）是流动性风险管理的起点。进行这种评估所需的信息类型包括如下方面：

- **产品范围**：应注明现有不同类型的存款产品以及账户数量和每种产品筹集的资金余额。这一信息在清单中列示，清单中应显示产品类型，如储蓄账户或支票账户、六个月期存款、到期期限在六个月以上的存款（产品类型根据银行自己的产品供应确定）；还应显示存款人的性质（如企业存款或零售存款），因为每种类型的存款人都有一定的行为模式。清单中还应包括存款条件的分类，包括币种、到期日、利率。
- **存款集中度**：评估时还应关注存款总额占总资产一定比例以上的所有客户的详细列表，包括每项存款的期限和定价。
- **存款管理**：还应收集记录和控制存款人交易、内部查询客户账户、利息计算和支付方式（如日平均余额或期末余额）等系统的适当性。

由于资金竞争激烈，大多数公司和个人都在设法尽可能减少闲置资金并消除由银行存款所产生的非居间化的影响。因此，银行管理层一般针对所有类型的存款都采用一套开发和保持计划。除了存款增长外，管理层还必须考察存款结构的质量，以确定总的存款结构中稳定的存款（或核心存款）、浮动存款（或季节性存款）以及不稳定的存款各占多少比例。如果资金要用于投资，那么了解预期提款和潜在提款这个步骤是必不可少的。图8.2显示了一家银行的存款来源（即从何处接收到存款，包括家庭、国营和私营企业）。存款管理是一个多变量的函数，其中一部分变量受银行管理层的直接控制。

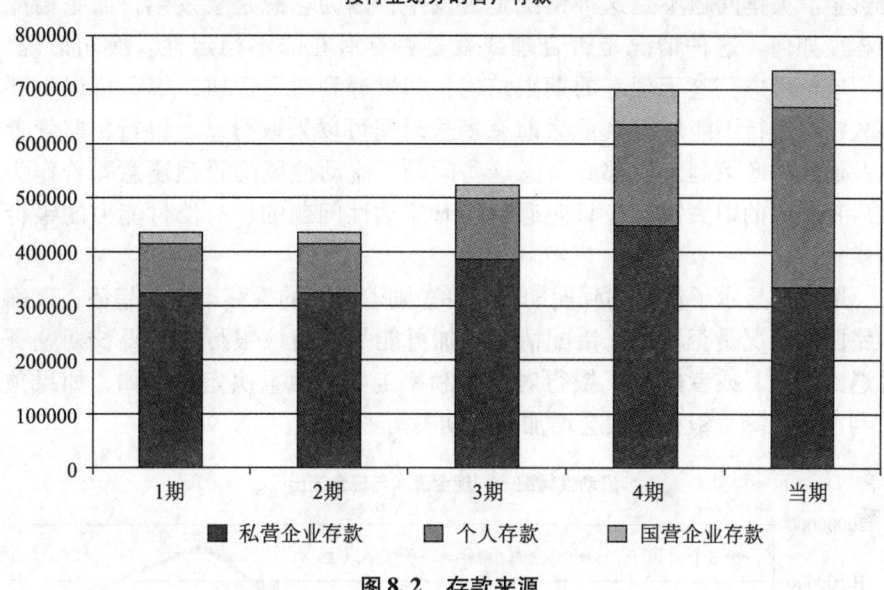

图 8.2　存款来源

### 银行同业拆借

流动性状况的另一主要因素是银行获取额外负债的能力（也称为流动性潜能）。流动性的边际成本（即获取增量资金的成本）对于评估流动性来源极其重要。有一些因素必须考虑，比如银行需要为即将到期的已购负债进行再融资的频率以及通过货币市场获得资金的能力。对于频繁进行短期货币市场操作的银行来说，决定其借入新资金能力的关键因素是其在市场上的声誉。

评估借款能力显而易见的困难是在银行进入市场前无法确定是否有资金能以正收益价差的价格提供。货币市场条件的变化可能导致银行以盈利利率借款的能力迅速下降。在市场不明确时，大型投资者和存款人一般不愿与小银行进行交易，因为他们认为小银行有风险。同样，如果较大银行的偿付能力出现问题，也会发生这种情况。

## ◎ 8.5　现金流分析

到期期限错配是银行业的内在特征，包括用短期负债为中长期贷款筹措资金。关键问题不是这种错配是否发生,因为它总是会发生,而是错配的程度如何,这种情况是否合理或者是否有潜在的不稳定性。换句话说,我们应该考虑:鉴于现有的期限结构,如果遇到融资危机,银行可以生存多久?在银行不能履行其承诺前有多长时间可以采取行动?银行、监管者以及最终的政策制定者都应考虑这些问题。流动性风险管理还意味着作为最后贷款方的中央银行应只向遇到临时流动性问题的、有偿付能力的银行提供贷款。

图8.3显示了银行的到期期限阶梯。随着时间的推移审察其趋势,以确认错配的情况是否增加。错配情况增加可能是因为该银行在获得长期融资时遇到问题,或者反映了银行对未来利率走向的慎重决定。比如,如果预计利率会下降,银行一般会增加其短期失衡。

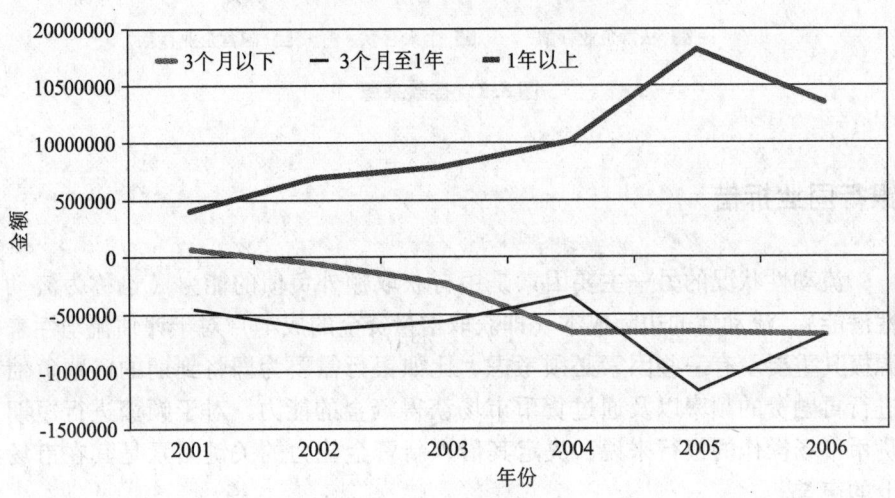

图8.3 流动性错配

这种分析的焦点不仅在于错配的规模,还有一段时期内的趋势,因为这些情况可以显示银行是否有潜在的融资问题。当审查短期失衡占总负债的百分比时,分析人员需要确定总融资额中需要在短期内进行展期的比例。然后,将实际持有的流动资产与短期失衡的金额对比,评估后者中有多少可以由高质量流动资产的备用库存进行偿付。另外,还应考虑其他随时可供出售的证券。

一段时期内存款的合同到期期限结构也可以用于确定融资结构是否正在发生变化。如果是,则分析人员应确定银行目前是否面临资金短缺或银行有意改变其融资结构。图8.4说明了关于存款基础期限情况的趋势分析。

这一分析还可用于评估银行的政策变化是否是永久性的或无规律的，还可用于评估融资问题（即按合同规定应在短期内重新商定的融资金额）出现的规律性。

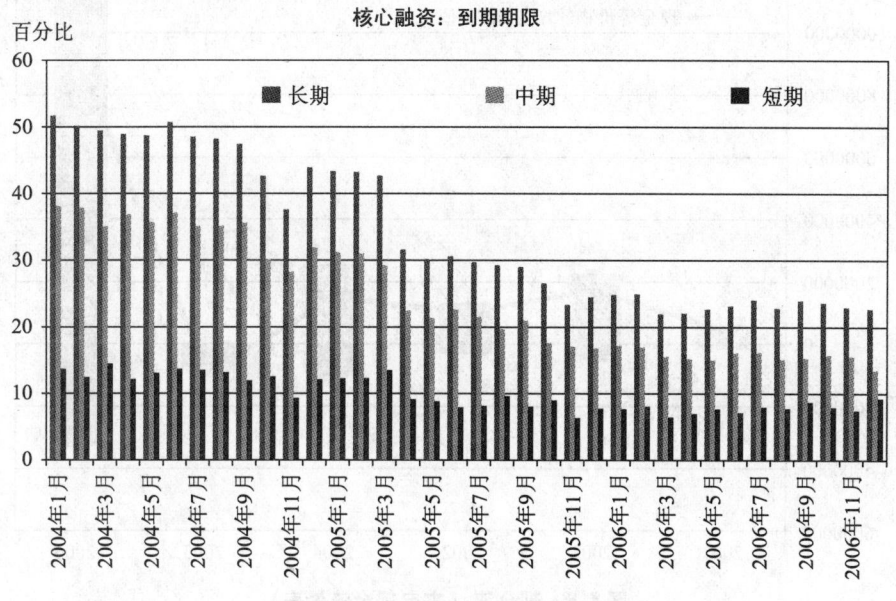

图8.4 存款基础的到期期限情况

显然，这家银行的存款期限结构已经改变，但原因不容易确定。比如，在不稳定的高通胀经济体中以及公众对银行系统缺乏信心的国家中，存款的期限一般比稳定的经济体短得多。该银行所处的经济环境恶化已经导致期限的缩短。同时，在这段期间内，银行的存款来源显然也发生了变化，个人家庭存款占总存款的比例增加而私营企业存款减少（见图8.2）。因此，平均到期期限发生变化至少部分原因是由于融资来源的改变。

计算合同错配金额以后，运用银行的资产负债管理模型确定预期现金流量，这一步很重要。银行年报中的现金流量表有助于达到这一目的（见图8.5）。

合同错配金额和预计错配金额都不可能准确无误，但两者可以说明银行需要从非客户来源获得资金的金额。银行可以获得资金的来源包括中央银行的流动性支持工具（面向各银行持有的流动性资产）和货币市场融资。使用中央银行工具的余额显示了预期货币市场短缺的规模。中央银行的货币市场委员会使用这一关键变量可以确定进行市场干预可采用的货币政策。

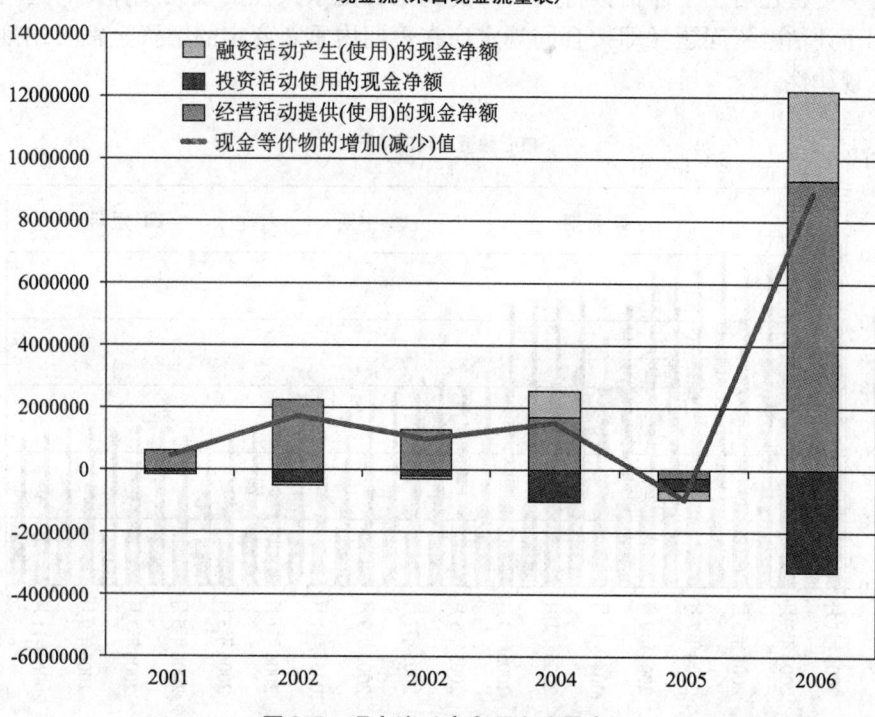

图8.5 现金流（来自现金流量表）

还需要评估的另一个方面是信用风险对流动性的潜在影响。如果将大的风险或过度的行业风险进行物化，可能对流动性产生重大影响。应考虑并专门评估信用风险的类型，尤其是行业集中度。比如，20世纪80年代初和2008年，美国的许多银行都因糟糕的房地产贷款业务遭受了巨大损失。

## 8.6 融资的不稳定性和存款的集中度

流动性风险管理的另一关键方面是对某个单一资金来源的依存度（也称为集中风险）。如果银行有几大存款人，而其中一个或几个提取资金，那么若不能迅速找到其他的资金来源，就可能发生严重的问题。因此，大多数银行非常密切地关注其融资组合和存款人的集中程度，以预防过度依赖某个资金来源。在不确定的环境中，不应过分强调银行对大额取款的敏感性。

监管者越来越关注流动性流量的错配情况以及银行基于现行情况为应对这种错配而进行融资的能力，而不再过多关注法定流动资产和获取中央银行贷款的传统手段。

因此，对银行进行评估必须充分关注大额融资和零售融资的组合情况，受大型存款人影响的程度，是否存在对某资金来源的过度依赖。图8.6和8.7说明了对银行资金集中度的评估。这种评估的目标是确定该银行是否受某个大债权人的影响，即如果该债权人提取资金会导致流动性危机的风险。

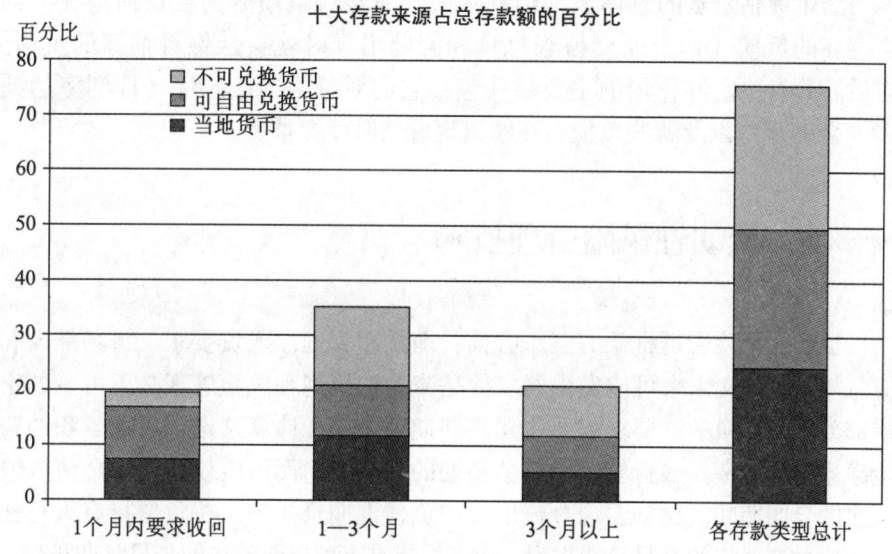

图8.6 十大存款来源占总存款额的百分比

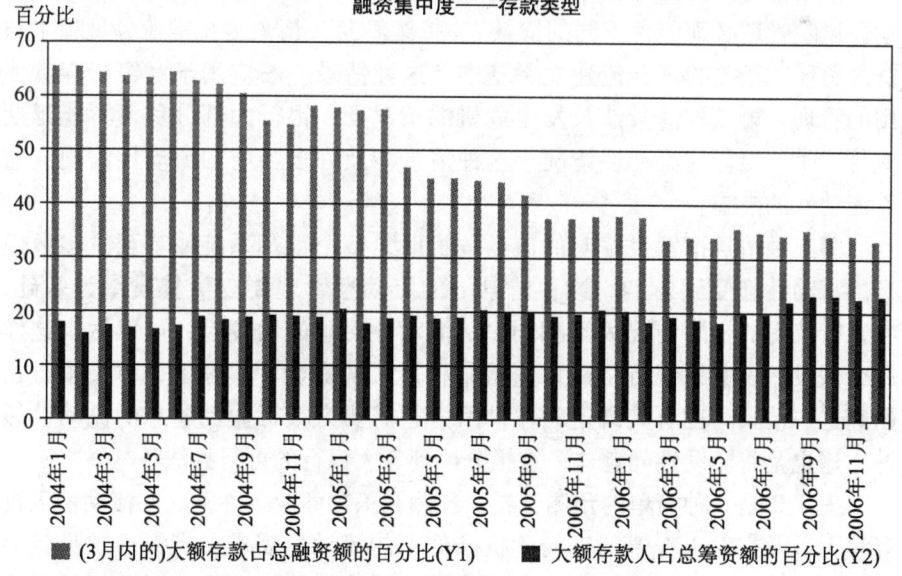

图8.7 融资集中度

资料来源：2007年南非储备银行监管报告。

分析人员通过计算大额存款代表的短期失衡比例，可以得到该银行或整个银行系统对大额融资提供者提款的敏感程度。大额融资对零售融资的比例是衡量对大型存款人敏感性的另一种方法。总的来说，融资越来越不稳定说明了银行业的融资结构和融资来源正在发生变化。

为了评估融资的总体波动情况，银行通常将负债分为在任何情况下都会存在的负债（如企业交易账户）和问题出现时就会从银行抽离的负债。对后者具有决定性作用的主要事项包括它们对价格的敏感性（即利率达到多少会离开）以及哪些负债会在刚出现麻烦时就会抽离。

## ● 8.7 流动性风险管理技术

流动性风险管理框架有三个方面：衡量和管理净融资要求、市场准入和应急规划。预测未来可能发生的事件是流动性规划和风险管理必不可少的组成部分。分析净融资要求需要构建到期期限阶梯、计算某选定日期累积的资金净盈余或赤字。银行应定期预估预期的现金流，而不应仅关注现金流入或流出的合同期间。比如，现金流出可按负债到期日排列，按负债持有人行使提前偿付选择权的最早日期排列，或者按或有事项提前偿还的最早日期排列。

评估银行流动性是否充足取决于不同条件下的现金流状态。因此，流动性风险管理必须包含不同的情景。"持续经营"情景为正常业务过程中与资产负债表相关的现金流建立了基准。这种情景一般应用于对银行存款使用的管理。第二种情景涉及发生危机的情况下，银行大部分负债不能延期或替代时，银行的流动性情况。这种情景涉及许多当前的流动性法规或监管流动性的措施。

第三种情景指发生普遍的市场危机时，整个银行系统或者至少多数银行的流动性都受到影响。这种情景下的流动性管理要以信贷质量为基础，各银行获得资金的情况大不相同。从流动性管理的角度看，可以做出这样一个假设——中央银行将确保获得某种形式的资金。实际上，中央银行在研究这一情景时也有其既定利益，因为它需要为银行业创建总的流动性缓冲，这也是将流动性问题这一重担分摊到各大银行的可行办法。

表8.2是一种简单的预测工具，预测在正常商业条件下、在流动性危机环境下以及在发生普遍的市场危机条件下的流动性需求。当银行预见到会发生持续性的流动性短缺或者负债展期或替代时发生困难，则应开始系统地、积极地预测危机情况下银行的流动性。一旦有迹象显示宏观经济情况

正在发生改变或者在正常商业条件下对银行资产和负债状况的假设条件不复存在，则应开始预测市场危机期间的流动性。银行可能通过有意改变其资产或负债状况而在潜在的危机中占得先机，比如在市场中变得更加激进，放弃预期利润或切断与某类借款人的关系。

表 8.2    不同情景下的到期期限阶梯

| 现金流入 | 正常商业条件 | 银行特有危机 | 一般市场危机 |
| --- | --- | --- | --- |
| 即将到期的资产（合同） | | | |
| 应收利息 | | | |
| 资产出售 | | | |
| 提款 | | | |
| 其他（请注明） | | | |
| **流入小计** | | | |
| **现金流入** | | | |
| 即将到期的负债（合同） | | | |
| 应付利息 | | | |
| 贷款承诺支付 | | | |
| 存款提前支取 | | | |
| 营业费用 | | | |
| 其他（请注明） | | | |
| **流出小计** | | | |
| 流动性过剩（短缺） | | | |

多元化的负债和融资来源通常说明银行的流动性管理已得到很好的发展。遇到流动性短缺时，立即将资产变现和获取其他资金来源的能力也非常重要。比如，为了渡过短期波动、防止出现问题，银行可能要保证能从其他金融机构获得信用额度或资金。多元化水平可以通过工具类型、资金提供人的类型以及区域市场进行判断。

但实际上，在急需资金时资金却可能很难获得。还有某些不常见的情况也可能对流动性风险产生影响，包括内部或外部的政治动乱（将引发大规模的提现）、季节性影响、市场活动增加、行业问题、经济周期等。

管理层必须评估有关融资需求趋势和事件可能带来的影响。所有银行都会受经济变化的影响，但稳健的财务管理可以为消极变化提供缓冲，使积极的变化更明显。管理层还必须有应急计划，在预测发生错误时使用。有效的规划包括确定流动性需求的最大值和最小值，权衡满足需求的其他做法。

大型银行通常希望能从资产负债表的两边都可以得到流动性，积极参与到银行间市场和其他大规模的市场。他们希望这些市场成为以利率竞争为基础,自由获取短期资金的来源,这可以帮助其满足流动性需求。从概念上看,有资产和负债两方面的选择应该能以更低的成本维持流动性。市场上提供的可自主选择的负债的成本可以比作卖出各种资产的机会成本,因为银行还持有大量短期资产,需要时可以出售。这些资产对潜在的资金提供者来说也是一种保证,能够提高银行的借款能力。

大银行和小银行在流动性上的主要区别,除了精心控制资产负债表的资产栏外,大银行能更好地控制负债水平和负债结构。因此,他们有更多的选择,以最低的成本得到所需资金。如果银行仅仅依赖资产管理获得资金,那么自由进入货币市场也减少了所需的流动资产缓冲的规模。

如果大量的零售存款和贷款出现问题,资金流出应以盈利能力为基础进行评估,并以以前的经验作为指导。拥有大量大额资金的银行还可以通过期限匹配管理流动性。这意味着必须寻求资产和负债期限的适当对应,但没有必要使所有资产和负债都精确匹配。

表8.3和图8.8描述了一家银行的流动性管理情况,以及随着时间推移该银行的流动资金头寸是如何恶化的。以该银行内部产生的资金为来源的贷款比例逐步下降。相对地,不稳定负债的比例增加,不稳定负债偿付率大幅恶化。不幸的是,像图8.8这样的图表仍不能说明所有问题。无论是银行本身、监管者,还是外部分析人员,对银行流动性的评估都要经历复杂的程序,不能简化为任何一种简单的技术或一组公式。

**表8.3　　　　　　　　　　　　流动性比率**

| 流动性比率 | 1期 | 2期 | 3期 |
|---|---|---|---|
| 可随时出售的资产占总资产的百分比 | | | |
| 不稳定的负债占总负债的百分比 | | | |
| 不稳定负债偿付率(可随时出售的资产占不稳定负债的百分比) | | | |
| 银行挤兑(可随时出售的资产占所有存款型负债的百分比) | | | |
| 客户贷款占客户存款的比例 | | | |
| 同业贷款占同业存款的百分比 | | | |
| 贷款和投资净额占总存款的百分比 | | | |
| 活期存款占客户存款的百分比 | | | |
| 到期期限在三个月以上的存款占客户存款的百分比 | | | |
| 90日以内存款占客户存款的百分比 | | | |
| 定期存单占客户存款的比例 | | | |
| 十大存款占客户存款的百分比 | | | |

第8章 流动性风险管理

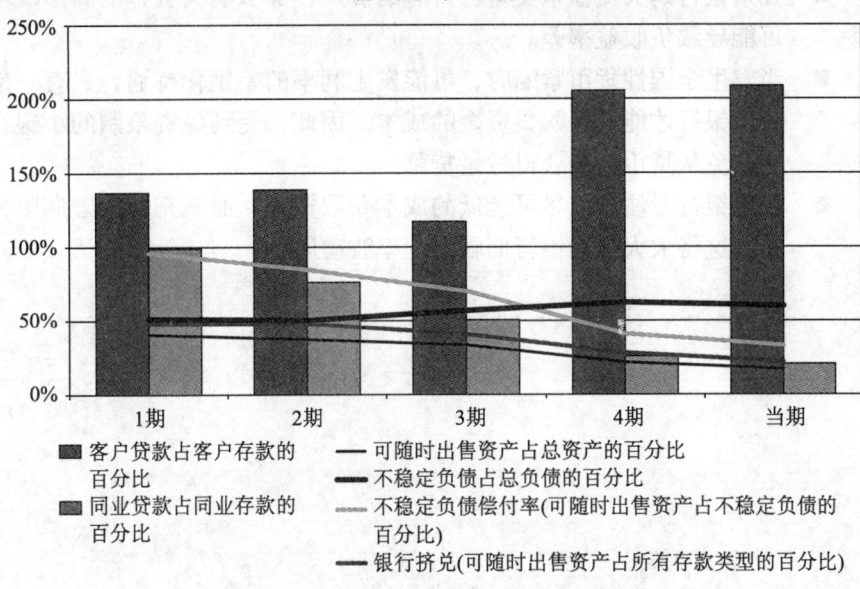

图8.8 流动性比率：趋势分析

实际上，银行在金融界的地位和声誉影响着它对流动性管理的选择。这种联系是由许多因素造成的，最关键的一个因素是银行过去和未来的盈利能力。到期期限状况是显示银行状况的一个有用指标，如果正确理解，可以得到重要的信息，比如期限错配突然上升。但是，分析期限状况时应结合银行资产负债表表外业务、管理目标和控制系统信息。一些银行与其他银行相比，可以更快地改变其资产负债表的到期期限模式。

尽管盈利的银行可以在市场上以更具竞争力的成本获得资金以满足扩大客户贷款的需求，但是，如果滥用负债管理或负债管理执行不恰当，将导致严重的后果。以市场融资为基础的流动性管理会有以下风险：

- 购买的资金不可能总在需要时就可获得。如果市场对某银行丧失信心，那么该银行的流动性也会受到威胁。
- 过度依赖负债管理可能导致短期证券的持有最小化并放松资产负债标准，这可能导致以较长期限的资产支持高度集中的短期负债。在银根紧缩时期，这种倾向会挤掉利润，引发资金不足的状况。
- 由于货币市场激烈的利率竞争，可能使银行获得资金时付出相对较高的成本，还可能引诱银行降低信用标准，将资金投入到高收益的贷款和证券中。

- 如果银行购买负债来支持已持有的资产，那么购买资金的高昂成本可能导致负收益率差。
- 当发生全国性货币紧缩时，可能发生利率的差别化待遇，只有一部分大银行才能承担购买资金的成本。因此，受到融资限制的小银行应避免从货币市场获得过量贷款。
- 如果银行专注于以尽可能低的成本获取资金，而不充分考虑期限分布，这将大大加剧银行面临的利率波动风险。

# 第9章
# 管理流动性和其他投资组合

> **本章要点**
>
> - 投资管理的目标是,在关于流动性和市场价值波动性的策略约束内,将投资组合回报最大化。
> - 银行流动性投资组合的作用是,当银行可能无法从常规资金来源融资时,作为覆盖短期负债的审慎流动性来源。
> - 流动性投资组合也是一种回报来源,并且通常是针对基准进行积极管理以产生超过融资成本的正收益。
> - 流动性策略通常设定流动性投资组合的最小规模,常常是以覆盖短期负债为目的来确定。
> - 流动性策略还设定用于控制信用风险、利率风险和汇率风险的风险限额,以确保必要的流动性水平并保护收益和资本。流动性投资组合通常针对基准投资组合进行管理,并且是以金融机构的资金来源或流动性投资组合持有者的负债为依据建立。

## ● 9.1 流动性投资组合的性质

对商业银行而言,流动性投资组合传统上是流动性管理的关键工具之一,它为应对未预见的大规模提款(挤兑)提供了备用资金来源。[①] 但银行

---

[①] "流动性投资组合"这个术语最初用于将其与自营交易投资组合进行区分,然后被用于强调该组合体现的审慎性质和最低流动性水平。

间市场深度和流动性的发展意味着银行可通过拆借来满足任何资金短缺，从而使每日的流动性操作成为一个负债管理问题。

不过，流动性投资组合仍然是银行在不打算获取或无法取得替代资金来源时，清偿到期债务的可靠资金来源。系统性风险期间，银行间市场的收紧或关闭可能发生，由于普遍的风险厌恶心理，或者由于金融机构发生的特定负面事件，此时贷款人不会提供资金。

投资管理的目标是在有关流动性和市场价值波动的策略约束内使投资组合的回报最大化。在大多数情况下，流动性投资组合是以产生正利差（即回报高于融资成本，从而对银行净收入作出积极贡献）为目的构建的。这通常是通过承担信用风险和利率风险来实现的。对于信用风险，银行投资于信用水平低的证券并获取比银行融资工具更高的收益率。这种方法称为信用变换。对于利率风险，管理层将利用收益率曲线向上的斜率，投资于比其融资工具久期稍长的资产。这种方法称为期限变换。这两种头寸通常给银行带来利润，但在信用状况恶化、收益率曲线反转或收益率上升等情况下，收入和资本可能面临风险。这些风险必须得到严格控制，以保护银行收入和资本免受不可接受程度的损失。

对商业银行而言，流动性投资组合相对于总资产的规模在经济增长缓慢时期可能扩大，这时对商业贷款和工业贷款的需求低，同时客户的信用价值变差。相反，经济增长加快通常使流动性投资组合规模减小，因为资金被重新配置到预期回报更高的贷款上。对审慎流动性投资组合，投资策略应该指定相对于短期负债的最小规模，以确保该组合在出现压力时能发挥流动性提供者的作用。

## 9.2 投资策略

投资策略确定了持有流动性投资组合的理由并定义了目标水平，通常是以覆盖短期负债的程度来表示的。从监管角度来看，目标水平通常被描述为流动资产比率。投资策略还设定广泛的信用和市场风险参数。

**基准头寸**

从资产负债表的角度来看，最为中性的市场风险头寸将流动性投资组合在汇率、久期和信用方面的风险特征与负债在这些方面的风险特征匹配。这种中性头寸一般被称为基准头寸。对该头寸的任何偏离将使银行的收入和资本面临风险。在政策层面上，为流动性投资组合（基准）指定基线头寸和对来自积极管理的风险指定可忍受程度具有重要意义。表示这种忍受能力的一种有效方式是"风险预算"，即董事会（或董事会的代表）批准可以接受的收入或资本损失程度。因此，该风险预算可以实施于风险管理结构中。在这种结构中，风险被独立度量并受到限制，以确保不超出董事会的风险容忍水平。

## 9.3 战略资产配置

战略资产配置（SAA）过程的目标是在与流动性、收入和资本波动相关的资产负债管理（ALM）约束内将预期回报最大化。这一过程在中央银行和有大规模资产管理组合的银行中至关重要，但在商业银行环境下的重要程度可能要低一些。

因此，战略资产配置的目标是确定关于作为基准投资组合的资产类别的策略组合，即在上面提及的约束的限制之下，将投资组合的价值最大化（或将其成本最小化）。战略资产配置使用定量框架并通过预测可能影响未来负债结构的不确定性，来优化资产的风险和回报特征。

战略资产配置应该指定中性货币组成、投资组合久期和可选金融工具。储备的充足性和任何最低的回报要求应该是衡量储备最佳的风险—回报关系的主要决定因素；这一关系随后将体现在基准投资组合中。

资产管理者使用战略资产配置框架来定期决定资产类别的最优策略组合。该过程包括两步：第一步是提出可以接受的久期、流动性和资产类别约束，这将使净价值和流动性目标得到满足；第二步是选择可以复制的，并将在这些约束范围内使预期回报最大化的基准。关键高级管理层对战略资产配置的要求通常由董事会通过投资策略声明来表述，其组成部分如下：

**投资策略目标（收益和风险承受度）：**

- 最低收入要求；
- 信用风险（对完全违约的容忍度）；
- 市场风险（在投资期限内，对回报波动性的容忍度）；
- 商业风险（考虑资产类别和银行核心业务之间的任何相关性）。

**投资策略约束条件：**

- 流动性要求；

- 在正常和不利环境下的投资时间范围；
- 法律、监管和税收考虑；
- 依据实际或或然负债的货币组成的独特需要，例如外汇组成。

就投资组合管理职能每个维度产生的回报而言，战略资产配置过程的重要性已被这一发现证明，即战略资产配置对长期业绩的贡献通常超过90%。因此，战略交易作为投资组合风险和回报驱动因素的重要性要低得多。

**中央银行方面**

在中央银行方面，持有外汇储备组合是为了满足国家在无法从其他来源借到外汇时，满足对外汇的需要。从广义上讲，这些储备的最优长期风险特征是由持有这些储备的理由决定的，而非由中央银行资产负债表的组成来决定。这对于新兴市场和无法通过有深度和确定的途径从资本市场借贷（这种借贷可以为任何外部不平衡融资）的国家而言尤为如此。因此，中央银行的投资策略应该在持有储备的理由和储备数量（相对于任何实际和可能需求，该数量都可以视作是足够的）这两方面的基础上确定战略资产配置。

## ◉ 9.4 基准投资组合

基准投资组合代表了在持有资金和基础负债特征方面流动性（投资）组合的最优风险特征。好的基准是符合风险约束要求的可复制、透明的投资组合战略。基准为度量风险和业绩提供了标准。

从投资角度来看，基准投资组合可以定义为经高级管理层批准的、体现金融机构投资目标的、可复制的名义投资组合。基准投资组合代表了在给定持有流动性的目标、金融机构的风险承受度以及其他约束条件（如资本保全）下的最佳可行被动战略。投资基准的设定也可以被描述为战略资产配置过程的"操作化"。

基准对评估长期战略下的业绩至关重要；基准还在投资组合经理持中性市场看法时或触发止损操作时被用作备用头寸。在本质上，基准组合功能（中性战略）的长期目标是提供相对于市场，具有恒定风险特征的、可复制的投资组合。基准组合被用于评估增加的回报以及积极管理引起的风险敞口。

可以为负债和资产设定基准。负债基准可将金融机构融资成本与那些信用评级和市场地位相同的类似金融机构发行的可比债券进行比较。但是,建立融资基准比较复杂,因为市场上没有标准融资交易。发行机构的信用评级只是影响价格的一个因素;债券的期限和具体的赎回条款或其他特点也对融资成本具有重要影响。只有市场环境是对所有发行机构相同的。

基准的构建集中关注战略资产配置过程中不那么受关注的方面。基准通常指定目标币种组成;在具体资产或指数上的配置;久期目标。图9.1解释了构建基准过程(该过程为评估投资经理管理的投资组合业绩提供了基础环境,并与战略资产配置阶段作出的决策一致)的中间环节。

| 基准:战略资产配置和投资组合管理之间的关联 | | |
|---|---|---|
| 战略资产配置(SAA) | | 投资组合管理 |
| 责任 | | 责任 |
| 管理层或董事会 | 投资基准 | 投资组合经理 |
| 投资期限 | | 投资期限 |
| 中期到长期(大于1年) | | 每日交易到三个月期的交易 |
| 决策参数 | | 决策参数 |
| 各类资产和行业的回报权衡 | | 业绩——预计相对于基准的超额回报 |
| 对最不利情境的压力测试 | | 风险或回报相对于基准的可能偏差 |
| 头寸/持仓 | | 头寸/持仓 |
| 长期——实际战略资产配置观点 | | 对基准的偏离(证券/行业/久期/币种选择) |
| 增加值 | | 增加值 |
| 政策框架 | | 积极管理——超额回报 |

**图9.1 基准:战略资产配置和投资组合管理之间的关联**

确定基准是关键的风险管理工具,它为衡量来自积极管理的业绩和实际风险提供了尺度。为使基准符合实际,它必须代表一种简单、明确、灵活、可投资并可复制的投资组合,容易实施并对市场价格无影响。关于基准的规则必须透明。基准的特点、组成和再平衡规则必须提前得到一致同意,并且在投资组合风险管理需要时容易取得。

基准通常是用可从外部获得的市场指数构建的。这些指数可能由符合确定特点的特定证券组合构成,或者是基于一种诸如LIBOR(伦敦银行间同业拆借利率)或掉期利率这样的合成市场指标。这些指数应该结合起来,以建立符合投资策略确定的币种、久期、流动性和信用约束要求的基准投资组合。表9.1列出了指数提供者编制和提供的市场指数的一些例子。

表9.1　　　　　　　　　美元市场指数举例

| 市场细分 | 指　　数 |
| --- | --- |
| 美国政府证券 | 1—12个月期国库券，1—10年期国债 |
| 银行 | 隔夜联邦基金，3个月的伦敦银行间同业拆入利率（LIBID） |
| 抵押担保证券 | Master抵押贷款指数 |
| AAA级资产担保证券 | 浮动利率：R0F1；固定利率：R0A1 |
| 大规模资本化股权 | 标准普尔500指数 |

好的基准应该是综合性的，并应该包括正常市场条件下的所有机会。它应该提供公平、现实的基准战略。对基准的改变应该少并且可以理解，同时基准不应该排除那些可能不投资于基准所涉及具体板块或国家的参与者。交易和税务成本应该是可预测和透明的。如果符合上述标准，就可以依据客观指数衡量业绩。

## 9.5　可选工具

如果金融工具的持有具有充分理由并符合相关标准时，可以将其用于投资策略。对于流动性投资组合，主要标准应该是工具的流动性，即迅速实现融资而不对金融工具的价格产生负面影响的能力。流动性的前提条件是存在深入且广泛的市场，同时市场上有准备购买（竞购）这些资产的多个做市商。流动性是通过现金和期货市场提供的，因为交易商一般更愿意通过金融工具对连续市场做市，在这个市场上，他们可以通过使用期货来抵消风险。

在评估要求的流动性水平时，策略制定者需要考虑投资期限，在此期间需要引入资金。适合营运资金或日常流动性需要的金融工具与在几个月或更长时间后才能获得流动性的金融工具差别很大。对审慎的流动性投资组合而言，考虑系统性危机期间金融工具的流动性也很重要。如前所述，系统性危机可能从外部对银行取得资金的能力产生影响。在这种危机期间，银行可能在受到压力的市场（这种市场的特征是更低水平的流动性）上出售资产。

## 9.6 信用风险

对流动性投资组合而言，信用风险是指违约风险。但它也与流动性有关，因为信用评级低的金融工具市场一般比高评级市场单薄，而且信用评级低的资产的流动性在系统性危机期间将显著恶化。由于这两个原因，投资策略应该在具体发行者层面和投资组合层面约束投资工具的信用风险。

至于与具体发行者有关的信用风险，大多数银行在为合适资产建立最低评级时依赖多个独立的信用评级机构。当不同机构的评级存在差异时，银行自身的策略应该指定将采纳的评级信息。任何一家机构允许的敞口水平通常也受到约束，其设定的敞口水平通常是债权金融机构自有资金的一定比例。

在投资组合层面，信用风险通过全球限额进行控制，该限额的表示方式是总组合资产的一定比例。基本的风险管理工具是多样化的；通常，流动性投资组合将把对任何单个金融机构的风险敞口约束在总投资组合的一个最大比例之内。此外，投资组合策略可能寻求将投资组合在面临系统性风险时的脆弱性最小化。系统性风险被定义为影响一类金融机构的风险，这类金融机构具有相同的业务、来自相同的国家或持有相同类型的资产。因此，投资策略可能也为投资组合对任何单一国家、产业或行业的敞口设定了百分比限额。

表9.2对信用风险和风险管理工具进行了详细分类。

**表9.2　流动性投资组合中的信用风险**

| 信用风险 | 风险工具 | 基准限额 |
| --- | --- | --- |
| 特定债权人风险 | 信用评级 | 最低评级要求 |
| | 敞口规模 | 最高敞口不超过金融机构资本基础的特定比例 |
| | 多样化 | 对任何一个机构的最大风险敞口不超过总资产的特定比例 |
| 系统风险 | 不适用 | 对单一国家的任何产业或行业的最大风险敞口不超过总资产的特定比例 |
| 国家风险 | 信用评级 | 对每个国家的最大风险敞口不超过总资产的特定比例 |
| | | 最低信用评级 |
| 行业风险 | 行业分组 | 对每个行业的最大风险敞口不超过总资产的特定比例 |

## 9.7 市场风险

市场风险被定义为诸如汇率、利率或信用利差等基本市场因素的变化所造成的收入或市场价值的波动。对于商业银行，流动性投资组合的市场风险来自资产的风险特征与相应的资金来源之间的错配。基于基础负债的币种、久期和信用特征的基准投资组合可以作为负债的代表。因此，任何对基准投资组合的偏离将造成风险并应被约束。[①]

## 9.8 积极管理

积极管理是金融机构对比基准投资组合并在董事会授权的风险水平内，调整自身投资组合头寸，以寻求超额回报（超过基准组合的业绩）的投资过程。金融机构的投资过程应该得到良好的定义并且是可重复的，同时具有明确的目标、流程和责任。

不存在标准投资过程。单独的金融机构可能依据其投资策略、业务理念和相对于市场的优势来强调不同的风险承担类型。一些投资过程相当集中化，其所使用的是团队决策；其他投资过程是完全分散化的，其向单独的风险承担者分配一部分风险预算，他们可以在这个预算内进行相当独立的管理。其他投资过程是混合型的，在这种类型中，由团队进行与行业风险敞口相关的基本决策，而单个管理人员通过选择证券和战术交易决定来具体实施这些决策。

投资组合管理决策可以基于对价值驱动因素的宏观和微观经济分析，基于对市场的技术分析（图表），或通过使用量化定价模型来利用在不同市场之间套利的可能性。少数金融机构，尤其是对冲基金，可能只关注这些技术中的一种，但大多数银行将结合使用基本分析、技术分析和建模技术来开发其投资战略。

在评估风险管理体系的充分程度时，理解投资的过程和方式很重要，因为金融机构承担风险的方法决定了对风险管理体系要求的复杂程度。例

---

[①] 对发展中国家的中央银行而言，持有外汇储备的理由通常是：这些储备为国家的部分外债提供了保障并有助于管理汇率。因此，在这些情况下的战略资产配置和相应的基准投资组合反映了这些基础的或然负债，而不是资产负债表中的数值。

如，高度杠杆化的投资组合管理风格可能要求复杂的风险度量和监控系统，因为任何损失都将被杠杆因子放大。即使风险较低的所谓套利交易，在杠杆程度很高时也可能造成毁灭性的后果，正如我们在1999年长期资本管理公司（LTCM）倒闭时所看到的那样。

与此相反的另一个极端是，一些银行或其他金融机构持有的头寸比基准组合还要保守得多，它们选择了最低市场风险敞口。这种管理方式显然要求不那么复杂的风险管理支持系统。图9.2描述了被动式管理（按照基准组合来管理自身的投资组合）、主动交易和方向交易之间的关系。

**风险递增的三种投资组合管理方式**

| | 复制基准 | 增强型指数化 | 方向交易 |
|---|---|---|---|
| 目标 | 最小化跟踪误差 | 高的风险调整回报 | 高的超额回报/高风险 |
| 战略 | ·选择证券<br>·最小化市场风险<br>·最小化 | ·更换证券<br>·通过信贷提高收益率<br>·调整投资组合头寸/套利 | ·F/X偏差<br>·久期偏差<br>·收益率曲线头寸 |
| 风险控制 | 偏差限额<br>合规 | 偏差限额<br>合规<br>止损限额小 | 偏差限额<br>止损限额大<br>风险价值<br>压力测试 |

**图9.2　投资组合管理方式**

## ● 9.9　风险预算

风险预算建立了董事会对给定时间范围内（取决于会计周期，通常是一年）来自市场风险的收入或资本损失的可承受程度。对年收入要求不敏感的金融机构的时间范围可能更长，这使投资组合管理具有更高的自由度。

一旦年度风险预算建立，风险限额体系必须建立以避免超过风险预算的实际或潜在损失。有两种风险限额，它们对将损失约束在指定水平（风险预算）内都是必要的。第一种类型是止损限额，它控制来自对与基准相关的现有头寸盯市造成的累积损失。第二种是头寸限额，它控制可能来自未来市场价格不利变化的潜在损失。

### 止损限额

止损限额是相对于总风险预算设定的。将风险预算分配到不同类型的风险既是一门艺术也是一门科学，同时，使用的方法将取决于单独投资过程的建立。影响风险配置的一些问题包括以下各方面：

- 投资组合的显著市场风险是什么？
- 这些风险之间的关系是什么？
- 有多少风险承担者？
- 预计在一年内，风险将被怎样使用？

来自不同市场和风险承担者的风险头寸一般并不完全相关，单独止损限额的集合可能超过风险预算。遵守止损限额要求频繁（如果不是每天）的绩效评估。业绩是投资组合的总回报减去基准组合的总回报。绩效评估是监测风险预算使用和止损限额遵守情况的关键统计指标。

### 头寸限额

头寸限额也是相对总风险预算设定的，并受到以上讨论的因素的制约。但是，头寸限额的功能是约束由未来价格或收益率的不利变化所造成的潜在损失（第11章也将提到这一点）。表9.3列出了主要的市场风险或市场因素敏感性，以及常用于将这些风险约束在可接受水平之内的头寸限额的类型。

表9.3　　　　　　　　　　市场风险管理工具

| 市场风险 | 因素敏感性 | 风险管理工具（基准限额） |
|---|---|---|
| 外汇 | 敞口头寸 | 百分比偏差 |
| 利率风险 | 修正久期的 DV01<br>DV01 | 久期偏差限额<br>净 DV01 限额 |
| 收益率曲线敞口 | 关键利率久期 | *** |
| 信用利差风险 | 信用头寸的 DV01 | 净 DV01 限额 |

续表

| 市场风险 | 因素敏感性 | 风险管理工具（基准限额） |
|---|---|---|
| 期权风险：<br>方向性风险<br>凸性<br>波动性 | δ 头寸<br>γ<br>ν | |
| 投资组合风险 | 风险价值（VAR） | ***（占资本的百分比） |

注：***重要的风险统计数据，但不能作为硬性限额执行。
DV01 是指变化一个基点时美元价值的变化，并给出了收益率绝对变化一个基点时市场价值的变化。修正久期给出了收益率变化一个基点时市场价值的百分比变化。

## ● 9.10 管理报告

风险承担管理者授权的一个关键因素是对所担风险的责任。这通常是通过管理层报告实现的。这些报告应该关注与以下方面相关的关键统计数据：

- 与基准组合相比，自有投资组合的组成；
- 投资组合和基准组合到目前的业绩；
- 以跟踪误差或风险价值度量的现有投资组合风险。

管理层报告还应该包括对市场战略、市场变化和结果的描述性分析。业绩归属也非常有用，因为它可以对具体风险性业务的结果进行事后评论。这可以帮助金融机构改善其投资流程并致力于其自身具有良好业绩的业务领域，并回避那些不能产生超额回报的业务。

# 第10章 市场风险管理

## 本章要点

- 银行为其自身交易活动使用短期杠杆资金,通常是回购协议。
- 对所有被分类为可供出售或分类为以公允价值计量且变动计入当期损益的证券,都要进行市场风险度量,而那些一直持有至到期的投资组合则不受市场价值变动的影响。
- 市场风险来自四类基本经济市场中头寸的波动:利率敏感型债券、股票、外汇和商品。
- 在这些市场中,每个市场的波动都将使银行暴露于市场流通的金融工具的价格或价值变动。
- 在有足够深度的复杂市场环境中,银行通常可以对冲市场波动。由此产生的净有效敞口头寸决定了仍然暴露于市场风险的投资组合的金额。
- 必须保留一定资本作为抵御市场风险造成的潜在损失的缓冲;这些资本被称为三级资本。

## ● 10.1 市场风险来源:一些概念

市场风险是企业可能遭受市场价格不利变动造成的损失的风险,这些市场价格变动来自固定收益工具、股权工具、商品、外汇和相关表外合约的价格变化（波动）。此外，市场风险还来自遍及银行的一般外汇和商品风险（即处于交易和银行账户中）。

因此，市场风险的主要成分是利率风险、股权风险、商品风险和外汇风险。每种风险都包括一般市场风险和源自银行特定投资组合结构的具体风险。

市场风险敞口可能产生于银行有意持有投机性头寸或来自银行的做市（交易商）业务。

从传统金融中介职能向做市和交易业务转移的这种业务多样化趋势使银行的市场风险敞口逐步增大，银行为做市和交易业务中的有意冒险行为预留了"风险资本"。必须将交易性投资组合与流动性投资组合（见第9章）区别开。交易的目的是通过杠杆融资（例如，通过使用回购协议）来利用市场机会，而持有和交易流动性投资组合是为了提供风险缓冲。自营交易和流动性投资组合都面临市场风险。

## 波动

证券投资组合持有的大多数资产的价格波动常常很剧烈。甚至在成熟市场上也常出现价格波动，而在新市场或缺乏流动性的市场，价格波动则更大。大型机构投资者（如养老基金、保险公司或投资基金）的存在也对市场结构和市场风险产生影响。机构投资者通过大宗交易调整其大规模、稳定的流动投资和交易组合，而在价格上涨的市场中，大宗购买将推高价格。相反，下跌市场在面临大规模机构减持时更加吃紧。最终，这将导致价格变动幅度增大，并使市场风险增加。电子交易的出现使这一现象更加严重。

### 识别价格变化和盯市

盯市是指为反映市场价格变动造成的资产价格变化而进行的银行投资组合重新定价。这种策略要求按照国际会计准则第39号《金融工具：确认和计量》（IAS39）的要求，以资产的市场价值对资产进行定价。由于交易组合中资产被不断买卖，所以应该至少每天对与银行交易组合相关的价格头寸进行一次评估和盯市。在这一过程中准备的报告应该提交给负责银行投资、资产负债和风险管理的高级银行经理，并由其进行审查。

IAS39要求在资产负债表上对交易（及可供出售）头寸进行盯市，并将交易组合的市场价值波动计入损益表。可供出售投资组合的波动计入所有者权益。虽然这个过程在概念上很简单，但在单纯的或缺乏流动性的市场上盯市可能比较困难。大多数银行通过追踪各种金融工具和市场经历的历史损失数据来量化市场风险，但在剧烈变动或缺乏流动性的市场环境中的银行（这些银行通常缺乏先进技术）则面临如何将这种复杂的分析转换为能被有效应用于其日常业务的可行解决方案的问题。

## 汇率风险

在固定收益证券及其衍生品（例如，交易所交易的期货合约、远期利率协议、掉期和期权）上的头寸面临利率风险。这一风险因素指的是银行投资组合总的市场敏感性，其中不同金融工具中的空头和多头头寸可能相互抵消。与利率风险相关的风险因素是以银行拥有利率敏感性表内外头寸的币种估计的。

## 股权风险

股权风险涉及获取或持有投资于股权或具有类似股权行为（例如，可转换证券）的金融工具及其衍生品（例如，关于单支股票或股票指数的期货和掉期）的交易账户头寸。股权相关风险的计算包括持有某种证券的特定风险（β）和市场头寸的整体风险。对衍生品而言，风险是通过将衍生品转换为相关基础工具的名义股权头寸来度量的。

## 商品风险

持有或取得交易所交易的商品、期货和其他衍生品头寸面临商品风险。由于商品市场的流动性通常没有金融市场高，同时供需变化对价格可能产生巨大影响，所以商品价格可能发生波动。由于管理商品账户涉及现货价格变化造成的趋势风险、两种相似但不完全相同的商品之间的价格关系的变化产生的基准风险，以及缺口风险（该风险是指来自期限错配的远期价格变化），这一管理工作可能是一项复杂的任务。商品风险的另一个操作方面与交货风险以及在交货前必须平仓有关。

## 货币风险

货币风险是指货币和黄金交易头寸的风险。不包含在这一风险中的是所谓"结构头寸"，即非交易性质的头寸，例如对外国分支机构的投资（见第11章）。一种货币计量的净敞口头寸通常包括即期头寸、远期头寸、外汇期权总账户的基于 $\delta$ 的等价物，以及反映以外币计量的盈利或损失的交易账户中的任何其他项目。

### 其他风险

二级市场不发达的基础设施可能增加风险并使风险度量复杂化。例如，一些市场的清算交割是在成交几天后进行的。这种冗长的交割期使准确评估交易对手风险成为必要，即在交割期内应该钱货两清，但交易对手却没有交货或付钱的风险。单个证券特有的某些波动性无法由其他因素解释，而应该纳入总体风险评估和管理。在一些国家，金融工具市场缺乏流动性，从而导致潜在的、更大的市场价格波动，并因而造成更大的风险敞口。衍生工具的广泛发展使银行可以用比过去更复杂的方法对冲其敞口头寸；但是，由于市场流动性是使用这些工具的关键前提，人们开始越来越多地关注在欠发达市场进行的对冲的价值和有效性。

## ◉ 10.2 衡量利率敏感性

多变的利率环境、管制放松和日益丰富的表内外产品使利率风险管理所面临的挑战日渐增加。同时，对利率衍生品（例如金融期货和利率掉期）的理性应用可以帮助银行管理并减少其业务固有的利率敞口。因此，银行业的规则制定者和监管者非常强调银行利率风险管理的评估，尤其是实施巴塞尔委员会推荐的基于市场风险的资本要求以来。

### 利率风险来源

当利率变化时，利息收入的敏感性来源于四种利率风险，即重新定价风险、收益率曲线风险、基准风险和期权性风险。

**重新定价风险**。利率变化使银行的收入和金融工具价值面临波动的风险。最普通的利率风险来自银行资产、负债和表外头寸的固定利率期限长短的差别和浮动利率的重新定价。用于衡量重新定价风险的基本工具是久期，该指标假设收益率曲线发生平行移动。

**收益率曲线风险**。重新定价错配也使银行面临产生于收益率曲线斜率和形状变化（非平行移动）的风险。当收益率曲线的移动对银行收入或资产的经济价值产生不利影响时，收益率曲线风险便出现了。例如，银行头寸可能对收益率曲线的平行移动进行了对冲；举例来说，可以用同一发行者发行的 5 年期债券的空头头寸对冲 10 年期债券的多头头寸。如果收益率曲线向上移动，长期工具的价值仍然可能急剧下降，从而造成银行损失。如图 10.1 所示，收益率曲线并不必然平行移动。在这些情况下，关键利率久期被用于衡量这种移动对价格的影响。

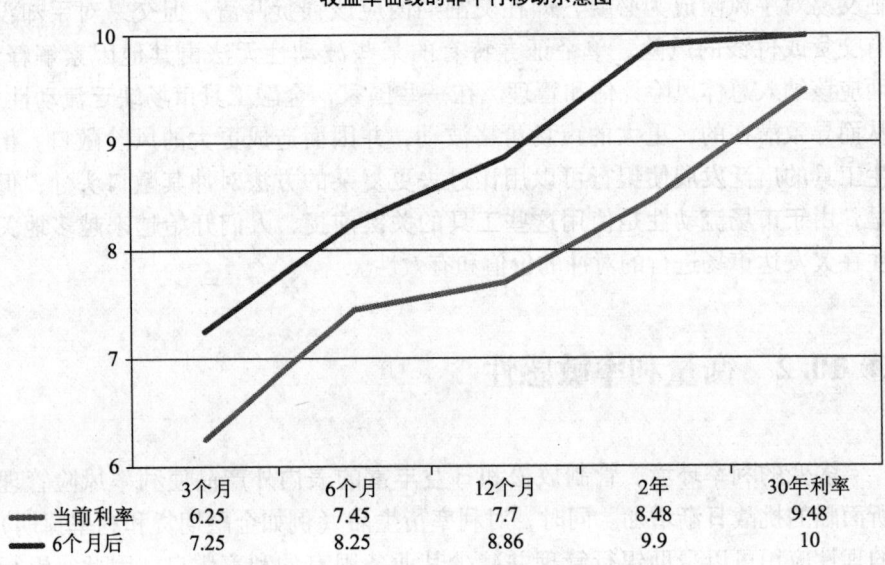

**图10.1　收益率曲线的非平行移动示意图**

**基准风险**，也被称为利差风险。当资产和负债通过不同的收益率曲线定价，同时这些曲线之间的利差出现变化时，就产生基准风险。当这些收益率曲线利差改变时，收入和市场价值可能受到负面影响。按月重新定价的资产——基于某指数利率（如美国财政部国库券利率）或对客户贷款的优惠利率——的资金来源可能是按月重新定价的负债，但资产与负债是基于不同的指数利率（如伦敦银行同业拆借利率或掉期）时，这种情况就可能发生。基准风险因而产生于两种指数利率之间的利差的非预期变化。

**期权性风险**。一种越来越重要的利率风险来自嵌入在许多银行资产和负债（例如在抵押担保证券中）的期权。期权可以是独立的衍生工具，例如交易所交易期权；也可以嵌入在其他标准金融工具中。后者包括带有买入期权或卖出期权条款的各种类型债券或票据、给予存款人取款权利的未到期存款工具,或者是借款人可以提前还款而不必支付违约金的贷款。这些期权导致价格波动风险和提前偿还风险增加。

## 久期

久期是度量价格对利率变化敏感性的指标。具体而言,以年数表示的久期给出了在具体的利率变化下,固定收益证券价格的百分比变化。有三种久期度量方法:麦考利久期、修正久期和有效久期。久期已成为对固定收益投资组合和交易头寸利率风险度量的最常见工具。最初,久期只是用于度量这些投资组合的利率风险,因为这些组合是盯市的,同时市场价值的变化将影响损益。但是,除公司的当前收益之外,公司财务专家还越来越多地关注公司的经济价值。由于关注焦点的这种变化,人们引入修正久期来度量资本的经济价值对利率变化的敏感性。

久期基于收到未来现金流的时间。当利率提高时,一组固定的未来现金流的净现值将下降。对可交易的证券而言,这将意味着价格下降。相反,当利率降低时,一系列未来现金流的净现值或者说是价格将提高(见图 10.2)。

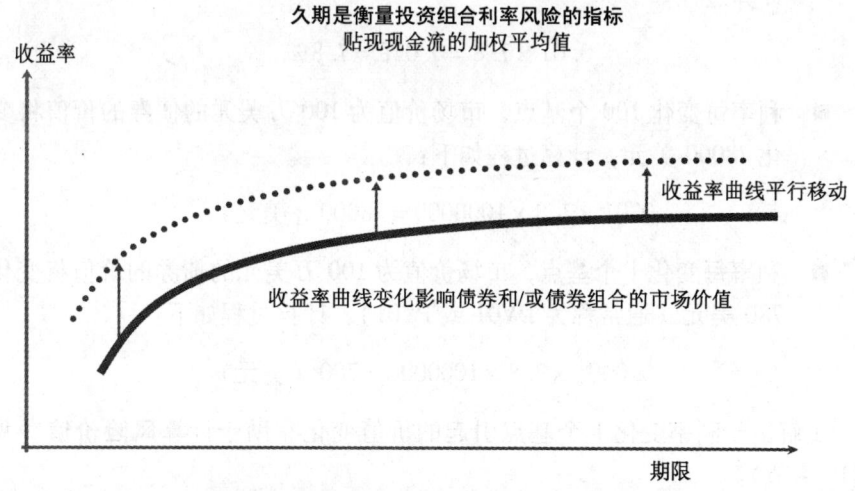

**图 10.2　久期是衡量投资组合利率风险的指标**

解释收益率曲线平行移动对市场价格的影响

久期的影响可以通过非常简单的例子来说明:使用名义价值为 100 万美元的 10 年期债券的有效久期,该债券息票利率为 5%。如果在该债券发行日的市场利率也是5%，则债券支付的息票利率正是要求的市场收益率，而债券价值必然是100万美元的100%——或者简称为100。

假设市场利率降低到4%。由于债券支付高于市场要求的息票利率，所以债券价值将增加。新的市场价值是108.18。类似地，如果市场利率增加到6%，由于债券支付的息票利率低于市场要求，所以债券价值将减少。新的市场价值将是92.56。

有效久期公式使用这些观察值计算出的用年表示的利率敏感性如下：

$$108.18 - 92.56/2 \times 100 \times 1\% = 15.62/200 \times 0.01 = 7.8$$

用市场利率下降时的债券的新价格减去市场利率上升时的债券价格，除以利率变化前债券的市场价值和利率变化幅度的2倍，便得到有效久期。

上述债券的有效久期是7.8年，以此为基础计算得到如下结果：

- 利率每变化1%（或者100个基点（bp）），债券价值将变化7.8%，计算过程如下：

$$0.01 \times 7.8 = 0.078 = 7.8\%$$

- 利率每变化100个基点，市场价值为100万美元的债券的价值将变化78000美元，计算过程如下：

$$0.01 \times 7.8 \times 1000000 = 78000 （美元）$$

- 利率每变化1个基点，市场价值为100万美元的债券的价值将变化780美元（通常称为DV01或PV01），计算过程如下：

$$0.0001 \times 7.8 \times 1000000 = 780 （美元）$$

了解由于利率变化1个基点引起的价值变化有助于计算**风险价值**（见第10.4节）。

久期是可加总的。债券组合中每种债券的久期（称为关键利率久期）可以单独计算并加总，以确定投资组合的久期。关键利率久期是对久期的提炼。它包含了这一事实，即单个债券的定价可以通过收益率曲线的不同部分确定，同时收益率曲线的每个部分对外部价格冲击的反应不同（如图10.1描述的非平行方式）。

## ● 10.3 投资组合风险管理

从本质上看，市场风险要求管理层对其给予持续关注和充足的分析。审慎的管理人员应该准确了解银行的市场风险敞口是怎样与其资本相关联的。市场风险管理策略应该具体描述银行为保护资本免受不利的市场价格变化的负面影响而建立的具体目标以及相关策略指引。通常，相关的策略指引应该符合所适用的法律和审慎性框架提供的限制。虽然与市场风险管理相关的策略可能因银行而异，但某些类型的策略常常存在于所有银行中。

盯市策略应该处理的其他事情是定价责任和银行用于确定资产新的（市场）价格的方法。风险管理策略应该规定，价格的确定和盯市制度的执行由独立于相关交易员、交易商的人员来完成，同时这些人员应不受其上级经理的控制。一些司法管辖区已制定了审慎的规章制度，这些规章制度详细描述了对银行资产盯市的过程，有时规定得很详细。在实践中，如果没有考虑独立的第三方报价，头寸定价的有效性将降低。银行应该定期获取可从外部资源得到的、关于其投资组合持有的资产的最新价格和绩效信息。

### 头寸限额

市场风险管理策略应该提供关于头寸（市场中或产品中的多头头寸、空头头寸或净头寸）的限额和对头寸的监测，并记住流动性风险，这些流动性风险可能产生于执行诸如购买和出售证券（例如，期权合约或回购协议）的开放式合约或承诺这样的未实现交易。这些头寸限额应该与可用于覆盖市场风险的资本相关。银行，尤其是拥有大规模、稳定的流动性投资和交易组合的银行，也应对单个交易商、交易员承担的风险水平设定限额。这些限额与几个因素相关，包括投资和交易职能的具体组织以及单个交易员、交易商的技术水平。对交易商和交易员提供的分析支持的复杂程度和质量也可能起作用，银行稳定的流动性投资或交易组合的具体特点以及银行资本的水平和质量也会产生一定的影响。这种策略应该指定头寸估值和头寸限额控制的方式和频率。

### 止损条款

市场风险管理策略还应包括与预先设定的损失敞口限额（风险预算）

相关的止损卖出或会商方面的要求。止损敞口限额应该在考虑银行资本结构和收益趋势以及其总体风险特征后确定。当银行头寸的损失达到不可接受的程度时，这些头寸应该被自动平仓或者召开会议以确立或再次确认止损战略，参加该会议的人员包括风险管理人员或资产负债委员会。

### 对进入新市场的限制

因为利润是创新的关键激励因素，所以金融创新涉及比标准金融工具高得多的利润。在高度竞争的市场环境中，创新也迫使竞争者从事新业务以赚取利润或保住其占有的市场。但是，创新涉及承担特别的风险，即要求银行愿意对新金融工具投资或交易新金融工具，即使这些工具的回报和方差可能还未在市场环境中得到检验，或者适用于这种金融工具的市场甚至可能还不存在。

审慎的银行应该具备禁止其参与新市场和新金融工具交易的风险管理策略。应该经常审查、监测和调整与参与新市场相关的限制措施。因为新市场上最初的高额利差吸引了竞争者，市场可能快速发展。对新金融工具越来越多的使用也有助于增加相关二级市场的广度和深度，并增加其流动性。一旦市场建立起来并具备充足的流动性，银行就应该将限制措施再次调整到适用于成熟市场的水平上。

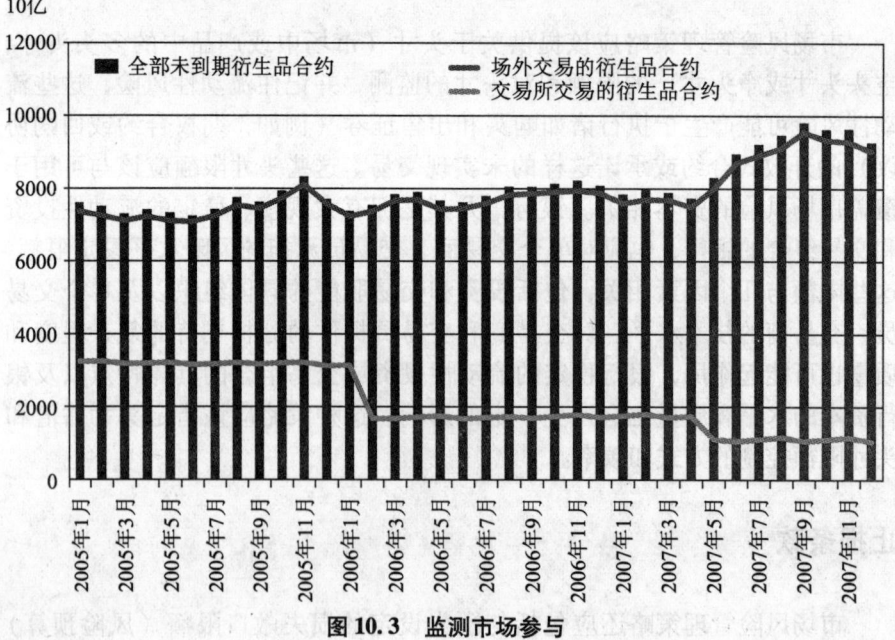

图 10.3　监测市场参与

### 信息技术

近年来，复杂的计算机技术的普及有助于开发出许多新型金融工具。技术改进了信息质量和获取信息的途径，而这又提高了相关二级市场的效率和流动性。及时、准确的信息以及内部一致的建模和分析工具提供了执行交易和进行决策所必需的技术支持。此外，精密的计算机程序实现了交易的同时处理和风险评估，从而为银行管理层和职员提供了实时理解风险的准确性质和敞口头寸的价值所需的信息。

技术能力使银行能参加交易，即获取金融工具头寸，包括衍生品和表外工具头寸。银行获取头寸是为了从实际或预期买卖差价中，或者从其他价格或利率变动中获取短期利益。银行的交易账户还可能包括来自经纪或做市业务的头寸，以及为对冲某些交易活动固有的风险敞口而持有的某些金融工具。

### 组织

大多数银行的交易业务是在与标准银行业务分离的组织部门（资金管理部门）中进行的。大多数银行也有一部分专门分配于覆盖与交易相关的风险的资本，这些风险部分由三级资本覆盖（见第6章）。银行交易业务的管理过程与投资管理存在相似之处。该过程包括关于交易账户总容量的决策、投资组合选择和证券选择，即具体类型的金融工具及其构成银行交易账户的份额。

根据定义，交易账户中头寸是为短期内转售而持有的，而交易通常由市场价格变化触发。负责的高级管理层提出并支持的触发条件是以买卖价差表示的。因此，交易组合的结构在整个交易日都是不断变化的。

## ● 10.4 市场风险度量：作为可能工具的风险价值（VAR）

由于银行越来越多地参与投资和交易活动，同时市场环境的波动程度很大，所以对市场风险的及时准确度量成为必要，包括对银行流动性组合和交易组合的敞口以及表内外头寸的度量。

交易活动要求高度熟练的分析支持。交易商必须使用某种形式的技术分析来度量市场变化和市场机会。对各类证券和市场行为的基本分析对于交易商预测价格变动和相应定位投资组合而言也是必要的。事后分析对理解市场变化如何影响损益也很重要。

由于银行交易账户快速变化的性质以及风险管理的复杂性，从事交易的银行必须具备市场风险度量和管理体系，该体系在概念上应是稳健的并且能得到完整实施。这一要求强调了这样的事实，即风险管理结构和相关战略应该嵌入银行的文化，而不是仅仅依赖于一两个人。巴塞尔银行监管委员会关于市场风险的资本充足率标准确定了一套定性标准，银行必须符合这些标准才能对市场风险资本要求应用最小乘法系数。这些标准包括以下内容：

- 负责设计和实施银行市场风险管理体系的独立风险控制部门。该部门应该独立于业务交易部门，并且应该直接向银行高级管理层报告。它应该生成关于银行风险度量模型输出结果并对该结果进行分析的日报，该日报还应对风险敞口度量和交易限额之间的关系进行分析。

- 董事会和高级管理层积极参与风险控制过程，并将风险控制看作是业务的一个重要的方面。独立风险控制部门准备的日报应由管理层进行审查，该管理层拥有实施减少单个交易商取得的头寸以及减少银行总风险敞口的充分的资格和权力。

- 紧密整合到银行日常风险管理流程中，并与交易和敞口限额结合起来得到积极使用的市场风险度量体系。风险度量体系应该接受定期回溯检验，即把银行内部模型产生的风险度量结果与投资组合价值的每日变化以及与基于静态头寸的假设变化进行事后比较。最终的检验结果反映了与预算利润相比的实际盈利和损失。

- 用于补充风险度量模型提供的风险分析的常规且严格的压力测试计划。压力测试结果应由高级管理层审查，并且应该反映在关于市场风险敞口的策略和限额中，尤其是当压力测试暴露出在给定的一组环境下表现出的特别的脆弱性时。

- 用以确保遵守一套关于交易活动和风险度量体系运作的书面的银行策略、控制和程序的流程。

系统地评估和度量风险，并有效管理净敞口头寸的能力是非常关键的。相关的方法包含从计算净敞口头寸（或市场因素敏感性）到风险价值，以及其他更复杂的风险估计方法。表10.1提供了一个简化但实用的方法来归集资产（如资产负债表反映的那样）以获取净敞口头寸的例子。一旦把远期和没有结算的交易考虑在内，一个预测的头寸账面价值就确定了，然后该账面价值转换为市场价值，并以一种代表现金市场等价头寸的公分母的形式公布。这种方法属于静态的市场风险度量工具类型，称为标准的或基于表格的工具。基于净敞口头寸，人们可以通过用价格波动乘以净敞口头寸（市场风险因素敏感性）来估计潜在收益或风险资本。这种估计提供了一个简单、单因素的风险价值；但它没有考虑头寸间的相关性。图 10.4 描述了这一概念。

表 10.1　　　　　　　　　净敞口头寸的简化计算

| 头寸 | 商品 | 固定收益证券 | 股权 | 外汇 |
| --- | --- | --- | --- | --- |
| 每张资产负债表中资产的净账面价值 | | | | |
| 远期交易和未交割的交易 | | | | |
| 以账面价值计算的头寸 | | | | |
| 在用衍生品交易之前，以市场价值计算的头寸 | | | | |
| 衍生品头寸（期权中的 δ 等价头寸） | | | | |
| 用衍生品交易后的净有效敞口头寸 | | | | |
| 市场价格的可能移动（价格波动） | | | | |
| 对收益和资本的影响 | | | | |

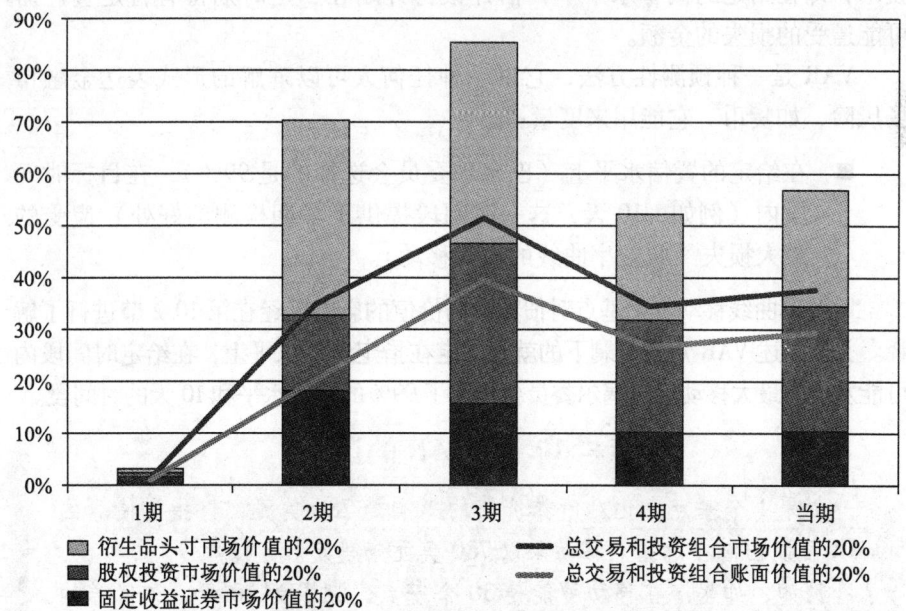

图 10.4　暴露的合格资本的潜在数量

市场风险评估的这种简化方法将银行参与的每个市场看作单独的实体,同时没有考虑各种市场之间可能存在的关系。因此,每种风险都是在单独度量的。更为综合的方法从整体角度对风险评估进行假设,该方法考虑了市场之间的关系以及一个市场的变化可能影响其他几个市场这一事实。例如,汇率波动也可能影响特定币种债券的价格。对这一概念性问题的潜在解决方案是使用诸如风险价值这样的统计技术。

风险是基于概率事件的,并且很明显没有单一度量工具能捕捉市场风险的多面性。即使是市场风险管理的最简单方面在实际情况下也可能出现问题——当银行没有足够的风险管理体系时更是如此。作为最低要求,盯市是应用于保护银行资本的基本措施。稳定的流动性投资组合和交易账户都应该进行每日盯市,以确保头寸的真实价值得到维护。对银行管理人员、分析人员和监管者而言,这样一个数字指出了稳定的流动性投资和交易组合的实际价值,并指出了保护资本应该采取的步骤。

## 风险价值

风险价值(VAR)是一种通常用于度量银行总体市场风险敞口的建模技术,即在给定的概率水平下,估计银行计划在一定时期持有特定资产时可能遭受的损失的金额。

VAR 是一种预测性方法,它以一种任何人可以理解的形式表达金融市场风险,如货币。它能用来度量:

- 在给定的置信水平上(巴塞尔委员会选择的是 99%),在目标时间段内(例如,10 天,这一时间段提供了早期检测的好处)遭受的最大损失(收益率曲线的最大移动)。

收益率曲线移动 1 个基点对债券市场价值的影响已经在第 10.2 节进行了解释。关于上述 VAR 定义,剩下的就是确定在指定置信水平上,在给定时间段内可能发生的最大移动。巴塞尔委员会指定了 99% 的置信水平和 10 天的时间段。

### 专栏10.1　VAR 的计算

如果 1 个基点变化对债券价值的影响是 780 美元,该指定债券的 VAR 可以由潜在总基点移动乘以 780 美元来确定。

例如,如果潜在移动可能是 30 个基点,期限为 10 天,该债券的 VAR 为 30 乘以 780 美元,即 23400 美元。

VAR模型的输入变量包括银行头寸和价格的数据、波动和风险因素。数据的综合程度应该足够高,以捕捉银行表内外头寸中固有的全部风险。模型覆盖的风险应该包括银行投资组合固有的全部利率、汇率、股权和商品以及期权头寸。

基于VAR的模型将可能由基础风险因素的特定运动造成的每种头寸价值的潜在改变与这些运动可能发生的概率结合起来。价值的变化在交易账户部分的层面聚合,并跨越了所有的交易活动和市场。VAR可以使用多种方法中的一种来计算:

- **历史模拟法**以风险因素的历史变动来计算当前投资组合价值的假设变化(在99%的置信水平上,人们可以获取100个每日观察值中的最小值,并将该数值应用于当前投资组合,以确定下一天的最大损失)。
- **δ—正态法或方差/协方差法**是投资组合经理使用最普遍的方法。这种方法假设资产回报率服从正态分布,同时这些回报率是独立的(即不受前一天回报率的影响)。为计算当前投资组合价值的潜在变化,人们计算资产回报率的平均值和标准差,以在协方差矩阵(该矩阵代表了风险因素的波动和每种资产之间的相关性)中获取单独头寸风险因素敏感性的组合。
- **蒙特卡洛模拟法**使用大样本的价格情景随机组合构建当前投资组合的分布,该分布的概率通常是基于历史经验。这种方法比其他两种方法更灵活,并且不需要依赖回报服从正态分布的假设,但情景的数量随着投资组合及其风险因素的复杂程度的增加而迅速增多。

度量参数包括持有期、观察风险因素价格的历史时间范围,以及符合审慎判断保护程度(即识别出最大可接受损失)要求的置信区间。观察期由银行选择,以捕捉到与银行风险管理战略相关的市场条件。

对资本要求或盯市敞口的评审取决于有意义地表达银行市场风险敞口的信息的可获得程度。向高级管理层、董事会和诸如银行监管者这样的第三方提供的信息应该包括在特定控制时点的整体和分解后的敞口,以及关于风险和回报的绩效信息,包括比较风险和绩效的估计值与实际值。分解可以是按标准风险类别或资产类别(例如,股权、固定收益、外汇、商品)或者按更准确地描述银行风险特征的一些其他标准(例如,按业务部门或风险类型)。根据巴塞尔银行监管委员会的要求,对每个投资组合的信息披露应该包括:

- VAR 的计算（按风险类别和资产种类分别计算以及整体计算）的估算持有时期为一天和两周，并在报告期间和期末按高、中、低三种结果报告；
- 关于总体风险和回报的信息，包括比较风险估计值和实际值，例如描述每日利润/损失（P/L）比值除以每日 VAR 值结果的直方图，或表示每日 P/L 和每日 VAR 值之间关系的一些其他方式；
- 协助比较 P/L 和 VAR 的定性讨论，包括关于 P/L 的基础和 VAR 估计值基础之间差别的描述；
- 对整个公司市场风险敞口的定量度量，并按风险类型（在银行看来，这些类型最好地表达了风险敞口）分别度量，在报告期间和期末按高、中、低三种结果报告。

大多数作为市场主要参与者并且市场风险敞口高的大银行已开发了用于风险评估和度量的高级风险指数和工具，这些指数和工具可以在不同市场上应用。虽然具体的安排可能不同，但这些内部风险度量模型通常符合共同的概念框架。这些模型通常度量银行总体市场风险敞口，并在给定概率水平上估计银行在一定时期持有特定资产可能遭受的损失的金额。因为这些基于 VAR 的模型涵盖了大量的市场风险，所以银行能对其投资组合结构进行微调，并利用投资组合多样化的一系列选项来减少其面临的风险和相关的资本要求。

正如前面所述，巴塞尔委员会为在资本充足性方面使用内部模型建立了某些定量标准。定量标准包括 99% 的单侧置信区间；10 个交易日的持有期；至少一年的历史观察期（但如果最近的价格波动程度高，更短的观察期可以产生比覆盖时间更长但总体波动性更低的时期更高的波动程度数值）。应该在涵盖各种风险因素类别的简单加总的基础上获得整体 VAR，并考虑到每个类别中的交叉相关。

巴塞尔委员会的市场风险资本标准（见第 6 章）要求每天计算 VAR，并且市场风险相关资本要求依据的是每天的数据。对资本的要求是前一天的 VAR 和最近 60 个工作日每天的 VAR 的平均数两者中的较大者。这一数值乘以额外的因子 $k$（$k$ 的最小值为 3.0）；$k$ 值由国家监管当局指定，并与银行风险管理体系质量有关。

监管者将使用 0 和 1 之间的一个因子来增大 $k$，其依据是内部模型的回溯检验显示的预测 VAR 被超过的次数。因为该"增加"因子与内部模型的事后表现有关，预计这种方法将对维持高质量模型产生正面激励。

但是，VAR 是基于历史经验并可能在未来重复这一假设的。正是这个原因使 VAR 存在局限，第 10.6 节（压力测试和情景分析）对此进行了进一步讨论。因此，VAR 应作为一套集成工具中的一种工具来使用，而不是度量投资组合风险敞口的唯一工具。

## 10.5 风险和绩效评估

管理层报告（如表 10.2—表 10.5 所示）应该包括对市场战略、市场变化和绩效结果的描述性分析。风险报告应该包括对投资组合风险特点的分析，例如：

- 修正久期；
- 1 个基点的变化对货币价值的影响——PV01；
- 关键利率久期。

风险报告还应该覆盖强调投资组合总回报的回报特点，不仅包括已实现的利润和息票利息收入，还包括未实现的盯市利得和损失。

### 绩效报告

承担风险的责任通常是通过有效的管理报告体系来展示，该体系可以评估投资组合绩效，并使管理层可以确定与基准相关的投资决策的增加值。绩效报告应该包括：

- 积极管理相对被动式管理的总增加值；
- 每种战略和每个管理人员的增加值；
- 追踪相对于投资目标所取得的进步。

除了上面讨论的增加值目标外，由于绩效评估职员和交易职员之间的讨论必然引发对错误的检查和组织中纪律的形成，所以绩效评估为投资组合管理提供了非常有效的风险控制工具。

绩效报告应该集中关注以下关键统计数据（见表 10.2）：

- 与基准相比，投资组合的构成如何；
- 到目前为止，投资组合与基准的绩效；
- 由跟踪误差或 VAR 度量的投资组合中现存的风险。

表 10.2　　　报告绩效和市场风险：投资组合与基准比较

| 绩效或风险评估 | 投资组合 | 基准 | 超额收益/偏差 |
|---|---|---|---|
| 事前：风险报告 | | | 基点（基点数或美元值） |
| 投资组合久期（月）——利率 | | | |
| 投资组合久期（月）——信用利差 | | | |
| 跟踪误差（基点）——信用利差 | | | |
| 风险价值（在90%、95%和99%的置信水平下）——时期范围为1天、1周、1个月、6个月 | | | |
| 事后：绩效报告 | | | |
| 回报——当月（以百分比表示） | | | |
| 回报——年初至今（以百分比表示） | | | |
| 回报——开始至今（以百分比表示） | | | |
| 持有期（年） | | | |
| 跟踪误差（基点）——利率（跟踪误差等于超额回报的标准差） | | | |
| 信息比率（超额回报除以跟踪误差） | | | |

在评估（计算）绩效时，风险分析职员必须记住以下内容：

- 必须对投资组合和基准中都持有的证券使用相同的市场价格。
- 绩效收入必须与会计信息协调。
- 总回报的概念意味着损益表（盈利和亏损）考虑了未实现的价格利得和损失，以及已实现的息票利息收入和其他收入。

风险分析职员还必须考虑以下内容：

- 投资组合经理无法控制的流入和流出投资组合的现金流；
- 各种回报率公式；
- 时间加权方法；
- 内部收益率；
- 将多个时间段的回报联系起来；
- 将回报进行年化。

绩效归因——分析绩效构成——也极为有用，因为用它可以对具体冒险活动的结果进行事后批评。这可以帮助金融机构提炼其投资流程，以集中关注具有经实践证明的跟踪记录的活动，并规避其不能获得超额回报的活动。

## 使用关键利率久期度量利率风险

对固定收益（债券）投资组合，度量利率敏感性是一项关键活动。在表 10.3 中，收益率曲线平行移动 1 个基点（PV01 或 DV01，见第 10.2 节对久期的讨论）被用于确定以下结果：

- 投资组合久期（利率敏感性）是 1.73 年，而基准投资组合的久期是 1.64 年，因此对利率变动没有那么敏感。
- 基准投资组合暴露于最长为三年的利率风险。
- 投资组合经理从事主动管理而不是简单地跟随基准组合，因为存在长达四、五年的关键利率敞口和收益率曲线头寸。
- 投资组合对利率的最大绝对敏感程度位于两年关键利率，如果利率降低 1 个基点，其价值将增加 36979 美元。
- 投资组合对基准组合的最大相对敞口存在于收益率曲线的 2.5 年部分，如果利率降低 1 个基点，它的损失比基准组合多 8062 美元。
- 银行的投资组合更多地暴露于跨各种期限、1 个基点的利率变动，并在这种不大可能的情况中盈利 5641 美元。

表 10.3　　　　投资组合相对于基准的利率敏感性

| 关键利率 | 投资组合 | 基准 | PV01 |
| --- | --- | --- | --- |
| O/N | −29 | 0 | −30 |
| 1 周 | −29 | 2 | −31 |
| 1 个月 | −753 | 41 | −795 |
| 3 个月 | −4322 | 158 | −4479 |
| 6 个月 | 5190 | 329 | 4861 |
| 9 个月 | −2535 | 669 | −3204 |
| 1 年 | 21587 | 16524 | 5063 |
| 1.5 年 | 31990 | 35565 | −3574 |
| 2 年 | 36979 | 29148 | 7831 |
| 2.5 年 | 12367 | 20430 | 8062 |
| 3 年 | 13618 | 10942 | 2676 |
| 4 年 | 3822 | 0 | 3822 |
| 5 年 | 1567 | 0 | 1567 |

续表

| 关键利率 | 投资组合 | 基准 | PV01 |
|---|---|---|---|
| 6年 | 0 | 0 | 0 |
| 7年 | 0 | 0 | 0 |
| 8年 | 0 | 0 | 0 |
| 9年 | 0 | 0 | 0 |
| 10年 | 0 | 0 | 0 |
| 15年 | 0 | 0 | 0 |
| 20年 | 0 | 0 | 0 |
| 30年 | 0 | 0 | 0 |
| 合计 | 119443 | 113803 | 5641 |
| 久期（年） | 1.73 | 1.64 | 0.08 |
| 久期（月） | 20.70 | 19.72 | 0.98 |

## 使用关键利率度量信用利差风险

我们可以通过分析关键利率对信用利差扩大的敏感性，来更多地了解这两种投资组合（银行组合与基准组合）。在表10.4中，信用利差（掉期利率与国债利率之差）扩大1个基点（CR01）得到以下事实：

表10.4　　投资组合与基准组合对信用利差扩大的敏感性

| DV01 | 投资组合 | 基准 | CR01 |
|---|---|---|---|
| O/N | −29 | 0 | −29 |
| 1周 | −29 | 0 | −29 |
| 1个月 | −774 | 0 | −774 |
| 3个月 | −4395 | 0 | −4395 |
| 6个月 | 5051 | 0 | 5051 |
| 9个月 | −3785 | 0 | −3785 |
| 1年 | 15012 | 0 | 15012 |
| 1.5年 | 13134 | 0 | 13134 |
| 2年 | 26641 | 0 | 26641 |
| 2.5年 | 11787 | 0 | 11787 |
| 3年 | 2274 | 0 | 2274 |

续表

| DV01 | 投资组合 | 基准 | CR01 |
|---|---|---|---|
| 4 年 | 458 | 0 | 458 |
| 5 年 | 0 | 0 | 0 |
| 6 年 | 0 | 0 | 0 |
| 7 年 | 0 | 0 | 0 |
| 8 年 | 0 | 0 | 0 |
| 9 年 | 0 | 0 | 0 |
| 10 年 | 0 | 0 | 0 |
| 15 年 | 0 | 0 | 0 |
| 20 年 | 0 | 0 | 0 |
| 30 年 | 0 | 0 | 0 |
| 合计 | 65336 | 0 | 65336 |
| 久期（年） | 1 | 0 | 1 |
| 久期（月） | 11 | 0 | 11 |

- 基准组合必须是政府债券组合，因为它显然没有任何信用风险，即无风险投资组合。投资组合的信用利差敏感性是 1 年（11 个月），而基准组合的信用利差久期必须是零。
- 投资组合对信用利差的最大绝对敏感性位于两年关键利率，而如果信用利差收窄（降低）1 个基点，其价值将增加 26641 美元。
- 投资组合相对基准组合的最大相对敞口，也肯定位于收益率曲线的两年部分，如果信用利差收窄 1 个基点，它同样要比基准组合的价值多 26641 美元。
- 银行投资组合对信用利差收窄的敞口可以使组合价值增加 65336 美元。

在利率和信用利差都刚好降低 1 个基点这种假设情况下——收益率曲线所有部分都是如此——银行投资组合可以比基准组合多赚 70977 美元（5641 美元 + 65336 美元）。

## ◉ 10.6 压力测试与情景分析

巴塞尔委员会的推荐方案也包括要求银行建立并定期使用"常规并且

严格"的压力测试计划，来识别可能对银行资本头寸产生负面作用的事件和影响。

压力测试正在迅速成为风险度量和分析的规范。作为2007—2008年金融部门危机后果的一部分，一些批评者正质疑诸如VAR这样的工具的价值。问题并不在VAR本身。它仍然是有用的指标，但只是统计工具；它使用历史信息和最多99%的置信水平，从而使银行仍然面临一些潜在的风险敞口。

解决措施是在使用度量工具时加上常识。风险管理人员应该知道其投资组合的特点，并应该通过运用情景分析来提出"如果发生这种情况，结果会怎样"的问题，而这似乎是许多案例中严重缺乏的。

压力测试的目的是识别可能造成损失（即对银行资本头寸造成负面影响）的事件或影响。压力测试在性质上应该包括定性和定量两方面。定量标准应该识别可能在银行的具体市场环境中发生的压力情景。定性标准应该集中关注压力测试的两个关键方面：评估银行吸收潜在大规模损失的能力，以及识别银行可以用来减少风险并保留资本的措施。

建立一个对所有银行都产生一致影响的标准压力测试情景实际上是不可能的。因此，压力测试方法通常有一些必要步骤，包括以下方面（见表10.5）：

**表10.5　　历史上重大市场危机下当前投资组合价格的变动**

| 市场危机 \ 在一定时期后，投资组合的损失： | 1天 | 1周 | 1个月 | 3个月 | 6个月 |
|---|---|---|---|---|---|
| 1. 泰铢贬值 | -33792 | -130300 | -133572 | -816255 | -1280952 |
|  | -0.49 | -1.88 | -1.93 | -11.79 | -18.50 |
| 2. 卢布贬值 | -28829 | -184603 | -9795 | -661150 | -1365128 |
|  | -0.42 | -2.67 | -0.14 | -9.55 | -19.72 |
| 3. 欧元疲软 | 10161 | -198632 | -468165 | -1190649 | -1844777 |
| 4. 网络泡沫破灭 | -23802 | -102202 | -329826 | -1309357 | -1300675 |
|  | -0.34 | -1.48 | -4.76 | -18.91 | -18.79 |
| 5. 美国经济衰退 | -84290 | -112331 | -272146 | -559127 | -59209 |
|  | -1.22 | -1.62 | -3.93 | -8.08 | -0.86 |
| 6. 9·11恐怖袭击 | 15112 | 286579 | 477924 | 135269 | 193305x |
|  | 0.22 | 4.14 | 6.90 | 1.95 | 2.79 |
| 7. 大公司破产 | 33687 | -31941 | 15066 | -734156 | -466133 |
|  | 0.49 | -0.46 | 0.22 | -10.60 | -6.73 |

- 审查关于具体时间段内经历的最大实际损失的信息，并与银行内部风险度量体系估计的损失水平比较。该审查提供了关于给定 VAR 估计值覆盖的最大损失的程度的信息。
- 模拟极端压力情景，包括检验当前投资组合在过去重大扰动时期的表现。这种测试应该包括重大的价格变化以及通常与这些事件关联的流动性剧减。
- 评估银行的市场风险敞口对波动和相关性方面的假设的变化的敏感程度。换句话说，银行目前的头寸应该与波动和相关性的历史变动范围内的极端值进行比较。
- 执行针对具体银行的测试情景，这些情景涉及银行的交易组合在最不利的条件下的具体特点。

压力测试的复杂性通常反映了银行市场风险敞口和各种市场环境的复杂性。高级管理层应该定期审查压力测试的结果，而董事会应该在必要时推动改变具体的风险管理策略和敞口限额。如果压力测试揭示了特殊的脆弱性，银行就应该立即解决造成这种脆弱性的环境和风险。压力测试情景和测试结果通常受到监管机构的注意。

从压力测试获得的估计结果还可用于投资组合评估，并作为管理工具。例如，可以将估计值与被检查的时间段中实际赚取的利润或遭受的损失进行比较。将对利润的潜在影响与报告的利润和损失比较，是评估银行市场风险管理的附加工具。

# 第11章
# 外汇风险管理

**本章要点**

- 外汇风险由汇率变化造成,源于以不同货币计价的资产与负债的价值之间存在错配。
- 通常来说,伴随着外汇风险的其他风险还包括交易对手违约风险、结算风险、流动性风险,以及与外汇相关的利率风险。
- 在评估外汇风险时,必须区分由政治决策产生的风险、传统银行业务产生的风险以及交易业务产生的风险。
- 我们通过设置头寸限制来管理外汇风险。
- 关键的外汇风险管理限制是实际净敞口头寸。所有外汇的实际净敞口头寸以绝对值相加,以合格资本的百分比表示,且不得超过预定值。
- 外汇风险管理构成资产负债管理流程的一部分。

## 11.1 引言:外汇风险的起源与组成

外汇风险是银行持有的本币与外币之间的汇率变化的结果。它的起源是资产和负债的价值由不同货币计价时出现的错配。若银行有以独立外币计价的表内或者表外敞口头寸,不论是即期还是远期,则这一错配可能导致银行因为不利的汇率变化而蒙受损失。近年来,在世界范围内,实际上已经形成了汇率自由浮动的市场环境。这为投机交易打开机会之门，同时也增加了外汇风险。外汇管制的放宽和跨境资本流动的自由化已经推动了国际金融市场的迅猛增长。全球外汇交易的成交量与增长已远远超过了国际资本流动的增长，并导致了更大的汇率波动，同时也因此造成了更大的外汇风险。

外汇风险源于资产价值与以外币计价的资本及负债的价值之间的错配（反之亦然），或源于以本币计价的对外应收与应付款项之间的错配。此类错配也可能存在于本金和应付利息之间。外汇风险是投机性的，因此既可以产生收益，也可以造成损失，而这就取决于汇率变化的方向以及银行对该外币的持有是净多头还是净空头。例如，若该外币为净多头头寸，则本币贬值时，银行获得净收益；而增值则会对银行造成损失。若为净空头头寸，则汇率变动将产生相反的效果。

从原则上而言，造成外汇风险的本币价值波动源于国外与国内利率的变动，而这又是由不同国家之间通货膨胀程度的差异造成的。此类波动通常由宏观经济因素推动，其影响往往需要在一段相对较长的时期内才能显现出来，虽然外汇市场情绪往往可以加速对这一趋势的认同。其他影响本币价值的宏观经济因素还包括一国的贸易和资本流动的数量和方向。短期因素，如预期的或意外的政治事件、市场参与者预期的改变，或基于投机的外汇交易，都可能导致货币价值发生变化。所有这些因素都会影响到一种货币的供求关系，从而影响到货币市场上的日常汇率变动。具体而言，外汇风险包括以下内容：

- **交易风险**，或者说汇率变动对于国外应收与应付账款所产生的价格影响，也就是收取或支付款项时的价格与相应款项在银行或公司实体的财务报表中以本币确认的价格之间的差异。
- **经济或商业风险**，与汇率变动对国家或公司的长期竞争地位的影响相关。例如，本币贬值可能会导致进口减少和出口增加。
- **重新估价风险或折算风险**。若银行以本币对其外币头寸进行重新估价，或者母公司编制财务报告或定期合并财务报表，则可能出现此类风险。

从事外汇业务的银行通常会涉及导致与外币业务的国际因素相关的其他风险。其中一种属于信用风险，它涉及交易对手在外汇合约中的违约。在这种情况下，即便是收支平衡的银行也会发现，自己无意中出现了未抵补的外汇头寸。还有另一种信用风险是外汇交易特有的——与时区相关的结算风险。这种情况一般出现在外汇合同涉及两项结算的时候，由于时差，这两项结算需要在不同的时间执行,而交易对手或者支付代理在付款过程中期出现违约。外币头寸的到期日错配也会导致相关货币之间的利率风险:如果银行存在任何远期合约错配或性质类似的衍生工具错配,则其可能蒙受由利率差异或随后由远期外汇溢价或折价变化造成的损失。

## ● 11.2 外汇风险管理政策

政策制定的责任。虽然银行的许多业务活动都面临风险,但和未抵补的外汇交易相比,其中只有很少能在短时间内对银行造成重大损失。这也是外汇风险管理理应受到银行董事会和高管层密切关注的原因。董事会应确立外汇风险管理的目标与原则。这些目标与原则应明确包括:对银行在外汇业务中所承担的风险设置适当的限制,确立相关措施以确保银行有适当的内控程序覆盖这一业务领域。在此框架内,具体政策和限制应由一个风险管理委员会来确定,如资产负债管理委员会(ALCO)。相关政策指导方针应定期审查并更新,以确保银行风险管理系统和工作人员的技能能够正确应对其目前的风险特征。

相关政策方针也应反映国内和国际外汇市场不断变化的环境,并且能够适应外汇体系的可能变化。例如,由于政治决策或者特定国家的宏观经济条件对汇率产生影响而采取的资本控制。此外,出于会计和风险管理的目的,相关政策应指定外币头寸的重新估价频率。原则上而言,重新估价和财务报告的频率应与该银行外汇风险的大小和具体性质相适应。

为方便管控,大多数银行对如下两种外币敞口做了明确的区分:一种源于经纪和交易操作,一种源于更为传统的银行业务,涉及以外币计价的资产、负债和表外敞口。这些可能包括贷款、投资、存款、借款或资本以及担保或信用证。由于业务性质不同以及随之而来的不同风险敞口,银行通常实行两种外汇风险管理程序。涉及经纪/交易业务操作的外汇风险管理必须是信息密集型的日出/日入流程,由高管层及风险管理委员会对其实行严格审查。另一方面,在大多数情况下,对传统银行业务的管理是按月进行的。

**风险敞口限制**

若银行的资产(包括现货与期货的购买合约)与负债(包括现货与期

货的销售合约)在给定货币计价的情况下并不相等,则其拥有外币净头寸,且存在外汇风险敞口。银行应已制定好政策用以管理其与外币相关的业务活动,并限制其外汇风险敞口,从而限制潜在损失。从原则上而言,设置限额的依据为该外汇风险的性质以及导致外汇风险出现的业务类型。无论是以绝对还是相对的形式来表示,这些限额都应与银行的风险特征、资本结构以及该货币市场行为的实际历史情况相关。

根据特定业务的活跃程度,该限额可适用于不同的时间安排。针对经纪/交易的限额通常是为隔夜头寸而设,但对一些极其活跃的业务,如即期交易,可能就需要设置日内限额。外汇市场的流动性越差和/或货币越不稳定,则外汇风险敞口限制就应当设置得越低。

**净敞口头寸限额**

净敞口头寸限额是银行外汇风险敞口的总限额,通常以银行资本的百分比表示,也可表示为与总资产或其他一些基准之间的某种关系。从逻辑上讲,净敞口头寸限额代表的是一家银行在外汇风险中可能蒙受的最大损失的近似值。若银行持有一些外汇的净头寸,而这些外汇的汇率相互之间完全相关,则针对净头寸的限额将足以满足外汇风险管理的需求。就多种货币的银行总风险敞口而言,完全相关将意味着银行完全可以对各种不同外汇类型的多头与空头头寸进行轧差。

但由于各种外汇并非完全相关,那么在如何加总各币种的净敞口头寸,以计算出综合净敞口头寸(也被称为总综合头寸)并达成外汇风险管理目的时,银行的选择将表明其有关风险管理的立场。保守的银行加总特定外汇中所有敞口头寸的绝对值,这意味着它们认为所有外汇的汇率变动将使所有的头寸同时遭受损失。不太保守的银行往往会选择中间路线,如分别加总每种外汇的空头头寸与多头头寸,然后取其大者作为综合(总)净敞口头寸的指标。后一种方法被称为"短边法",已经为巴塞尔委员会和欧盟所接受。

许多国家都制定了审慎的法规明确限制净敞口头寸,这也就限制了银行总外汇风险敞口。在一些国家,这些限制适用于所有持有外汇许可证的银行,而在另一些国家,主管部门基于对银行风险管理质量以及职员技术能力的评估,为各家银行量身打造相关限制。国际社会亦已作出努力,在各国间就外汇风险相关的资本要求达成一致,寄望于推动其成为国际标准。

原则上,特定国家设置的审慎的限制应与汇率波动联动。在实践中,针对净敞口头寸的审慎限制通常设定为一家银行合格资本的 10%—15%。若预计本币会出现严重贬值,中央银行可能进一步限制外币的空头头寸。在汇率及外部可兑换性相对稳定的国家,对于净敞口头寸的限额通常会更高,甚至没有。

### 外汇头寸限制

管理有方的银行也应该就其对于特定外汇的风险敞口设置一定的具体限额,换句话说,它应对各币种的净敞口头寸分别设置限额。外汇头寸限额可适用于资产负债表重新估价时点、隔夜头寸或日内头寸。这些限额可根据实际情况进行相应调整,但需取决于银行对于本外币汇率变化的期望值。

### 其他头寸限额

若银行从事外汇经纪/交易,则其一般对各币种的即期头寸均应设定相应限额。在此限额范围之内,银行还应针对每个外汇经纪商/交易商设置限额。若银行从事衍生品业务,则其应对外汇交易账目的错配规模设置限额。这些限额通常表示为某一到期期限的所有未平仓合约总价值的最大值。各银行的流程可能不同,但具体限额的设置时间如下:一两周内到期的合约每天调整一次,六个月内到期的合约每两周调整一次,其他所有的合约则每月调整一次。

### 止损条款

大多数积极参与外汇市场的银行也都有"止损"条款,或预先确定的针对不同头寸和外汇的损失敞口限额。止损敞口限额的确定需考虑银行的整体风险特征、资本结构和盈利趋势。当损失达到各自的止损限额时,敞口头寸应自动平仓。然而,在震荡或流动性不强的市场中,止损限额可能不会完全有效,市场可能会在未平仓头寸平仓之前继续前行到超出止损点的位置。

### 集中度限制

通常来说,以外币计价的合约的市值与其到期日及相关外汇的汇率密切关联。高集中度总会加大风险。因此，银行应当对以特定外汇计价的合约的最大票面价值或所有合约的总票面价值设置相关限额。

## 结算风险

在外汇业务中，结算可能会非常复杂，因为所涉及各方可能处于不同时区，而且结算耗时也会较长。敞口头寸可能会持续几个小时。虽然实际损失很少出现，但潜在损失的规模可能会非常大。虽然结算风险可以通过提供担保品的要求而得到缓冲，但银行仍应对结算风险敞口设立明确限额。此类限额应当与任一给定结算日仍未结算的且面临结算风险的头寸总额相联系。银行也可在针对交易对手设置的总敞口限额范围内设定相关结算风险的限额。在这种情况下，此类限额可被视为信用风险的一个组成部分。

## 交易对手违约风险

所有涉及对外合同或外汇应收账款的交易均会面临交易对手违约风险——由于交易对手未能按合同约定支付相应价款而蒙受损失的风险。此类风险可能是由该交易对手经营业务的所在国的环境所导致。在缺乏外部可兑换性的国家，以及政府对外汇市场准入和跨境外汇交易均施加限制的国家，此类风险尤为突出。为了尽量减少风险，银行应建立交易对手违约风险限额，尤其是针对那些来自货币兑换受限或者存在外汇短缺可能的国家的交易对手。针对个别交易对手设置的隔夜和远期头寸限额较为典型。保守的银行也可能根据某一特定国家内所有交易对手的总风险程度，按国别设定限制。

## 重新估价

重新估价或折算是指在一些时间点，银行重估其表内头寸与表外头寸，以估算现有头寸可能造成的潜在损失。从本质上来说，重估和"盯市"基本一致，只有一点不同：重估涉及资产、负债及以外币计价的表外工具的本币价值变化（由汇率波动导致）。不论盈亏是否必须按照适用的会计准则进行确认以适应税务或者监管的需要，重新估价都不失为一项重要的风险管理工具。

为进行内部风险管理，重新估价的频率必须切合特定市场条件以及银行业务中隐含的外汇风险程度。在评估潜在的收益和损失时，银行应保守估计未来潜在的汇率变动。为了重新估价而确定实际的汇率可能非常复杂。对于拥有可自由兑换本币的国家而言，估算是最简单的，只要从外汇汇率的历史变动中进行推测即可。对于缺乏可兑换性的国家，或利率受到操纵或政府干预的国家，由于汇率变动会非常显著且不可捉摸，因此很难进行估算。保守的银行还对进行最坏情况进行重新估价。显然，并不是所有的头寸都可以平仓，在可兑换性或市场准入存在限制的国家中更是如此。重新估价的目的只是在于尽早确定需要采取何种措施来保护银行。

### 流动性风险考虑

外汇风险管理还应包含与流动性风险相关的内容。表内或表外的外币交易均可能导致现金流不平衡，从而需要对外币的流动性进行管理。在这一过程中，银行可以使用流动性或到期日序列等指标来实现，以表明在一段时间内，银行在各个币种上的错配情况以及承担的债务。银行也可以为不同的时间区间的特定外汇设置错配限额。

若所在国家的本币没有外部可兑换性，则到期日错配将导致更高的流动性风险，因为银行可能难以及时取得所需数量的外币。在这些国家中，中央银行往往是外汇市场的积极参与者，可为经常项目交易提供所必需的外汇流动性。在评估缺乏外部可兑换性的国家中银行的外汇流动性管理是否充分时，出于流动性支持的目的，分析人员应当完全熟悉适用的外汇市场安排。

### 会计处理

对于银行的管理层以及分析人员和监管者而言，对与外汇风险相关的损失进行会计处理是至关重要的。会计处理方法可能会因国家而异，这取决于重新估价的目的。分析人员应熟练掌握当地适用于核算外汇风险所致损益的会计方法。分析人员也应熟悉重新估价的过程，以及银行出于风险审查以及内部管理报告之目的而采取的会计准则。

若损益的确认规则会对税收及其他方面产生立竿见影的效果，则有关部门及银行监管机构需要对其详加考虑。对于不稳定、波动频繁、缺乏外部可兑换性以及经常出现激烈的国内汇率调整的经济体而言，这尤其重要。在许多转型经济体中，该国货币对主要贸易伙伴国货币每年贬值200%的例子并不少见，而贬值30%—50%更是非常普遍的情况。在这种环境中分析解读银行的财务报表，分析人员和监管者必须要非常小心。

出于税收和监督的目的，重新估价表内头寸通常被视为已实现损益，而表外头寸的重新估价则被视为未实现损益。最保守的方法要求所有的损益都要立刻反映在收入中。还有一些监管机构要求，收入中只需反映已实现损益以及未实现的亏损。有些国家还允许双方推迟确认未实现损益，从而造成不正确的资本和盈利数据。

在发展中国家，若其税收系统规定对所有收益征税，则即使其资产的出售受到限制，对于损益的标准会计处理的表面应用可能会适得其反。在本币快速贬值的国家，即使是很小的敞口头寸也可能导致会计调整所涉及的数额等同于或大于一家银行以本币计价的业务量。我们可以举个例子来进一步阐释这一观点：在一个转型经济体中，银行因汇率变动对资产负债表进行会计调整，这被视为已实现损益。在银行系统重建的过程中，减值资产被以可自由兑换货币（如美元）计价的政府债券所取代。这在银行业内造成了大量的净多头头寸。在此情况下，若贴现系数大于10%，则银行无法出售或交易该债券，从而也就无法平仓或减少多头头寸。随后，该国本币大幅贬值，带来了巨大的"已实现的"外汇收益，而这些收益也被依法征税。因此，这一状况进而减少了银行业内的流动性，对银行业和整体国民经济造成严重负担。

## ● 11.3　外汇风险敞口与经营战略

大多数银行，特别是本币不稳定的国家的银行，都熟知与外币业务相关的风险。因此，外汇风险敞口的程度也就是一个商业定位的问题，往往与银行规模相关。较小的和新设立的银行往往限制其为客户提供外汇相关业务，一般仅涉及代表客户出售或购买外汇。在这一过程中，此类交易创造的敞口外汇头寸通常都在几分钟内即被平仓。此类银行面对风险的时间很短，范围也有限，因此不需要复杂的外汇风险管理。

若一家银行与外国银行保持相应的业务联系，或支持以外币计价的客户交易，则其所承担的外汇风险程度将更高。对于以外币贷款和借款的银行，风险依旧较高，因为这可能会导致敞口外汇头寸或到期日错配。对于中等规模的银行，或是发展中国家的更大规模的银行，这种业务特征非常典型。图11.1展示的是发展中国家银行的资产负债表结构中外币业务的潜在业务量。

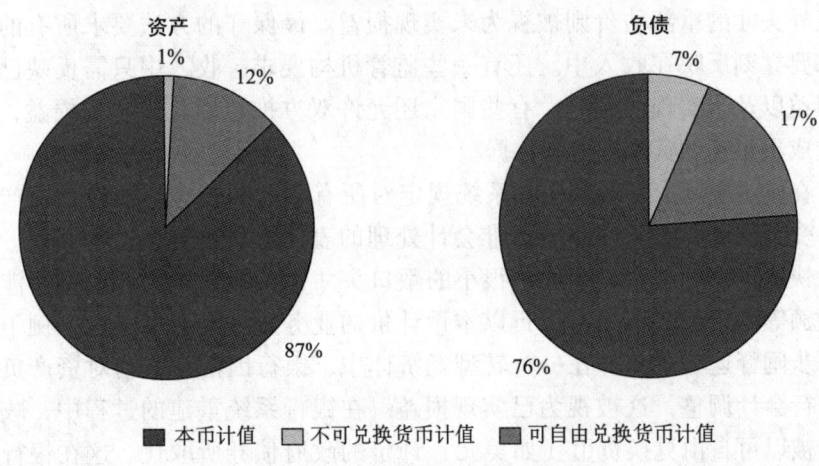

图 11.1 资产与负债的货币结构

从事此类业务的银行应采用适当的外汇风险管理政策。业务和风险承担的程度应与该银行的风险管理流程质量和资本状况相一致，并应符合各有关国家的监管、宏观经济和金融市场环境。就实际情况而言，外汇风险管理在缺乏外部可兑换性的国家中是一项特别具有挑战性的任务。汇率的稳定性可以事先确定，因为这些国家的外汇市场条件——例如，市场准入和市场允许的交易类型——经常会受到政府的操纵。虚弱的市场会受到预期的显著影响，而汇率调整在发生时往往会非常激烈，且出人意表。在这种环境中运营的银行所要承担的外汇风险程度将会更高，而且更加难以针对此类风险确定明确的限制。

图 11.2 所示为一家银行的存贷款币种结构。这家银行显然处于快速增长期。其贷款组合大大超过了其存款基础可提供的融资能力，这表明增长的动力在于非存款借款，其中可能包括国外借款。因此，该银行需要面对融资和外汇风险。对于发展中国家的银行而言，由于其国际市场准入受到限制或约束，或由其无法控制的情况导致无法进入国际市场，则此外汇头寸将导致较高的风险敞口。

认识到与外汇业务相关的风险日益增加以及对专业技术的需求，在几乎所有的不具备外部可转换性的国家中，监管机构纷纷引入了两种类型的银行执照。对于仅持有从事本币业务的执照而言，银行只需满足最低资本和技术要求即可。若银行有意从事外币业务，则其必须满足更高的最低资本金要求及其他要求。通常来说，获得从事外汇交易的执照所需的最低资本金要求比本币交易执照高出两到三倍。

## 即期交易

资本金充足的大型银行，包括那些所谓的在国际市场上的活跃银行，都将外汇业务视为利润来源。这些银行积极参与外汇交易，并可能发挥着做市商的角色；换句话说，他们可能成为外币交易商。参与外汇市场和即期交易的银行可能会持有相当大规模的净敞口头寸。虽然存在时间较短，但在某些情况下，即期汇率变动可能非常快，因此一项敞口头寸可能在一个小时甚至几分钟内就会造成损失。除了充分的外汇风险管理政策之外，即期交易还需要有效的组织和具备相当技术能力的员工、精良的技术和有效的信息系统，以及最新信息的获取。缺乏足够信息资源的银行更容易受到突如其来的即期汇率变动的影响，而后者通常由暂时的供求不平衡、内幕信息或谣言引发。

银行可能有意持有一些敞口头寸，以利用其预见的汇率变动。其形式通常是外汇市场套利，或有时是投机，内容涉及买卖外汇、有价证券或衍生品。套利之所以发生是由于不同市场在同一时间的即期汇率之间存在差异，或者由于在不同市场或对于不同的外币，不同的到期日之间或利率之间的远期价差之间的差距引起。在一个市场购买一种货币，然后同时在另一个市场卖出，这被称为跨市套利；而考虑到未来可能出现有利的汇率变动而建立一种货币的敞口头寸则是跨期套利。转换币种以获得较高的投资收益是与货币相关的利息套利。不过从监管当局的角度来看，任何承担敞口头寸风险的行为通常会被认为是投机，而非套利。

## 远期交易

银行也有可能从事远期外汇交易，即在约定日期，按照商定汇率结算。该远期合同的到期日可以是几天后、几个月后或几年后。远期汇率不仅受即期汇率影响，还受利率差的影响，而即期汇率通常仅受市场状况影响。因此，利率差的变化可能导致远期头寸的收益或亏损，这就要求对其进行积极管理，这也需要非常出色的信息处理能力。在这种情况下，银行应保有一份远期账簿，通常针对缺口（错配）进行管理。在远期账簿里，即将

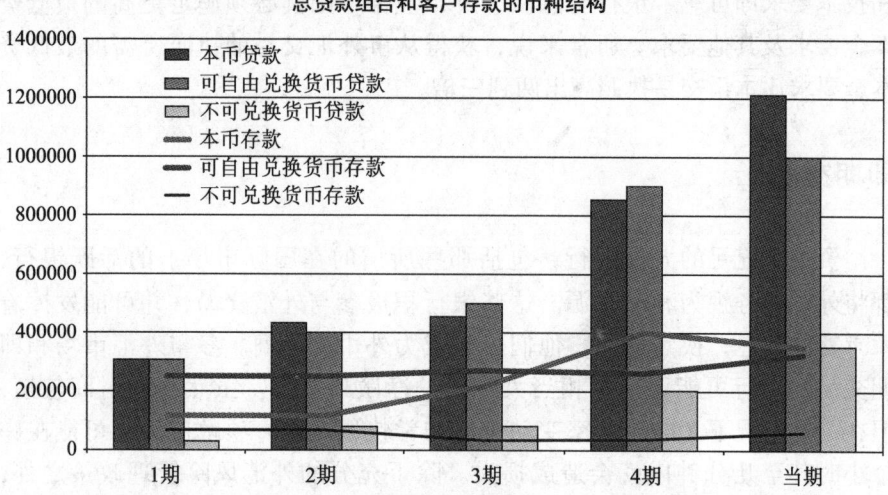

图 11.2 贷款组合和客户存款的币种结构

到期的合约需要每周或每两周被检查一次,其他合约则需每月检查一次。银行可能需要判断其期望的利率差异走向,然后采用与此判断相符合的方式管理其远期头寸。

## 货币掉期

为规避风险,银行可能希望完全避免以远期合同进行交易,而是代之以货币掉期。货币掉期的协议双方在约定的日期,按照事先商定的汇率对一系列不同货币进行交换支付。单期掉期被称为远期汇率协议。货币掉期避免了净敞口货币头寸,但仍然需要每日盯市。在任何情况下,在一个正常的动态交易环境中,活跃在外汇市场中的银行实际上不可能随时抵补所有币种的头寸。一天之内,不同币种的空头或多头头寸会变化许多次。在某些时候,根据其外汇风险管理流程,银行通常会决定其敞口头寸,然后采取必要的行动——通常就是安排外汇互换——以减少过度的风险敞口。

若银行每天从事大量即期和远期交易,则审慎的风险管理要求其设立一套正式的程序,用以计算未实现损益。这种计算至少每天都要进行,而且越频繁越好。通常而言,这种计算应当包括全部外汇交易账户。这是进行有效资产组合管理的一项先决条件,它能够使银行管理层深入了解其外汇业务运营绩效及相关风险。

## ● 11.4 外汇风险管理流程审查

一个银行的外币业务量，包括其标准的表内和表外外汇业务及贸易业务，通常由各自市场的准入条件与流动性确定。在评估银行所面临的外汇风险及其风险管理技术的完善程度时，分析人员必须了解相关国家的监管环境和市场情况，以及银行对这些市场的介入程度。发展中国家的外汇市场往往有准入限制，并可能缺乏流动性，而且可利用的对冲工具也可能较为有限。这些因素应当反映在银行的政策和业务之中。

外汇风险管理审查的一个主要方面是评估银行是否有能力充分处理其当前的外汇业务。这项评估必须考虑该银行的外汇风险敞口政策、所负担风险程度、风险管理流程，以及究竟如何管理风险。此项审查还应考虑到银行的监管和市场环境、资产规模、资本基础、外汇业务量、工作人员的经验以及其他相关因素。可用于对冲或抵消外汇风险的工具的性质及可用性也至关重要。

外汇风险管理的关键决定因素是对外汇风险敞口施加限制的政策。政策应定期重新评估，以反映汇率波动的潜在变化和机构的整体风险理念及特征。相关限制应当建立在机构的整体风险特征之上，以反映资本充足率、流动性、信贷质量、市场风险和利率风险等方面的问题。每个政策的相对重要性取决于特定银行的情况和运营。所有适用的政策和流程，包括业务准则，应得以明确界定，并在必要时进行调整。负责制定政策的高管层必须充分了解外汇业务涉及的风险。对制定具体政策和设定风险限额所依据的基础必须给出一致、合理的明确解释。

巴塞尔协议对监管人员和管理层的建议是确保银行已经采取了合适的限制，并为外汇业务实施了适当的内部控制。风险流程应涵盖一个机构准备承担的外汇风险水平，并至少应包括该机构经授权可以保留敞口的外汇的当日、隔夜和远期外汇限额（各币种限额及所有币种汇总限额）。止损限额和结算限额也应得以确定。

外汇风险管理的基础可以是缺口或错配分析，其所用原则与流动性风险和利率风险管理的原则相一致。这一过程的目的在于确定到期外国资产和负债之间适度的错配或失衡。此种错配可根据一些基本信息进行评估，如当前和预期汇率、利率（包括本地及海外）以及银行管理层可接受的风险回报状况（与外汇交易相关的市场风险在第10章中有详述）。

表 11.1 所示为计算净有效敞口头寸的一个简单方法。计算某一外汇的净有效敞口头寸应考虑表内与表外反映出的风险敞口，并应包括净即期头寸（即所有资产项目减去所有负债项目，包括以相关外汇计价的应计利息）、净远期头寸（也就是将应收款项减去根据远期外汇交易应付的款项，再加上即期头寸未包括的货币掉期的本金）、错配的预先承付款项、衍生工具的净头寸和国外分支机构业务所产生的头寸。

表 11.1　　　　　　　　外汇：报告净有效敞口头寸

| 外汇净有效敞口头寸（FX） | 美元 | 英镑 | 欧元 | 瑞士法郎 | 日元 | 总计 |
|---|---|---|---|---|---|---|
| 总外汇资产 | | | | | | |
| 总外汇负债 | | | | | | |
| 净即期头寸 | | | | | | |
| 错配的预先承付款项 | | | | | | |
| 国外分支/业务 | | | | | | |
| 衍生品净头寸 | | | | | | |
| 对冲后净有效敞口头寸 | | | | | | |
| 月内最大净敞口头寸 | | | | | | |

所有币种的净头寸应该汇总，还应注意银行汇总净头寸所用的具体方法。保守的银行的汇总方法应当是对敞口头寸的绝对值求和，从而预测出汇率变动可能导致的最坏情况。

在许多发展中国家，银行往往把可自由兑换货币作为用于风险管理的唯一货币。采取这种做法的理由是，硬通货的汇率变动导致的风险敞口远小于本币波动所引起的风险敞口。此外，可自由兑换货币分组简化了外汇风险管理。虽然在银行未涉足远期合约或衍生品业务的国家里，这套体系还很有效，但在一些情形下的表现却不如人意。例如，环境灾害、政治事件和意外的不良宏观经济指标都可能立刻并显著提高货币间风险。

当期限结构中出现错配时，利率和流动性风险也会出现。银行应该有管理此类错配的明确程序，以最大限度地提高收入和限制潜在的损失。图 11.3 展示了针对外汇储蓄期限结构的分析。由这些存款作为资金来源的贷款的期限结构应与存款期限结构完全一致。若一家银行的风险管理政策允许错配运行，则分析人员就应该设法证明银行实施了有效的情境研究。这样做将有助于银行达成有效的限额结构。

# 第11章 外汇风险管理

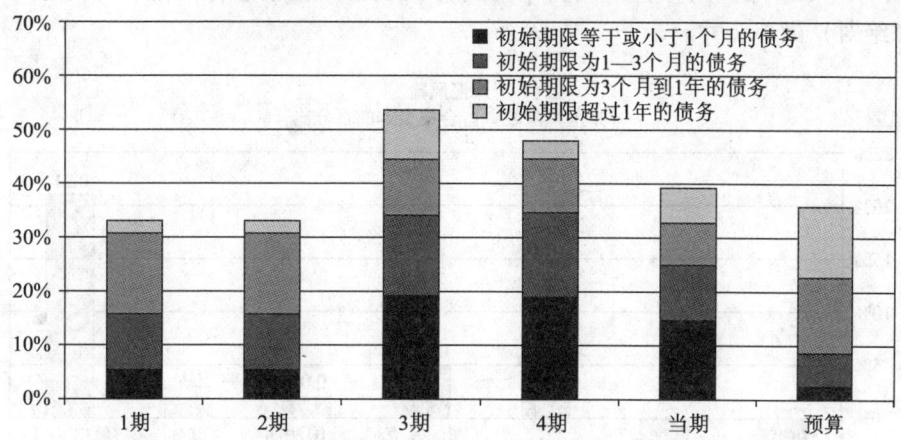

图 11.3 不同到期期限的可自由转换外汇存款占总顾客存款的百分比

管理到期日错配是一项具有挑战性的任务。考虑到远期账簿中的到期日之间的缺口,这里的关键问题并不在于与单一外汇不同到期日相关的预期利率变化,而是到期日不同的两种货币的利率之间的预期利率差额,以及各自所可能带来的风险。显然,这种情况比管理单一外汇的利率风险要复杂得多。此外,若银行的外汇市场交易较为活跃,其外汇账簿中包含数以百计的未到期合约,那么逐个合约地消除到期日缺口几乎是不可能的。

银行通常使用货币掉期来处理到期日缺口。只要汇率变动是渐进的,而且到期日缺口的大小和时间长短能够得到系统而合理的管理,那么这就不失为一种相对完善的风险管理操作。但是如果利率突然发生不可预料的变化,并可能暂时影响货币掉期交易的市场报价,那么这一操作为处理到期日缺口就可能造成过高的成本。

## 资本费用

外汇风险敞口表明需要在根据市场风险计算的资本费用上再附加一定的费用(见第6章)。银行应该能够审慎承担外汇风险。根据各国制定的不同准则,银行设置的外汇净敞口头寸不应该超过合格资本及储备金的10%—15%。若使用短边法,资本充足率按照整体净敞口头寸的8%(如果不是8%,则根据各国制定的监管比率)计算。整体净敞口头寸的计算是衡量净空头头寸之和与净多头头寸之和,并取其大者,然后加上黄金净头寸(空头或多头)的绝对值。图 11.4 和图 11.5 所示为银行所从事外币业务的各种外汇的敞口头寸,以其资本的百分比表示,包括总体风险,即外汇净(绝对)敞口头寸。

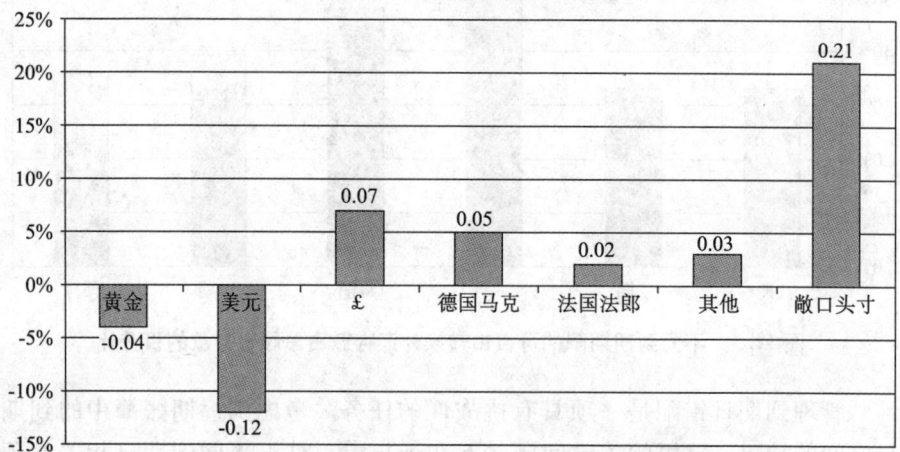

图 11.4 外汇风险敞口占合格资本的百分比

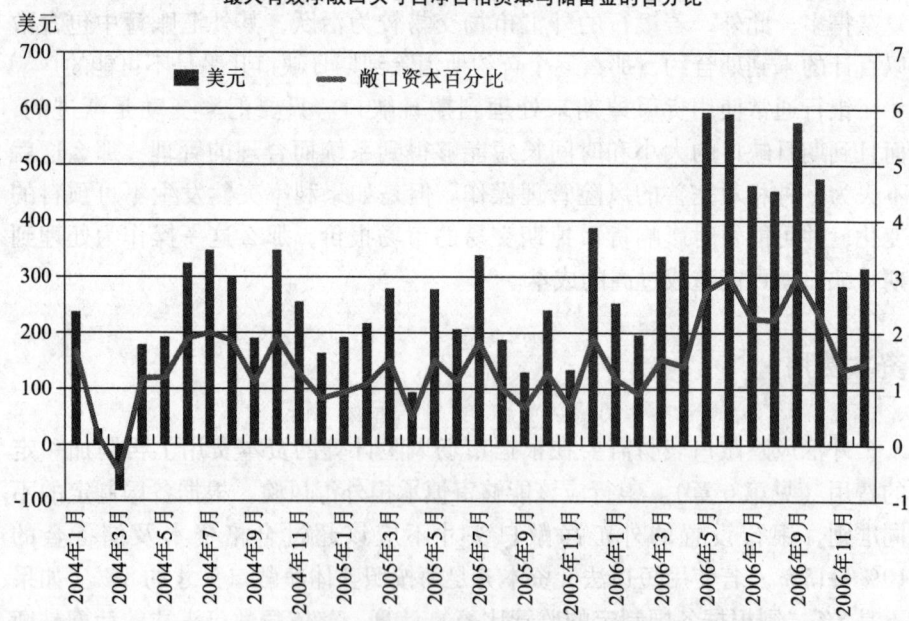

图 11.5 最大有效外汇净敞口头寸占净合格资本与储备金的百分比

资料来源:南非储备银行,2006 年银行业监管部门年报。

### 预警系统

银行也应有一个针对风险状况超出限额的预警系统。分析人员应当预计银行具备明确界定的程序来处理警报，包括明确的责任分配。同时，针对与外汇业务有关的所有其他重要功能，银行也应当有适当的程序和内部控制。分析人员还应评估重新估价和衡量外汇买卖损益的流程及其实际操作。审慎的银行应当认真审查与其进行远期外汇业务的机构和个人的名称，并应在其认为合适的时候提出保证金要求。

### 人员配置

有效的组织和员工素质是外汇风险管理的一个重要组成部分。总的来说，员工的技能和经验应与银行的经营范围相适应。交易责任、标准外汇业务、交易和支付处理、前台—后台（操作）的支持以及对账、风险管理和重新估价职能全都应该有清晰的界定和区分。尤其关键的是要明确区分外汇交易、会计及内部控制职能。董事会应制订政策，并经 ALCO 确定。相应业务管理人员应负责监督外汇交易，并确保遵守风险限额的规定。

### 信息系统

分析人员应对信息系统、报告要求以及支持外汇业务和外汇风险管理职能的会计、审计和内部控制制度进行评估，并考虑适度监管。准确和及时的信息支持尤其重要：拥有大量外汇业务的银行若施行交易操作和具体交易实施战略，就必须具备适当的信息支持。管理敞口外汇头寸、交易账户以及记录外汇交易账目、重估金融头寸、预估潜在损益，以及确保遵循风险管理政策等方面均需要信息支持。分析人员应该能够识别出支持这些功能的子系统或模块。

此外，信息系统应能及时生成有关即期和远期头寸、错配和流动性头寸、外汇相关利率风险头寸，以及交易对手和国家敞口头寸的完整报告。信息系统应该能够突出显示相关政策或敞口限额的任何异常，并引起管理层对此类异常情况的重视。信息支持应包括向高级管理人员进行定期报告。

# 第12章
# 资产负债管理

## 本章要点

- 利率风险管理是资产负债管理的关键点之一。
- 资产负债管理委员会负责保护收入和资本免受利率风险的影响。利率风险管理的目标是将利率风险敞口保持在允许的水平之内。
- 非交易利率风险是指资本和收入对利率变化的敏感程度。
- 非交易利率风险的来源包括：资产和负债重新定价的错配、有息资产和负债的增长率、利率指数之间关系的变化（基准风险）、收益率曲线形状的变化以及显性或嵌入式期权被执行的可能性。
- 银行通常试图确保其资产负债表的重新定价结构能从预期的利率变动中产生最大的收益。这种重新定价结构也可能受流动性问题的影响，尤其是当银行没有利率衍生品来将其流动性和利率问题分离的时候。
- 银行通过识别和计量敞口来计量这些风险及其影响，具体来说是通过使用复杂的模拟和估值模型以及重新定价缺口分析。

## ● 12.1 资产负债管理的目标

资产负债管理（ALM）——对整体资产负债表的管理——包括战略规划、实施以及控制过程，这些内容影响银行资产和负债的总量、结构、期限、利率敏感性、质量和流动性。这些关键要素相互之间高度依赖。

这一过程的中心目标——将为筹资所支付的利息和银行资产赚得的利息之间的利差稳定化和最大化，同时确保充足的流动性，并将风险控制在可接受的水平内——与银行业自身同样古老。但资产负债管理的实践、规则和技术在最近几年发生了很大变化，许多商业银行使用 ALM 过程来承担更多风险，以提高收益。此外，由于现代金融市场的复杂性和不稳定性，对良好的资产负债管理的需求显著增加。因此，采用管理与资产负债表和表外项目相关风险的综合方法的前提是，采用正式方法对资产负债进行管理。

资产负债管理的操作方面以银行资产负债表的构成为中心，所以银行可以通过利率周期来维持充足的流动性和风险特征。银行资产负债表并非完全灵活、有弹性，其部分原因是期限较长的资产难以证券化或出售。由于改变资产组合结构、筹集其他来源的资金以及执行必要交易需要时间，重新配置资产的过程通常在下一个利率周期开始之前就启动了。

所有金融机构都面临利率风险。当利率波动时，银行收入和支出发生变动，其资产、负债和表外头寸的经济价值也发生改变。这些变动的净效应会在银行的总体收入和资本中体现出来。

一般而言，利率风险管理包括银行可用于降低其净资产由于利率的不利变化而减少的风险的各种政策、举措和技术。本章讨论利率风险的各个方面，并对可用于分析和管理利率风险的技术进行审查。这些技术主要包括重新定价分析和敏感性分析。

## 资产负债管理委员会

资产负债管理战略和相关决策应该考虑所有相关限制和潜在干扰，并能适应这些限制和干扰。银行和非银行竞争对手的行动都可以影响定价或重新定价的潜力。国内或国际金融前沿发生的未预见变化（例如，东亚金融危机或预期的改变）会影响顾客或市场的行为，并需要进行复杂的调整。

资产负债管理决策应该在相关操作部门之间进行协调，并且必须有效执行（见专栏 12.1）。这使建立负责资产负债管理的正式的制度化结构成为必要。在大多数银行，这种组织结构通常是资产负债管理委员会（ALCO），其成员应该包括所有相关职能和业务流程的高级条线经理。

为使其决策有意义，资产负债管理委员会应该拥有以下方面的广泛的基础信息：投资和交易组合；银行过去、目前和未来的资产和负债结构；

关于期限、收益率、利率和利差以及重新定价能力和结构的相关信息。资产负债管理委员会还应该了解银行资产和负债率的竞争地位，以及收益率与市场和银行主要竞争对手相比的情况。预测的资产负债表结构和重新定位战略通常应该依据关于资产负债表的定量模型，在这之前还要对各种利率和定价、（重新）定价情形以及它们对银行收益、流动性和资本的影响进行模拟。

> **专栏12.1 资产负债管理的目标**
>
> 在管理银行资产负债表方面，我们的目标是确保银行资产负债的币种、利率和期限特征得到了良好配置，从而使银行不暴露于重大的汇率、利率或期限错配风险之中。
>
> 我们的目标是确保以最有吸引力的成本为每种产品提供充足资金，针对各种贷款产品的特别要求，管理支持该产品的负债组合的币种构成、期限结构和利率敏感特征，并将风险控制在规定指标范围之内。
>
> 我们将通过实施资产负债管理框架来实现我们的目标。该框架在整个资产负债组合范围内对资产负债表风险进行评估和监测。该框架将使我们能推进更广泛的资产负债表风险管理议题，例如：
>
> - 提升银行在股本管理、收入免疫技术和贷款组合信用风险管理方面的方法；
> - 在整个组合范围之内，实现对冲与管理资产负债表风险方面的处理方法的统一，以便开拓净额结算交易机会并减少交易成本；
> - 按管理银行资产负债表风险各方面的需要，执行并实施汇率和利率掉期交易。
>
> ——美国财政部资产负债管理小组提供的例子

## ● 12.2 利率风险管理的责任

原则上，稳健的利率风险管理要求高级管理层进行系统的、充分的监督。同时，还需要以下方面：风险管理策略和明确描述的流程，这些流程与银行活动的复杂性和性质以及银行利率风险敞口水平相称；恰当的风险度量、监测和控制职能；充分的内部控制。应该在并表的基础上监测利率风险，包括银行下属子公司的风险敞口。这并不意味着使用传统的会计并表方法——这种方法可能允许头寸之间相互抵消，而由于法律或操作上的约束，银行实际可能无法从这些头寸上盈利——而是使用恰当的机制来确保作出风险管理决策所依据的信息的完整性。

银行董事会对利率风险管理负有最终责任。董事会批准决定风险敞口程度的经营战略，并提供关于以下方面的指导：银行可以接受的利率风险水平；限制风险敞口的策略；授权的流程和条线；与风险管理相关的责任。为完全理解风险敞口水平和评估管理层在按董事会决策要求进行风险监测和控制方面的绩效，董事会还应该对风险进行系统审查。

高级管理层必须确保落实以下几方面内容：银行业务结构及可能面临的利率风险水平得到了有效处理，建立了控制和限制风险的恰当策略和流程，以及能够获得资源对利率风险进行评估和控制。对高级管理层的报告应该提供集成的信息，并充分提供支持性细节，以便对风险水平、银行对变化的市场条件的敏感程度及其他相关因素进行有意义的评估。

在大多数情况下，日常风险评估和管理被分配给专门的委员会，例如资产负债管理委员会。属于风险管理过程关键因素的职责应该被充分分离，以避免潜在的利益冲突——换句话说，银行的风险监测和控制职能应该与其承担风险的职能保持充分独立。规模更大或更复杂的银行通常有指定的、负责资产负债表（包括利率风险）设计和日常管理的独立部门。在目前银行业金融创新普遍以及市场动态变化的背景下，银行应该在新产品或服务上市前识别存在于其中的任何风险，并确保在评估和管理过程中及时考虑了这些风险。

银行还应该具有充分的内部控制体系，以监督利率风险管理过程。这种体系的基本组成部分是进行定期、独立的审查和评估，以确保该体系的有效性并在合适的时候对该体系的修改或提高提出建议。通常，监管当局要求提交这些审查的结果。

确定的风险限额应该得到执行，同时，银行应该引入适当的流程，以便将风险敞口控制在限额之内，并在这些限额显示出不足时，对其作出更改。从更高层次来看，限额通常是相对于银行的总收入或资本来建立的，并按投资组合、银行活动或业务部门进行分类。限额体系的设计应该确保超过指定限额的头寸由管理层立即处理。

因此，资产负债表中利率风险管理的目标是将风险敞口保持在许可的范围之内，这些范围的表述方式包括风险收入比、股本市场价值，或者同时采用这两种指标。

## ● 12.3 资产负债表利率风险管理模型

银行应该明确定义限制和控制利率风险的策略和流程。银行采用的利率风险度量系统应该包括利率风险的所有重要来源，并足以评估利率变化对收益和经济价值的影响。该体系应该提供对银行利率敞口有意义的测量方法，并能识别可能出现的任何超量敞口。重要的是，这一测量方法应该基于有大量历史数据作为支撑并符合实际的假设和参数。这一体系应涵盖所有资产、负债和表外头寸，应使用普遍接受的金融概念和风险度量技术，并应针对所有产品和业务条线的风险向银行管理层提供综合性的一致观点。

### "缺口"模型

在20世纪80年代和90年代早期，金融机构使用"缺口"方法分析它们的利率风险敞口。这种方法之所以叫"缺口"方法是因为其目标是将资产和负债分配到期限"桶"之中（"桶"是依据资产负债的重新定价特征定义的），并在每个到期点测量"缺口"。

在缺口模型中，资产负债表的组成部分被分为利率敏感项目和非利率敏感项目。然后将这些项目按重新定价期限（或修正久期）分类，并将其分配到称为"时间桶"或"期限桶"的时间段中。应该基于关键利率（该利率被描述为即期利率曲线上的特定到期点）来设立"期限桶"，并应该考虑收益率的相关性。

这种分析的焦点是关于重新定价（即利率可能变化的时点），而非关于流动性和现金流的概念，这一点相当重要。就这种风险管理的方法而言，当利率敏感资产和负债的重新定价充分匹配时，缺口闭合。表12.1阐述了一种进行重新定价缺口分析的简化框架。

正缺口表明，在期限桶的时间框架中，资产重新定价的程度超过负债重新定价的程度——这种资产负债表头寸被称为资产敏感头寸。当特定收益率提高时，这将导致更高的收入。相反的资产负债表头寸被称为负债敏感头寸或负缺口，这种情况是：当与特定时间区间关联的收益率出现同样的增加时，将使净利息收入减少。

表 12.1　　利率风险管理的重新定价缺口模型

| 1 | 2 | 3 | 4 | 5 | 6 | 7 | 8 |
|---|---|---|---|---|---|---|---|
| 资产负债表项目——久期/股本经济价值 | | | | | | | |
| 资产/重新定价——关键利率 | 资产负债表百万美元 | 6个月 | 12个月 | 2年 | 30 | 零 | 关键利率久期 |
| 资产和近似久期（年） | 数量 | 0.25 | 0.5 | 1 | 15 | 0 | 计算 |
| 现金和中央银行存款余额 | 4.000 | 4 | | | | | 0.25 |
| 证券投资组合（包括单独衍生品和对冲衍生品） | 34.000 | 1 | 3 | 22 | 8 | | 4.23 |
| 衍生品头寸的公允价值 | 4.000 | 4 | | | | | 0.25 |
| 银行同业存放 | 14.000 | 10 | | 4 | | | 0.46 |
| 贷款和对其他客户的垫款 | 76.000 | | 15 | 46 | 15 | | 3.66 |
| 扣除折旧后的固定资产净值 | 2.000 | | | | | 2 | 0.00 |
| 其他资产（扣除准备金） | 6.000 | | | | | 6 | 0.00 |
| 总资产 | 140.000 | 19 | 18 | 72 | 23 | 8 | 3.08 |
| 资产的加权久期 | 3.08 | 0.03 | 0.06 | 0.51 | 2.46 | 0.00 | 3.08 |
| 资产负债管理衍生品 | | | | | | | |
| 资产的加权久期——扣除资产负债管理衍生品 | | | | | | | |
| 负债和所有者资本 | | | | | | | |
| 对其他银行和信用机构的应付款 | 14.000 | 14 | | | | | 0.25 |
| 核心资金来源——零售和公司核心存款 | 45.000 | 14 | 11 | 5 | 15 | | 5.31 |
| 非核心资金来源 | 8.000 | 8 | | | | | 0.25 |
| 国外资金来源 | 24.000 | 12 | 12 | | | | 0.38 |
| 衍生品负债的公允价值 | 0.000 | | | | | | |
| 其他借入资金 | 23.000 | 8 | 9 | | 6 | | 4.20 |
| 其他负债 | 4.000 | | | | | 4 | 0.00 |
| 次级债务 | 2.000 | | | | 2 | | 15.00 |
| 总负债 | 120.000 | 56 | 32 | 5 | 23 | 4 | 3.17 |
| 负债的加权久期 | 3.17 | 0.12 | 0.13 | 0.04 | 2.88 | 0.00 | 3.17 |

续表

| 资产负债表项目——久期/股本经济价值 ||||||||
|---|---|---|---|---|---|---|---|
| 1 | 2 | 3 | 4 | 5 | 6 | 7 | 8 |
| 资产/重新定价——关键利率 | 资产负债表百万美元 | 6个月 | 12个月 | 2年 | 30 | 零 | 关键利率久期 |
| 股东权益 | 20.000 | | | | | | |
| 总负债和资本 | 140.000 | | | | | | 0.00 |
| 缺口 | −0.09 | −0.08 | −0.07 | −0.47 | −0.41 | 0.00 | −0.09 |
| 股本久期——对冲之前 | 2.54 | | | | | | |
| 资产负债管理衍生品 | | | | | | | |
| 负债的加权久期——使用资产负债管理衍生品对冲之后 | | | | | | | |
| 股本久期——使用资产负债管理衍生品之后 | | | | | | | |

股本经济价值的计算结果：$2.54 = (3.08 \times 140 - 3.17 \times 120)/20$

  理论上，一旦资产负债表重新定价头寸成为已知，就可以通过一个框架来判断银行对利率波动的总体敞口。管理层就可以选择调整资产负债表结构，以形成零缺口，这可能使银行免受利率波动的影响。但是，这种保护也可能导致净利差降低。银行一般试图确保其资产负债表的重新定价结构可以从预期利率变动中产生最大收益。例如，如果银行预计短期收益率将提高，它将希望短期重新定价的资产超过短期重新定价的负债。由于非流动市场中的结构性困难，或者由于外汇管制限制了进入离岸市场以及使用那些有助于管理风险敞口的金融工具，这种做法在实践中并不总是可行的。

  重新定价缺口模型的好处之一是单一的数值结果，这对于对冲风险的目的来说提供了一个直接的目标。但是，重新定价缺口模型是一种静态计量方法，并未提供完整的图景。在这种方法中，管理层仅仅使用当年收入来判断利率敏感性，因此重新定价缺口方法可能忽略或低估中期或长期头寸错配的影响。缺口分析也没有考虑在一个时间区间不同头寸特征的变动；换句话说，缺口分析中假设同一时间区间的所有头寸都同时到期或同时重新定价。实际上，这种情况只有在期限桶中的收益率高度相关或完全相关，并在同一收益率曲线上重新定价时才会发生。累积缺口的产生可能源于许多不同的增量缺口样式，并可能掩盖收益率曲线敞口（即对收益率曲线形状变化的敏感性）。此外，缺口分析没有考虑资产负债表结构的预期变化，并且忽略了基准风险和收入对与期权相关头寸的敏感性。

缺口分析的效果还有其他局限。净利差水平（利率风险管理的最终目标）通常是由资产负债表项目的相对收益率和数量决定的，其未来可能的变化无法完全由一个静态模型解释。此外，静态缺口模型假设的是线性再投资———一种预测净利息收入的恒定再投资模式——并且假设未来的筹资决策将与形成银行最初重新定价日程的决策类似。静态缺口模型因而常常无法预测筹资战略的变化对净利差的影响。

虽然如此，重新定价缺口模型仍然是评估利率敞口的有用的起点。随着时间推移，银行也已从简单的缺口分析发展到更复杂的技术。理论上，银行的利率测量体系将考虑每种利率敏感头寸的具体特征，并捕捉到所有潜在的利率变动的细节。由于在实践中做到这一点极为困难，所以在大多数情况下，资产负债管理委员会将使用多种方法进行利率风险分析。

### 敏感性分析

这种方法是将不同的利率情境应用于银行资产负债表的静态缺口模型（见表10.3）。

### 模拟

这一流程涉及构建一个关于银行资产负债表的大型的、通常是比较复杂的模型。这样一个模型将随时间动态变化，并将整合进许多变量。模拟操作的目的是测量净利息收入、利润以及资本对关键变量变动的敏感性。使用的风险变量包括不同的利率路径和资产负债表规模。模拟高度依赖假设，并要求大量时间来使输入变量产生有意义的结果；因此它作为一种商业规划工具可能比作为利率风险度量方法更有用。如果它被用作风险管理工具，则参数应该被高度控制，以产生尽量客观的风险度量结果。

### 久期分析

表12.1阐释了集中关注资产负债表整体（包括任何衍生品头寸对久期的贡献）久期的银行管理的重要性。

通过计算所有资产、负债和表外头寸的加权平均久期来测量利率风险，然后测量股本对利率变化的敏感性。

然后，使用久期分析模型确定股本的有效久期（或者是股本经济价值，EVE，及银行股本对利率风险的敞口）。该模型相对于其他模型（如模拟和利率缺口模型，这些模型关注当前收益）的优势是提供了一种长期视角，因此通常被用作确定资本久期敞口可接受的可能变动范围的补充方法。

## 当前市场实践

更复杂的银行机构使用混合的风险管理战略。银行越来越多地使用诸如掉期、期权、远期利率协议等金融衍生工具来对冲利率敞口，而像模拟和久期分析这样的技术仍然提供了关于这些工具对银行利率头寸的影响的有用信息。

银行应该测量在不利的市场条件下遭受损失的程度，包括它们的利率模型的关键假设失效，并且在建立和审核关于利率风险的策略和限额时，应该考虑任何这类型评估的结果。压力测试应该依据银行的风险特征来定制；它还应被设计用于提供关于银行可能最容易受损的环境（即利率风险度量或模拟模型据以建立的假设和参数可能经历突然变化）的信息。测试情境应该考虑利率一般水平和关键市场利率（尤其是那些通常被用作指数利率的利率）之间的关系发生的变化，并且还应该涉及银行所涉足的所有市场的不稳定性和流动性状况的潜在变化。

由于利率风险可能对银行的收益和经济价值产生负面影响，所以有两种不同但互补的方法可用于评估风险敞口：净利息收入（NII）模拟和股本经济价值（EVE）分析。以下信息来自太阳信托银行（Sun Trust Bank）几份年报中包含的关于 NII 和 EVE 的很有深度的讨论。

### 净利息收入

从收益的角度来看（这是评估利率风险的传统方法），这种分析关注利率变化对银行净利息收入的影响。

未来利率无法预测，但管理层可以模拟各种情境下对净利息收入的影响，包括利率逐渐变化、迅速变化、经济冲击以及增长和收缩的收益率曲线。这种模拟可以包括给定的事实集合下顾客可能的行为，或者可以测试在假设的不可能行为或极端事件发生时可能产生的结果。模拟可以被用于分析其他战略对 NII 水平的影响。

图 12.1 描述了 NII 对利率逐渐变化的敏感性的估计值。该敏感性的度

量方法是，利率变化后的 NII 相对于未来 12 个月利率稳定情况下 NII 的变动百分比。

如图 12.1 所示，利率的逐渐降低（3 期）将增加净利息收入，而利率的逐渐提高将减少净利息收入。

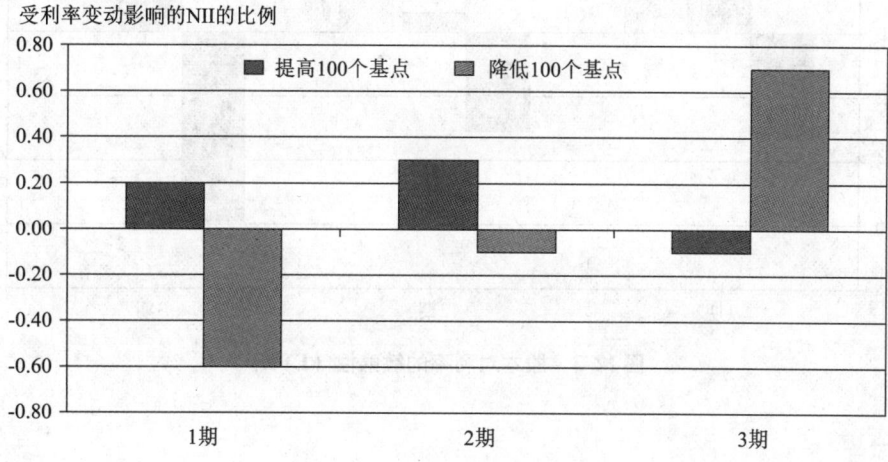

图 12.1　净利息收入敏感性

## 股本经济价值

利率变化对股本经济价值（EVE）的影响反映了银行净价值对利率波动的敏感性。相对于关注收益的模型，EVE 提供了一种对利率变化潜在长期影响的、更为综合的测量方法。

NII 模拟强调的是相对短期的利率风险，而 EVE 分析包括了所有资产负债表和衍生品头寸剩余期限的全部现金流。EVE 对利率水平变化的敏感性是测量资产负债表包含的长期重新定价风险和期权风险的一种方法。与假设利率将在一段时间内逐渐变化的 NII 模拟不同，EVE 使用利率的实时变动。

由于 EVE 测量金融工具在预计剩余期限内的现金流折现后的现值，EVE 的变化与收益可能在短期内（例如当前财年）被影响的程度并不直接相关。另外，EVE 没有考虑诸如未来资产负债表增长、产品组合变化、收益率曲线关系变化和变化的产品利差这些因素，而这些因素可能减轻利率变化的不利影响。

图 12.2 反映了股本对利率变化的敏感性的估计值。敏感性是通过股本变化的百分比测量的。

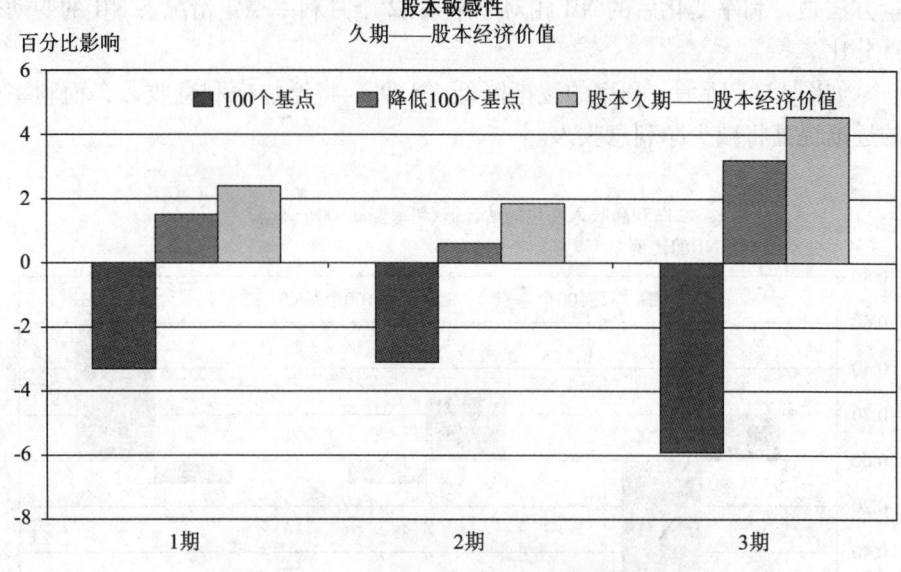

图 12.2　股本对利率的敏感性（EVE）

## 12.4　预测收益率曲线变化的影响

除了传统的重新定价缺口模型（在动态环境中具有所有静态模型的局限），对重新定价日程的解释也可能相当复杂，并要求对银行运营特征的深度了解。人们可以从银行获得预测的收益率曲线，并理解该机构的利率观点。这种方法比较粗糙，但对银行评估而言，仍然是一种理解给定利率变化对利润表和资本以及储备金的潜在影响的有效途径。

市场的远期收益率曲线（该曲线体现了市场预期，并提供了作为"最优猜测"的估计值）提供了关于利率可能的变化路径的更为客观的观点。此外，市场还可能提供关于预期收益率不稳定性的客观测量方法；在给定的置信水平下，该波动可用于测量风险。

在特定市场中，必须接受的事实是，资产负债表重新定价结构不容易被改变。图 12.3 描述了一系列金融工具和一系列时间点下的预测收益率曲线——从当前时期（显示实际收益率曲线）到未来一年（显示未来的预测收益率曲线）。

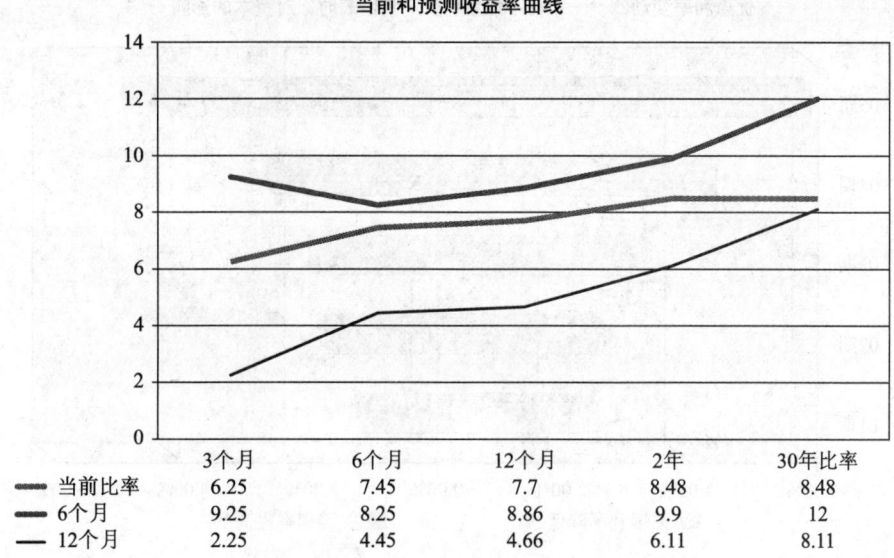

图 12.3　当前和预测收益率曲线

## 重新定价缺口和敏感性分析

图 12.4 描述了关键市场利率（如中央银行贴现率）变化引发的对收入和资本的影响。这种敏感性分析的目的是强调特定关键利率对利润表和资本以及储备金的影响。利率风险可能不一定导致损失，但应该对其进行监测，以识别出那些可能存在特别显著的利率风险的银行。

银行通常应该对市场利率变化时其准备承受的收益和股本经济价值受到的影响设定限额。限额的形式应该与银行头寸的规模和复杂程度相关。对参与传统银行业务并且没有持有衍生品或带有嵌入式期权的金融工具的银行而言，简单的限额就足够了。对从事复杂和多样化业务的银行，为考虑所有可能的利率风险来源，详尽的限额体系可能是必要的。这一体系还应该考虑特定的市场利率变化情境以及历史利率波动情况。

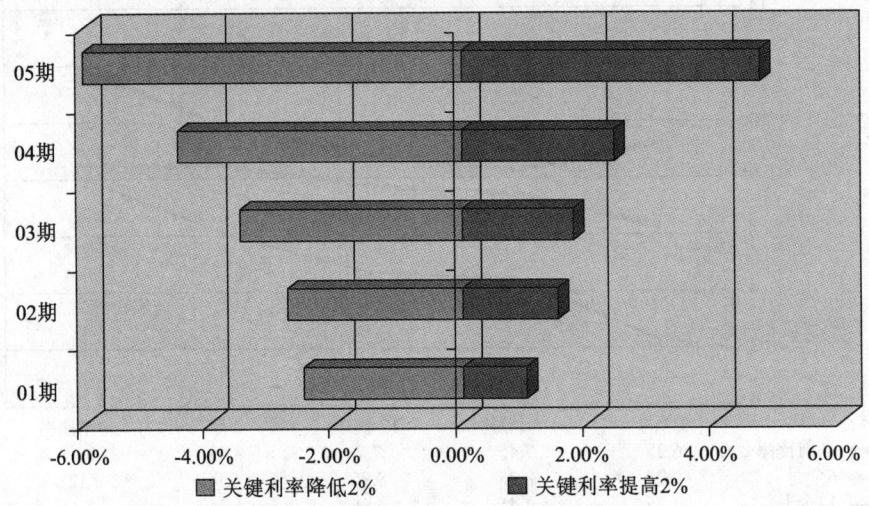

图 12.4 利率变动对资本的潜在影响

# 第13章
# 资金管理环境下的操作风险管理

> "操作风险是由内部流程、人员和系统不完善或失效,或者由外部事件造成的承受损失的风险。"
>
> ——巴塞尔银行监管委员会,2006年10月

## 本章要点

- 虽然通常是对信用风险和市场风险进行优化,但必须将操作风险最小化。
- 由于巴塞尔委员会已经最终确定了对资本和报告的要求,操作风险管理已变得越来越重要。
- 操作风险评估必须以与条线经理为每个业务条线管理业务职能的生命周期同样的方式来识别业务职能和活动。这些职能活动必须清楚地与管理层的战略、运营、报告和合规目标匹配。
- 操作风险评估除了传统的内部控制外,还应该包括其他内容,以使其成为一种整体方法,该整体方法整合了风险的所有方面,尤其是技术、信息安全、新产品和项目风险,以及诸如业务中断这样的外部性风险。
- 应该通过考虑金融机构的业务目标(战略、运营、财务和合规),并在考虑这些目标实现所必须面临的风险环境之后修改这些目标的方式来建立控制目标。
- 必须将关键控制措施优化并定期审查,以评估业务流程的效率。
- 首要任务是遵守法律、规章、政策和导则;合规文化决定了作出交易决策的环境。

- 操作风险管理要求进行清晰的报告，该报告包含与控制业务活动中产生的风险相关的绩效和风险指标。
- 操作风险报告的设计应该确保与指标趋势相关的问题涉及以下内容：发生了什么、为什么会发生、事件的影响，以及后续管理行动和责任；并确保这些问题被整合到报告机制当中。

## 13.1 操作风险管理和巴塞尔委员会的倡议

管理操作风险对银行造成了一些独特的挑战。由于操作风险事件很大程度上是金融机构内部的问题，所以风险起因或风险因素可能并非普遍适用。不仅如此，来自特定风险因素的潜在损失的规模通常难以预测。巨额的操作损失被认为是罕见的或孤立事件，而这导致了这样一种观念，即难以使管理层关注那些通常是平淡无奇的工作，而这种工作是制定一种系统性报告银行操作风险趋势的有效机制所必需的。

风险经理试图优化信用风险和市场风险，而管理层却努力使操作风险最小化。

虽然存在这些挑战，高级管理层和董事会必须积极参与到条线经理对操作风险管理的监测和报告中来。

因此，操作风险管理框架和支持体系的目标是：

- 定义并解释来自人员、流程、系统和外部事件的风险敞口和事故；并使整个企业充分理解操作风险事件的驱动因素。
- 对潜在风险事件及潜在风险的扩大提供早期预警，方法是通过对关键风险指标的持续监测来预测风险并识别问题区域。
- 减少对外部和系统效应的脆弱性。
- 明确定义条线人员在管理操作风险方面的角色和责任，并授权业务单元采取必要行动。
- 加强管理层监管。
- 提供目标衡量工具。
- 整合定性和定量数据以及其他信息。
- 影响业务决策。

完成这些目标可能要求公司行为和文化进行变革。管理层必须不仅确保遵守董事会建立的操作风险政策，还必须定期向高级管理人员报告。本章将讨论可以帮助他们完成这一任务的几种工具：

- 识别关键绩效和风险指标；
- 损失—事件数据库；
- 风险映射：对风险的概率和严重性进行图示；
- 对管理和降低操作风险的控制进行自我评估。

因为在现代环境中，银行的风险水平增加了，所以巴塞尔委员会的倡议增加了对操作风险的关注。银行对复杂技术、零售业务扩张、不断增长的电子商务、银行业务职能和活动外包的依赖程度增高，同时更加广泛地使用那些标榜可降低信用风险和市场风险的结构化金融（即衍生品）技术，这些因素均导致了银行更高的操作风险水平。

对操作风险的传统定义依赖风险来源或事件，它们使银行从其运营的方法或操作中遭受损失。风险的传统来源包括：

- 人员；
- 流程；
- 系统；
- 外部事件。

这些风险来源也是银行执行其业务条线职能和风险管理活动时可以获得的资源。

巴塞尔委员会关于银行监管的核心原则的第 15 条中涉及操作风险。该原则要求监管者确保银行具备识别、评估、监测和控制或降低操作风险的风险管理策略和流程。这些策略和流程应该与银行的规模和复杂程度相适应（见专栏 13.1）。

## 专栏 13.1 巴塞尔银行监管委员会——第 15 条核心原则——操作风险

监管者必须对银行已经落实识别、评估、监测和控制/降低操作风险的风险管理策略和流程感到满意。这些策略和流程应该与银行的规模和复杂程度相适应。

**基础标准**

1. 监管者要求每个银行落实识别、评估、监测和降低操作风险的风险管理策略和流程。这些策略和流程对银行操作的规模和复杂程度而言是足够的,同时监管者确认银行依据其变化的风险特征和外部市场发展对这些策略和流程进行定期调整。

2. 监管者要求银行管理操作风险的战略、策略和流程得到董事会批准,并由董事会定期审查。监管者还要求董事会监督管理层,确保这些策略和流程得到有效执行。

3. 监管者对管理层有效实施经过批准的操作风险管理战略和重大策略感到满意。

4. 监管者审查银行业务恢复和应急计划的质量和综合程度,使其对银行能持续运行并最小化损失(包括严重的业务中断扰乱支付清算系统而产生的损失)感到满意。

5. 监管者确定银行建立了涉及信息安全和系统开发这些领域的适当的信息技术策略和流程,并投资于与操作规模和复杂程度相适应的信息技术。

6. 监管者要求落实恰当的报告机制,以使监管者了解影响其管辖权限内的银行的操作风险的事件。

7. 监管者确认法律风险已包含在银行操作风险管理流程中。

8. 监管者确认银行已建立评估、管理和监测外包活动的恰当策略和流程。外包风险管理计划应该包括:

- 对选择潜在服务提供商进行恰当的尽职调查;
- 设定外包安排的结构;
- 管理并监测与外包安排相关的风险;
- 确保有效的控制环境;
- 建立可行的应急计划。

外包策略和流程应该要求金融机构签署综合性合同和/或服务水平协议,这些合同和/或协议对外包提供商和银行之间的责任进行了明确分配。

**补充标准**

监管者确认风险管理策略和流程涉及操作风险的主要方面,包括在集团范围内应用的恰当的操作风险框架。相关策略和流程应该包括在特定的操作密集型业务(如托管和代理行业务)中普遍存在的额外风险,并应该涵盖操作风险可能增加的时期。

由于预计巴塞尔协议 II 将实施（该协议要求对操作风险分配资本），巴塞尔委员会在其 2003 年的文件《操作风险管理和监督的稳健实践》中向银行提供了管理操作风险的准则。这些准则包含以下 10 项操作风险原则：

**开发恰当的风险管理环境**。前三个原则概括了董事会（或具有最终管理决策职能的管理人员层级）和高级管理层在管理操作风险上的责任。原则 1 声明董事会必须将操作风险认定为单独的风险类别；提供适用于机构中所有单元的操作风险定义；并建立识别、评估、监测和控制操作风险的策略。原则 2 提出董事会应该确保拥有对操作风险策略遵守情况的综合内部审计，并且审计是由不直接负责管理操作风险的合格员工进行的。原则 3 赋予高级管理层实施整个机构范围内的操作风险策略并为银行所有重要产品、活动、流程和系统开发管理操作风险的具体策略的责任。

**风险管理：风险识别、评估、监测以及降低或控制**。下面四个原则涉及银行组织日常活动中的操作风险管理。按原则 4 的规定，银行应该评估其所有现存重要产品、活动、流程和系统中存在的操作风险。在新产品、活动、流程和系统推出之前，应该实施操作风险评估。原则 5 要求建立持续性流程，以监测操作风险预测以及潜在风险敞口。应该向董事会和高级管理层提交关于风险管理的定期报告。原则 6 规定，银行应该定期审查其操作风险控制流程和战略，并在必要时对其进行调整。原则 7 建议银行采用应急和业务持续计划，以确保其有能力持续运营并在出现严重业务中断时将损失控制在一定范围之内。

**监管者的角色**。原则 8 提出银行监管者应该要求所有银行（无论规模大小）落实识别、评估、监测和控制/降低重大操作风险的有效框架，该框架是整体风险管理方法的一部分。按原则 9 的规定，监管者应该直接或间接地对银行的操作风险策略、流程和做法进行定期独立评估。监管者应该确保落实相应信息通报机制，以便掌握其管辖范围之内银行的发展动态。

**信息披露的角色**。第 10 条原则声明，银行应该对公众进行充分的信息披露，以使市场参与者可以评估银行操作风险管理的方法。

表 13.1 提供了关于巴塞尔模型的图示。它还提供了巴塞尔风险来源（事件）与传统风险来源（如人员、流程、系统和外部事件）之间的可能匹配。该模型包含应予以评估操作风险的八个潜在业务条线和七种事件类型，该模型与之前提到的事件类型或风险来源的传统教科书的描述截然不同。

表 13.1 操作风险——巴塞尔协议 II 定义的业务条线和风险事件类型

巴塞尔协议 II 操作风险业务条线和风险事件类型

| 事件类型　　　　　　业务条线 | 内部欺诈 | 外部欺诈 | 雇佣实践和工作场所的安全性 | 客户、产品与业务服务 | 实物资产的损毁 | 业务中断和系统失灵（技术风险） | 执行、交付和过程管理 | 确认与货币损失关联度最高的业务条线 |
|---|---|---|---|---|---|---|---|---|
| 重大风险要素 | 人员 | 外部事件 | 人员 | 人员/流程 | 外部事件 | 系统/外部事件 | 流程 | |
| 公司财务 | | | | | | | | |
| 交易与销售 | | | | | | | | |
| 零售银行业务 | | | | | | | | |
| 商业银行业务 | | | | | | | | |
| 支付与结算 | | | | | | | | |
| 代理和托管服务 | | | | | | | | |
| 资产管理 | | | | | | | | |
| 零售经纪业务 | | | | | | | | |
| 确认与货币损失关联度最高的风险来源 | | | | | | | | |

## 13.2 管理与报告操作风险的框架

表13.1中展示的巴塞尔模型的问题在于，它没有提供与完成给定业务条线交易的生命周期所要求的职能和活动相关的信息。此外，许多机构实体将巴塞尔协议提出的一些"业务条线"（例如，支付和清算）看做为多个业务条线服务的职能，而非单独的业务条线。

### 基于业务生命周期的框架

以银行资金管理部门的私人证券交易业务条线为例，要求的职能可以分为企业范围的职能和操作层面职能。企业范围职能包括：

- 战略规划，
- 公司治理，
- 总体管理，
- 能力发展（企业自身基础设施），
- 业务发展。

在操作层面，证券交易职能包括：

- 建立新的客户投资组合，
- 投资组合管理，
- 结算与控制，
- 估值和会计，
- 风险分析。

再回忆一下图A3.1（第3章附录），该图归纳了全美反舞弊性财务报告委员会发起组织（COSO）关于企业风险管理（ERM）的方法，包含COSO ERM和巴塞尔协议要求的操作风险方法如表13.2所示。

### 以结构化方法管理操作风险的益处

大多数组织机构似乎采用风险和控制评估来使其财务控制人员和内部审计人员满意，但却很少利用COSO原则。而该原则具有以下特点：可以容易地被修订以方便实施操作风险管理方法，模拟交易流程，并为条线管理提供管理操作风险的直观工具。

**表 13.2　ERM 模型扩展到包含完成业务条线交易的生命周期所要求的企业职能**

ERM 模型——与业务职能和活动相关联

| 职能 | 活动 | 内部环境 | 目标 | 风险与事件识别 | 风险评估 | 风险响应 | 控制活动 | 信息沟通 | 监督 |
|---|---|---|---|---|---|---|---|---|---|
| **企业范围:**<br>1. 战略规划<br>2. 公司治理<br>3. 总体管理<br>4. 基础设施与自身能力发展<br>5. 业务发展 | 执行 10 项单独职能中的每项职能所要求的活动 | 氛围<br>正直<br>职业操守 | 战略 | 人员 | 可能性 | 规避 | 政策 | 识别相关信息 | 监测整个ERM流程 |
| | | 关于风险的看法 | 运营 | 流程 | 影响 | 降低 | 流程 | 获取 | 持续的活动 |
| | | 风险管理理念 | 报告 | 系统 | | 分担 | | 沟通 | 单独评估 |
| **操作层面:**<br>6. 建立新的客户<br>7. 投资组合管理<br>8. 结算与控制<br>9. 估值与会计<br>10. 风险分析 | | 风险偏好 | 合规 | 外部事件 | | 接受 | | 使人们能承担责任 | 需要时修改流程 |

在许多组织机构中，对沟通、告知和监测的基本COSO要求几乎被控制人员和审计人员忽视，而这些人员确信并证实内部控制的设计和运作都很有效，并对此感到很满意。这种情况导致资源的无限制浪费，并导致条线管理回避繁重的控制活动。

管理人员内部对定义和方法持有不同意见。在实施一致的操作风险管理方法上取得一定成功的机构实体认同这样几种观点：乐于实验很重要；太多分析可能导致决策缺乏（这也证明了"心里想，不如做"这一古老的格言）。

在整个组织采用一致的操作风险管理框架使组织可以实现以下目标：

- 在控制或文档流程方面的具体改进；
- 改进组织的控制环境；
- 活动和控制流程自动化；
- 对重大风险要素进行更好的分析，并对风险来源进行更有效的控制；
- 增加流程所有者（条线经理和职员）对风险管理的认知；
- 管理层理解其对有效管理和监测风险与控制的责任；
- 明晰、综合、集成和可行的高级管理层报告；
- 充分利用活动，而不是重复活动；
- 一致的标准；
- 提出战略问题，并改变公司观念和文化；
- 单独储藏风险和控制数据以及行动项目；
- 增强学习和终端用户支持。

采用结构化方法将产生更高的效率。监管负担将转化为扎实的业务要求。通过避免重复审计，疲劳可以降低，因为多次、冗余的审计和控制调查问卷事实上已被废除。这些调查问卷通常仅仅满足单个部门的目标而很少对条线管理有益。

**业务流程重组**。可以通过确保将风险评估和控制阶段用于优化繁琐的手工流程或检查控制流程来实现管理层认购，这可能会在事后带来耗时费力的对账工作，而实际上某些控制过程比较容易实现自动化。例如，在推出新项目和新产品前进行风险分析可以通过提前警示管理层潜在问题来推动新项目或新产品的成功发布。此外，与事后分析发现不可接受的风险时而不得不改变流程相比，事前提醒更加节省成本。

表13.3是在表13.2的基础上得到的，目的是描述在保持与条线经理的业务目标关联的同时，如何能实现所有COSO目标（以及萨班斯—奥克斯利

法案的要求)。

它概述了实施结构化的操作风险评估与管理方法所要求的步骤,同时还包括了报告和监测职能。实施结构化的操作风险管理方法应该淘汰掉为满足内外部审计人员(或组织中任何其他的风险、控制或合规职能部门)的要求而设置的额外的调查问卷。

该框架从条线经理视角回答了以下问题:

- 我位于什么业务/业务条线中?
- 完成业务条线的(交易)生命周期要求哪些一般职能?
- 哪些活动是实现每种职能所必需的?
- 我的业务目标是什么(我为什么要做这个?)我的职能和活动与这些目标一致吗?
- 我目前正在怎样实现我的业务目标(理解流程)?
- 什么将阻止我实现我的业务目标(风险领域、重大风险要素以及我对所发现风险的响应——我能在风险下生存吗)?
- 我如何应对可能阻碍我实现目标(控制)的障碍?
- 哪些指标将告诉高级管理层那些可能阻碍目标实现的障碍是得到了有效处理,还是正在扩大,还是已经使管理流程(KPI/KRI)成为摆设?为对结果进行有效沟通,分析人员应该分析趋势并确定趋势和事件的原因;从而使管理层确信可以:
  - ❑ 评估业绩的有效性
  - ❑ 当风险指标需要关注时采取行动
  - ❑ 重组繁琐的手工流程
  - ❑ 重组低效的手工和检查(事后)控制
- 我们怎样能够改进信息管理——数据库建设和数据挖掘?

在实施任何框架时,风险经理应该避免落入让软件模型统治操作风险管理方法的陷阱中。应该让软件帮助风险经理收集支持企业目标的数据。工具不应该管理操作风险。

## 表13.3 操作风险管理

| 职能 | 活动 | 业务目标 | 流程 | 风险评估和响应 | 关键控制 | 报告和监测 | | 数据测量 |
|---|---|---|---|---|---|---|---|---|
| **企业范围:**<br>1. 战略规划 | 执行10项单独职能中的每一项职能所要求的活动 | 为执行任务提供业务理由 | 准备活动的流程图——按职能 | 识别重大风险要素:<br>人员<br>流程<br>系统<br>外部事件 | 定义控制目标并确保其与经风险评估修改后的业务目标一致<br>决定控制度及流程 | 怎样才能知道机构符合其业务目标? | 怎样才能知道机构符合其控制目标——风险环境恶化 | 要求测量的频率 |
| 2. 公司治理<br>3. 总体管理<br>4. 基础设施与自身能力发展<br>5. 业务发展 | | 将目标分为4类:战略、运营、报告、合规 | 描述职能/活动进行的方式 | 考虑所有风险来源:<br>活动流程<br>信息技术<br>信息安全<br>业务连续性<br>充足的设施<br>合规<br>新项目实施<br>管理关注 | 有哪些控制措施(关键控制措施)用于实现风险管理目标?(由谁实施?)<br>定期监测<br>确保准确完整<br>恰当分类<br>正确的时间段<br>有效 | 关键绩效指标(KPI)<br>与绩效驱动因素的联系<br>确定为何指标属于KPI<br>回答为什么业务问题<br>基准 标准 影响的决策 采取的行动<br>回顾 | 关键风险指标(KRI)<br>与重大风险要素的联系<br>反映了为何指标属于风险的<br>基准 标准 影响的决策<br>对正在发展的风险采取的行动<br>早期预警<br>前瞻 | 确定数据源 |
| **操作层面:**<br>6. 建立新投资/客户投资组合<br>7. 投资组合管理<br>8. 结算与控制<br>9. 估值与会计 | | 将目标与恰当的职能匹配 | | 构成风险响应<br>风险将实现的可能性多大?<br>如果其风险确实出现,则其对我拟的业务影响有多糟?(影响的领域:<br>货币 (M)<br>声誉 (R)<br>合规 (C)<br>决定风险响应:<br>规避<br>接受<br>降低<br>分担 | 决定控制是人工 (M), 还是自动 (A), 是预防性 (P), 还是检查性的 (D)? | 报告并确认高级管理层实施的行动和监测 | 报告并确认高级管理层实施的行动和监测 | 确保数据收集的效率<br>责任 |
| 10. 风险分析 | | 确保定期审查业务目标 | | | 评估设计和运作的有效性 | 需要时修改流程<br>使用业务流程重组的框架 | | 调查自动数据挖掘可能性 |

## 13.3 识别业务条线职能和活动

为确定那些为交易周期所需并对其有用的职能所需解答的关键问题是，为什么某一特定职能是必要的以及它对实现业务条线的业务目标起到怎样的支持作用。一旦确定了关键职能，管理层必须决定可采取的、能以最有效方式实现职能目标的行动。

表13.4说明了证券交易业务条线的职能和活动，并表明了这些活动怎样与业务目标一致。该流程要求回答两个问题：

- 在交易或给定的业务条线的生命周期中执行的主要职能是什么？
- 完成每个职能目标要求什么行动？

**表 13.4　　　　证券交易（业务条线）职能和活动**

| 职能 | 活动 |
| --- | --- |
| 战略规划 | 形成并接受一项支持国际复兴开发银行（IBRD）总体使命（价值观和核心信念）的任务<br>形成三至五年的愿景<br>表达和沟通战略目标<br>选择恰当的成就衡量标准 |
| 公司治理 | 构建业务条线和单元，以便实现使命和战略目标<br>推荐恰当的战略性资产配置模型和外部绩效<br>遵循相关政策制定者制定的基准<br>实施与董事会决策一致的策略和准则<br>实施有效的风险管理流程<br>重组不合适的或过时的业务流程<br>对内外部客户确定合适的风险报告和管理标准 |
| 一般管理 | 人员管理<br>管理员工职业发展，并与战略规划保持一致<br>规划和管理设施<br>规划和管理预算资源<br>报告管理活动 |
| 能力发展<br>（自身基础设施） | 根据使命要求开发产品、编撰出版物并开发项目<br>培养人力资源技能（员工培训） |
| 业务发展 | 就业务发展和目标市场战略达成一致<br>采用营销和沟通战略<br>采用评估新客户需要的标准方法<br>为潜在的新客户评估风险和回报 |

续表

| 职能 | 活动 |
| --- | --- |
| 建立新的客户投资组合 | 与客户达成法律和投资管理协议（IMA）<br>建立新的客户投资组合<br>建立已取得共识的交易对手安排 |
| 投资组合管理 | 根据客户指令构建和/或再平衡投资组合<br>进行交易前合规程序<br>执行交易（选择交易平台）<br>确定总体流动性需要并取得一致 |
| 结算与控制 | 确认和结算交易<br>进行支付和接收支付（如，SWIFT）<br>必要时调查交易<br>管理现金交易流和对账<br>保持静态数据<br>管理银行和托管关系 |
| 估值与会计核算 | 评估投资组合<br>对投资组合进行会计核算<br>管理外部（CTR）和其他报告要求<br>就对内外部客户服务的层次达成一致 |
| 风险分析 | 设计、测试和实施风险模型<br>测量风险并与 BLs 和 TREVP 沟通<br>测量投资组合业绩，并与一致认可的基准进行比较<br>监测合规活动 |

  一些风险专家不同意将诸如战略、公司治理和一般管理这样的企业职能与条线管理操作职能相混合的概念。但是，当审查每个职能的活动时，很明显，如果战略的制定缺乏充分沟通，组织机构内部的不当设置和安排会使其无法实现所提出的业务目标。随后，这将几乎不可避免地把员工的职业规划置于危险境地：由于提出的任何新想法都可能取得优先地位，所以资源分配可能变得随意，从而损害长期目标的实现。

  当人力和系统的能力没有在营销新业务之前发展起来——在培训员工和安装自动化系统基础设施（如果可行）之前——结果将会造成不必要的手工和其他变通性流程、事后控制（即检查性控制而非预防控制）、操作效率降低，并为企业带来额外的人力和系统压力。从长期来看，这样的情况将造成障碍，例如，建立客户投资组合，结果对结算、会计和风险分析职能造成负面影响——这些都与操作风险管理直接相关。

## 13.4 流程：记录执行职能的方式

执行活动的方式使机构实体面临操作风险和低效率。管理层必须选择能够以最低的可能风险敞口确保最优成本效率的技术。为选择合适的技术，管理层必须首先确定执行职能活动的业务理由：

- 执行这些活动可以满足什么业务目标？
- 业务如何实施这些活动，即流程是什么？

图 13.1 以流程图的方式对处理固定收益投资所涉及的活动进行了举例说明。

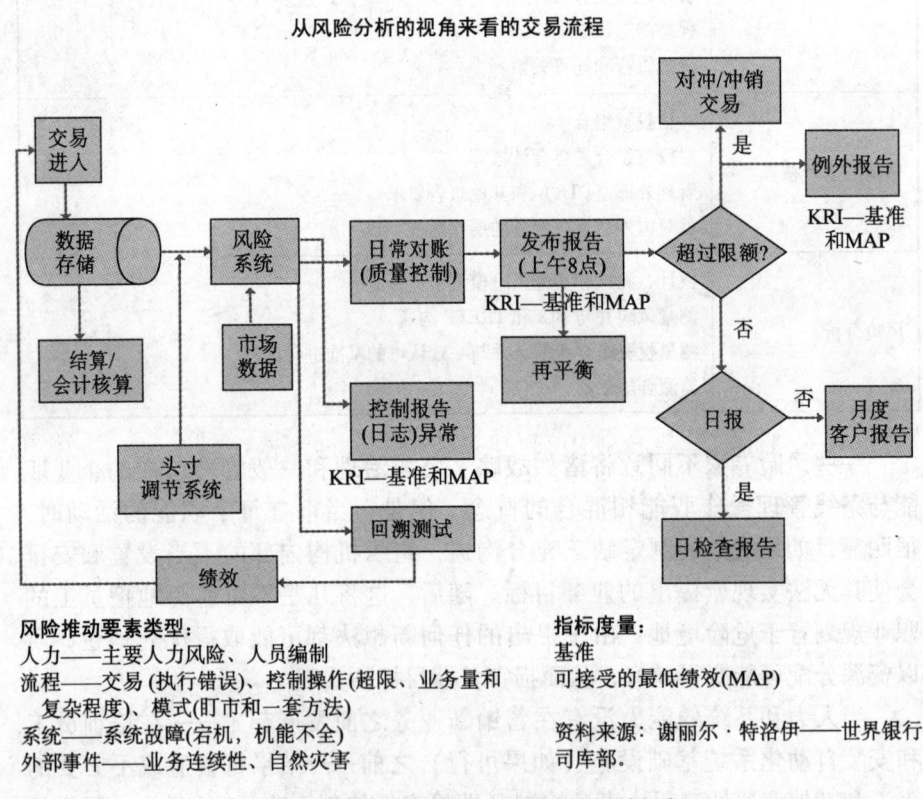

图 13.1 交易流程——从风险分析的视角

## 13.5 风险评估：人员、流程、系统和外部事件因素

在资金管理环境中，有时人们倾向于将风险看做是完全可以量化的。因此，这里存在的一项重要挑战就是，为希望将风险量化的人们找到计量操作风险和公司治理的良好框架，同时该框架也可以将非定量风险无缝地整合进来。

风险被定义为阻碍以符合道德的方式实现可持续业务目标和结果的任何事物。这一风险定义包括没有挖掘机会和没有维持组织关联。每个组织都面临来自内外部的、必须评估的大量风险。风险评估是对潜在危害业务目标实现的风险的识别和分析。风险评估为确定管理风险的方式奠定基础。风险评估的前提条件是建立内部一致并符合组织战略和使命的业务目标。

当进行风险评估时，银行必须询问以下与每种职能及其相关活动有关的关键问题（见表13.5）：

- 风险源是什么（人员、流程、系统、外部事件）？
- 内部控制框架涵盖了哪些风险？
- 信息技术（IT）与系统的风险是什么？
- 信息安全风险是什么？
- 与业务连续性相关的风险是什么？
- 与设施和位置有关的风险是什么？
- 哪些特别风险可能产生于对外部客户提供服务和遵守法规要求？
- 来自规划和实施新产品或新项目的额外风险有哪些？
- 困扰管理层的其他问题是什么？
- 风险将出现的可能性有多大？
- 如果风险确实出现，对业务造成的影响有多严重，同时这种影响是金钱方面的、名誉上的还是与合规有关？

一旦风险被识别，管理层必须确定是否接受这些风险（因为风险的影响程度低或发生的可能性低就使得该风险不值得花大价钱去控制）或者是通过规避、降低或分担风险的方式来弱化风险。

一般而言，在考虑上述问题的过程中，如果由经验丰富的中立观察者指导，则可实现最佳的风险（及控制）效果。

**表 13.5 风险评估：对每个职能活动的问题——与巴塞尔和 ERM 模型关联**

| 职能 | 活动 | 对每个职能活动的风险评估问题——与巴塞尔和 ERM 模型关联 | | | | | | | | 风险问题和响应 | | | |
|---|---|---|---|---|---|---|---|---|---|---|---|---|---|
| | | 内部控制框架涵盖了哪些风险 | 必须考虑哪些 IT（信息技术）风险 | 必须考虑哪些信息安全风险 | 必须考虑与业务连续性相关的风险 | 哪些与设施和位置有关的风险 | 哪些特别风险产生于对外部客户提供服务以及遵守法规要求 | 新产品？哪些额外的下游风险来自规划和实施新产品或新项目 | 还有哪些问题正在困扰管理层 | 风险出现的可能性有多大 | 如果风险确实出现，那它对业务造成的影响有多严重 | 在哪些地方可以感受到影响 | 对识别出的风险响应是什么 |
| 巴塞尔协议提出的风险问题和响应 | | 内部欺诈 外部欺诈 | 业务中断和系统失灵 | 内部欺诈 外部欺诈 | 业务中断和系统失灵 | 实物资产的损毁 工作场所的安全性 | 客户，产品和业务服务 | 客户，产品和业务服务 执行交货和流程管理 | 执行交货和流程管理 | | | | |
| 操作风险定义重大风险要素 | | 人员 外部事件 | 系统 外部事件 | 人员 外部事件 外部事件 | 外部事件 | 外部事件 | | 人员 流程 系统 外部事件 | 人员 流程 系统 外部事件 | | | | |
| ERM：企业风险管理的 COSO 模型 | | | | | | | | | | 可能性 | 影响 | 货币（M） 声誉（R） 合规（C） | 规避风险 降低风险 接受风险 分担风险 |

## ● 13.6 控制评估

内部控制是用于为实现有效性和操作效率、财务报告可靠性以及遵守适用法律和规章提供合理保证的过程。它包括保护资产。

控制环境设定了组织的基调，并提供纪律和结构。它包括诚信和伦理价值、员工能力、管理层理念和运行风格、管理层分配权力和责任的方式、管理层培训和开发员工的方式，以及董事会提供的关心和指导。策略和流程是帮助确保管理层指令得到遵循以及组织实现其目标的控制活动。控制活动，诸如批准、授权、核对、调节、审查操作绩效、资产安全以及责任划分，发生在整个组织中，发生在所有层次以及所有职能。

控制可以是正式或非正式的。正式控制包括策略手册、流程、层级和规章。非正式控制包括道德、能力、士气、信任、技能、领导力、处理方法、文化、信息、资源、衡量标准、策略、沟通、团队合作和常规做法。

在评估控制流程时，管理层应该处理以下问题（见表13.6）：

- 考虑到经营理念和相关风险，什么是风险管理（控制）的目标？
- 谁负责监测这一风险？
- 有哪些措施（关键控制）来实现风险管理目标（例如，定期监测、准确度、完整性、有效性和正确的时期、适当性、分类)？
    - ❑ 这种控制是人工的还是自动的？
    - ❑ 这种控制是预防性的还是检查性的？
- 谁从事风险管理活动？
- 是否有证据（包括外部各方或其他部门）表明控制活动是例行的？
- 任何关键控制的有效性依赖于个人还是业务部门？
- 这种风险管理活动与当前最佳市场实践有何区别？

通常，管理层必须做到遵守其公布的风险管理流程，以符合审计人员的要求。如需将合规性测试整合进日常管理活动，要求管理层将其自身对风险管理过程的描述与针对季度财务报告中突出表现出来的财务和风险趋势及波动的任何分析或讨论以及任何业绩或报告活动中的问题相联系。将风险矩阵作为议题写入季度报告，将确保任何在财务报告周期内对流程或风险管理控制的改变都以一种及时的方式被记录下来。这些审查还应该识别出新风险并提出对现有流程和内部控制的必要改变。

表13.6　控制评估问题

| 职能 | 活动 | 谁负责监测这一风险? | 考虑到经营理念和相关风险,什么是风险管理(控制)的目标? | 有哪些措施(关键控制)来实现风险管理目标?(例如,定期监测、完整性、准确度、有效性和正确的时期、适当性、分类)? | 这种控制是人工的(M)还是自动的(A)? | 这种控制是预防性的(P)还是检查性的(D)? | 谁从事风险管理活动,同时有何证据表明这种活动已完成(包括明显提到依靠方和其他部门)? | 控制设计与操作有效性 | | 管理层怎样知道他们达到业务目标?关键绩效指标 | 管理层怎样知道何时风险管理控制没有按计划运行或者风险环境正在恶化?关键风险指标 |
|---|---|---|---|---|---|---|---|---|---|---|---|
| | | | | | | | | 设计:这些风险管理活动与当前最佳市场实践有何区别? | 操作:就控制过程而言,人们是否实际在做应该做的? | | |

## 13.7 关键绩效指标和关键风险指标

管理操作风险要求确认绩效和风险的恰当指标。这要求收集代表业务流程的数据（测量数据），包括从内部和从外部收集来的。这些数据通常与给定频率（如时薪）相关。当与独立的或以前达成共识的基准比较，测量数据就成为风险或绩效指标。

许多操作风险管理人员选择不分别定义关键绩效指标和关键风险指标。如果需要区分这两者，人们可以将关键绩效指标（KPI）定义为以目标表达的指标。KPI 被看做回顾性指标，描述的是过去的绩效（见表 13.7）。

表 13.7　　　　　　　　　　数据和指标的差别

| 活动：确认和执行交易 | 第一月 | 第二月 | 第三月 |
|---|---|---|---|
| 交易量——使用数据挖掘 | 1000 | 1100 | 900 |
| 数据：错误数——使用数据挖掘 | 14 | 21 | 19 |
| 基准/阈值 | 1.5% | 1.5% | 1.5% |
| 上限——要求立即采取行动 | 2.0% | 2.0% | 2.0% |
| 出现错误的交易 | 1.4% | 1.9% | 2.1% |
| KPI：以占基准的百分比表示的错误率 | 93% | 127% | 141% |
| KRI：超出基准的额外错误 | -6.7% | 27.3% | 40.7% |
| 与基准和可接受上限相比的风险因素 | 1 | 2 | 3 |

关键风险指标（KRI）被定义为操作或财务变量，该变量为估计一个或多个操作风险事件的可能性和严重性提供可靠基础。它可以是具体的因果关系变量，也可以是与操作风险相关的事件和损失的驱动因素的代表。KRI 可以是严格定量的，例如业务部门的失误率或结算错误的数量，也可以是更为定性的，例如系统充足度或人员能力。它可以是完全客观的，例如系统失灵的小时数，也可以是更为主观的，例如衍生品投资组合的总体复杂程度。但为发挥作用，KPI 指标不管怎样都必须与一种重大风险要素相关联——或者更为理想的情况是，与产生操作失灵的一种机制相关联。接下来，必须定期审查和更新指标，方法是去掉那些已经是不相关或多余的指标，改变收集和处理关键数据的方法，并根据风险和控制环境的演变制定新指标。

KRI 是跟踪敞口或损失的可测量指标，并在给定时间点或出现某种"问题"时显示一种状态。任何可以承担这种职能的事物都可以被看做风险指标。

虽然关键信用风险指标是最重要的，但管理人员不应在定义这类指标上花太多时间。有经验的风险管理人员的建议是先定义再使用风险指标；如果该指标不合适，它会随时间推移自动显现出来，那时就可以对风险指标进行修改了。

KRI 可能是财务指标，但更常见的情况是，它们是操作上的统计数据，这些数据被组合并整合成 KRI，然后被纳入操作风险管理报告。该报告告知董事会控制是否运作有效以及风险管理趋势是否仍在可接受的限度内。这样的例子可能包括关于交易量的统计数据、结算错误、交易失败等等。

与 KPI（该指标回顾过去的绩效）不同，KRI 预测潜在风险。应该为不同类型（例如，敞口和控制）、不同的风险种类（人员、技术和流程）、不同部门以及整个资金管理范围建立 KRI。KRI 应该量化所有依据风险做出的、决策所需的所有可见和不可见方面的信息，即系统失灵、合规、内部审计、失误等等。

好的 KRI 应该至少具备以下特点和能力：

- 基于条线经理接受的客观标准，有可用的外部基准则更好；
- 有用；
- 易于应用并容易被终端用户理解；
- 是通过使用客观、一致的技术开发得到的；
- 提供了对与指标有关的风险变量的清晰理解，例如可能性和风险发生时的影响；
- 包含预警功能；
- 可量化（以数字、美元或百分比等方式）；
- 与管理层目标、风险所有者和风险类别相捆绑；
- 清楚显示了问题可能出现在哪里；
- 通过尽可能使用自动数据挖掘技术使这些指标能及时生成，并且经济合算。

KRI 在向高级管理层保证控制框架正在按预期（和按以往的书面记载）运行方面尤其有用。业务经理应该在其管辖范围内为每一种控制确定 KRI。

例如，像交易记录错误数这样的数据增加时，一些隐含的、潜在的系统错误和判断失误可能出现。换句话说，这种数据的数值改变超过先前确定的阈值，就可能带来操作风险敞口的改变或者不同的操作损失。人们可以理解这一点，方法是确定以下事项：谁需要信息；正在回答的是哪些与业务或控制目标相关的问题；为何那种具体数据在回答该问题方面是独特的；哪些决策受到影响或采取了哪些基于 KPI 或 KRI 的行动，这些 KPI 和 KRI 要求该数据作为输入变量（见表 13.8）。

# 关键风险指标

**表 13.8 确定纳入 KPI 和 KRI 的数据**

| 职能 | 活动 | 数据/统计值计量的单位/时间尺度 | 关键绩效指标 完成目标任务的百分比 | 关键风险指标 作为未来风险指标的数据 | 谁需要这一信息？这一指标与重大风险要素存在怎样的联系？ | 该指标回答了什么业务或控制目标问题？为何有指标在回答业务问题上是独特的？ | 受影响的决策 | 基于 KPI/KRI 采取的行动 | 数据源 | 收集频率 |
|---|---|---|---|---|---|---|---|---|---|---|
| 结算与控制 | 确认（验证）交易，自动更新头寸并进入结算系统 | | | | | | | | | |
| | 付款与收款（例如，通过 SWIFT、即环球同业银行金融电讯协会） | | | | | | | | | |
| | 必要时调查交易 | | | | | | | | | |
| | 管理现金交易流和对账 | | | | | | | | | |
| | 维护静态数据 | | | | | | | | | |
| | 管理银行与托管人关系 | | | | | | | | | |

管理层应该决定哪些数据是开发指标所需的以及应该如何收集这些数据。收集的数据应该清楚地表明管理层应该监测哪些风险以及管理层现在正在监测的风险是什么。以下问题应该帮助管理层以经济适用的方式准备操作风险报告：

- 管理层怎样知道它符合其业务目标（KPI）的要求以及管理层的目标成功率（基准）是什么？
- 管理层怎样知道何时风险管理控制没有按计划运行或者风险环境正在恶化（KRI）？
- 为何这些方面能够反映风险控制的成功或恶化？
  - 谁需要这一信息？
  - 该指标回答了什么业务或控制目标问题？
  - 该指标在回答业务问题方面表现出怎样的独特性？
  - 这些数据影响什么决策？
  - 基于 KPI 和 KRI，应该采取什么行动？
- 数据收集怎样产生？
  - 应该收集什么数据？
  - 多久收集一次数据？
  - 能在何处找到这些数据？
  - 如何收集数据？
  - 谁负责收集数据？

当风险和绩效指标设计恰当并得到及时报告时，这些指标对可能使业务产生不利影响的潜在问题提出预警。但是，只有当风险管理人员完全理解端对端业务操作流时，信用风险和绩效指标才起作用。

详细了解业务流程后，风险管理人员可以依据高质量数据设计可以提供最佳信息的指标。

塞尔吉奥·斯堪第佐[1]描述了理解业务流程的实用方法。

---

[1] 塞尔吉奥·斯堪第佐，《操作风险经理指南——行业工具和技巧》，伦敦：风险图书出版社，2007年版。

## ◉ 13.8　操作风险报告：分析、行动和责任

> **报告与监控操作风险**
>
> **原则5.** 银行应该实施一套流程，对操作风险特征和重大风险敞口进行定期检查。应该定期向支持积极操作风险管理的高级管理层和董事会报告相关信息。
>
> **原则6.** 银行应该拥有控制和/或降低重大操作风险的策略、流程和做法。银行应该定期审查其风险限额和控制战略，并应该根据其总体风险偏好和特征通过适当的战略来调整其操作风险特征。
>
> 《操作风险管理和监督的稳健实践》
> 巴塞尔银行监管委员会
> 2003年12月

作为公司治理流程的一部分，并得到定期审查的结构良好的管理信息，将对识别和管理操作风险作出显著贡献。通过将操作风险管理职能和关键绩效与关键风险指标联系起来，管理层获得了基于风险的管理信息，这些信息关注与每个业务条线职能及其相关活动相符的风险管理流程。风险数据包括与交易活动相关的操作话题，例如监测利率重置及其他关于结构化交易的触发因素、结算话题以及关于衍生品和债务偿还的法律确认。

需对内部控制系统进行监控，以便评估系统在一段时间之内的运行情况。这是通过持续监控活动和单独评估实现的。持续监控发生在业务过程中，并包括定期的管理活动和监管活动以及员工在履行职责时可能采取的其他行动。单独评估的范围和频率主要取决于对风险和持续监控过程的有效性的评估。应该向上级报告内部控制缺陷，并将此作为向高级管理层定期报告的一部分。针对所发现的缺陷应着手启动对波动和错误产生原因的分析调查，并确定这些情况是新风险出现引起的还是现有风险管理流程失灵造成的。这种方法使风险管理流程得以启动，并成为管理流程的一个常规组成部分，从而确保风险评估不会变成为达到某些外部报告的要求而每年走一次过场。

必须以一种能使人履行职责的形式并在一定的时间框架内识别、捕捉和交流相关信息。信息系统产生包含操作、财务和合规相关信息的报告,这些信息使其能运行和控制业务。它们不仅处理内部生成的数据,还处理关于外部事件、活动和情况的信息,这些信息对做出客观决策和外部报告是必要的。有效沟通必须在更广泛的意义上进行,沟通方向包括自上而下、横向和自下而上。在健康的控制环境下,沟通是开放的。当业务目标处于危险境地时,坏消息迅速传播,从而使人们采取及时的纠正行动。所有人员必须收到从最高管理层发出的明确信息,信息内容是必须严肃执行他们的控制责任。他们必须理解其在内部控制系统中的作用,并理解他们的个人活动是如何与他人的工作相关联。他们必须向上级沟通重要信息的方式。他们还需要与外部各方进行有效沟通,包括顾客、供应商、监管者和股东。

操作和企业风险的仪表板应该处理关键的管理问题:

- 有任何战略、操作、报告或合规目标面临风险吗?
- 哪些关键的风险和绩效指标要求立即行动?
- 所有政策、限额和法律都得到遵守了吗?
- 谁应该对为重点议题而采取的行动负责?
- 为表达至关重要的信息,是否以最有效的方式强调关键消息?
- 是否清楚表达了所需的行动和责任?

图 13.2 展示了基本的操作风险报告。该报告基于 Excel 软件,并能与 XCELSIUS 等价格合理的软件一起使用。

报告的基础是应该对所有关键风险指标进行趋势分析,识别显著的波动并询问以下四个重要问题:

- 发生了什么引人注意的事情?
- 为何发生?
- 该趋势或情况的影响是什么?
- 为扭转不可接受的趋势需要采取什么行动?谁对采取这种行动负责,应何时完成行动?

遗憾的是,内部审计人员并没有更多涉及操作风险话题以增强操作风险管理——现代内部审计中如此多的地方可以被称为"保持现状"。

内审人员忽略了他们的审计标准提供的军火库中最强大的武器,即"分析审查"或"财务分析"的力量和影响。

# 第13章 资金管理环境下的操作风险管理

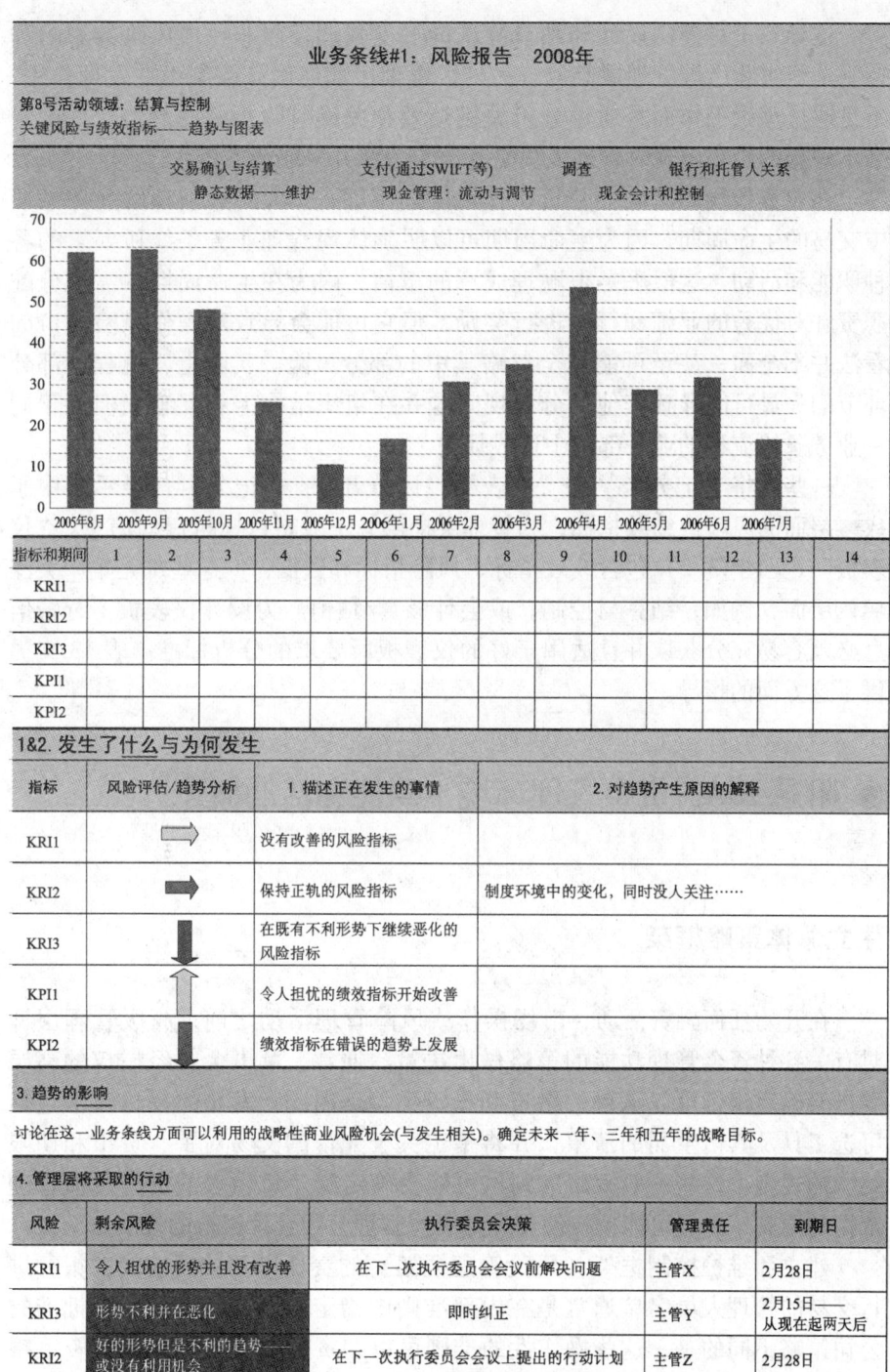

图 13.2 操作风险管理报告样本

这导致了对控制设计和细节测试的过度强调，而非评估风险的影响和控制是否实际已被管理层监测。另外，管理层如何确认控制正在发挥作用？不是通过理论工作而是通过分析关键绩效和关键风险指标的趋势，并确定当不理想的趋势出现时管理人员是否给予关注并采取行动。

在业务条线的基础上分析操作风险还不够——人们必须理解业务条线中交易的生命周期，因为生命周期可以明确体现管理业务条线所要求的各种职能和活动。这似乎是很顺理成章的事情，因为在生命周期中需要分配职责并对优秀的业绩和行为进行奖励，但它可能会导致对操作风险敞口的看法并不全面，甚至可能完全忽略其中的部分风险。实际上，流程中部分环节的失灵可能导致其他部分出现问题并在组织结构上相互独立但属于同一业务条线流程的业务部门中造成损失。

一些人将"记分卡"和"仪表板"区分开来。"记分卡"显示集中于战略层面的风险或绩效指标，为管理层提供关于战略目标执行的信息。"仪表板"（见图13.2）包含绩效指标、风险指标和数据——这些都是集中关注职能层面，例如，结算与控制，或会计核算/估值。为设计仪表板，背景信息必须容易充分获取并且适用于好的仪表板所要求的分析标准。表13.9提供了这方面的指导。

## ● 附录13A. 资金管理环境下职能和活动概述

### 建立总体策略框架

在开始任何融资活动、市场操作或风险管理活动之前，高级管理层针对有关各种资金管理功能的策略做出决策。通常，董事会或经授权的高层委员会确定银行可以从事的融资和投资类型。因此，发布的授权通常包括可选工具及其衍生品的清单，并将指定关于允许的交易对手、货币和期限结构的规则。这些一般策略准则也可能会确定资产负债表的资产负债管理依据的原则，并且可能授权使用外部资产管理公司管理银行的投资。

建立和维护控制框架（风险管理框架）的责任以及被授权代表银行进行交易的管理人员名单通常是在内部准则中指定的。与应由董事会批准的公司策略不同的是，这些操作性的准则可以在资金管理委员会或投资策略委员会层面上得到批准。

表 13.9    设计仪表板——用于分析的输入表

| 操作报告设计 | | | | | | | |
|---|---|---|---|---|---|---|---|
| 如果数据并非自动操作,则很关键 | | | | | | | |
| 输入信息 | 时间序列 | 要求的图表类型 | 分析 | 议题 | 项目 | 置于仪表板上的项目 | |
| | | 趋势线<br>柱状图和趋势线<br>饼图 | 发生了什么<br>为什么发生<br>趋势或事件的影响是什么<br>管理层应采取什么行动<br>日期（初始和修改后）<br>主管高级管理人员 | 公告说明要求的行动 | 公告说明要求的行动 | | |
| 关键风险指标——按职能 | | | | | | | |
| 关键风险指标 1 | | | | | | | |
| 关键风险指标 2 等 | | | | | | | |
| 关键绩效指标——按职能 | | | | | | | |
| 关键绩效指标 1 | | | | | | | |
| 关键绩效指标 2 | | | | | | | |
| 基准——按指标 | | | | | | | |
| 每个关键风险指标的目标比率 | | | | | | | |
| 所选关键风险指标的超额风险率 | | | | | | | |
| 操作数据——按活动 | | | | | | | |
| 操作数据 1 | | | | | | | |
| 操作数据 1 | | | | | | | |
| 财务数据——按活动 | | | | | | | |
| 财务数据 1 | | | | | | | |
| 财务数据 2 | | | | | | | |

由于金融市场不断变化,所以必须定期审查策略准则。

## 投资组合管理(市场操作)

金融中介机构必须将其负债久期(利率敞口)转变为资产负债表资产一方的不同的利率敞口。同时,金融中介机构必须能够在负债到期时或被要求偿还时兑现其承诺(例如存款或偿还债券)。资金的实际流入流出并不一定反映在合同条款中,而是可能随市场状况变化。因此,金融中介机构存在着内在的流动性错配风险。因此,流动性策略和流动性风险管理是其业务战略的关键要素(第8章对管理流动性风险的重要性进行了更充分的讨论)。

银行资金管理经济高效的筹资渠道可能受到利率和利差环境、市场竞争者活动、信贷需求、银行信用评级以及当地环境(例如,可用的套利市场)的影响。银行筹资结构是流动性管理的关键方面。

拥有稳定、庞大和多样化存款基础的银行比缺乏这种存款基础的银行面临流动性问题的可能性更小。因此,对存款基础结构和类型的评估以及对存款状况(稳定性和质量)的评估是流动性风险评估的起点。以下信息是评估筹资环境所必要的:

- 产品范围;
- 存款集中度;
- 存款管理;
- 融资结构;
- 获取潜在融资来源的方法。

关于借入资金,管理层应该确保筹资风险得到了恰当管理。未授权的交易或改变(即没有经过正式的批准或由未被授权员工所做出的)可能对银行造成潜在的财务或声誉风险。没有被正确捕获或及时捕获的交易信息——尤其是当使用诸如指数化债券和掉期这样的复杂融资结构时——可能造成结算延迟或失败,而在交易执行中,糟糕的时间管理可能引发机会成本。雇员方面的不当行为(例如偏好某些交易对手)或执行不完善,也可能造成潜在的资金损失并损害银行的声誉。

从操作风险的角度来看,一些筹资结构要求在金融工具的生命周期中进行人工干预,因为资金管理的计算机软件可能无法捕捉到所需的比率或进行干预的触发条件。在衍生品被用作筹资结构的一部分的地方,超过交易对手授信额度所执行的交易将增加风险敞口。对衍生品参数的错误决定,例如名义金额、息票债券的定期现金流、日期和计日惯例，也可能造成潜在的财务损失。

**投资和现金流管理**

在商业银行环境中，投资和交易流程有助于平滑短期流动性缺乏和盈余，并使用最少的现金余额实现最大回报，同时为所有内外部客户提供现金流。投资职能也管理长期资产作为流动性的应急来源，同时在投资组合上赚取合理回报（对流动性和其他投资组合的管理在第 9 章讨论，市场风险管理在第 10 章讨论）。

由于不同类型金融工具的风险特征差别可能很大，通常每位投资组合经理所负责的子投资组合分属不同的资产类型并具有不同的期限特征。在银行要求交易对手担保时（例如为掉期担保），投资管理过程中使问题复杂的一个因素就出现了。对这种担保的计算和安全管理通常涉及托管方，而这要求一种能确保精确计算和记录保管能力的机制。

**使用外部资产管理人员**

银行董事会可能有时授权对一定比例的流动资产或投资进行外包，以试图获取更高的投资组合回报或确保获取技术转让。在银行构建内部能力时，使用外部管理人员是获取债券投资组合专业管理的有效途径。不过，记住这一点是很重要的：投资组合至少 90% 的风险和回报将来自基准的选择（通过战略性资产配置流程）；只有不超过 10% 的风险和回报可能来自外部管理人员的主动管理。

为避免受到各种突然的负面影响，管理层需要理解选择不同的基准会在预期风险和回报方面产生差异，同时，为外部管理人员选择的基准具有可接受的风险/回报属性。这一点非常关键。此外，确定外部管理人员被许可的风险程度（与基准相比）是必要的。这可以通过可接受的不佳业绩的程度来表示，并用回报的基点进行计量。

在实施外部管理人员计划之前，需要采取以下重要步骤：

- 确定选择标准和选择流程。
- 确保投资管理协议包含了基准和风险限额。
- 确定费用基础（即固定费用还是绩效费用）。
- 建立解雇管理人员的业绩评估和标准（例如，跟踪误差、夏普比率）。
- 监测管理人员对风险限额的遵守情况。

- 安排支付管理费用。
- 建立培训的服务要求。

银行管理层可以选择逐步将一定数量额度进行外包，以评估外部管理人员完成授权任务的情况如何。知道授权他们管理的资产额度可能增加也是外部管理人员做好业绩的重要激励。

### 资金操作

资金操作职能管理已随着金融市场和监管要求的变化以及技术进步变得越来越复杂。

当发生人工干预时，这一领域的风险被认为是最高的。管理响应是记录和结算交易这些活动自动化（"直通"处理）关注的焦点。资金操作职能自动化将风险的很大一部分集中到进行电子数据输入的市场操作活动上，使得对支付批准和支付职能进行更高程度的控制成为必要，包括强化对交易确认的控制并增强对在其他金融机构的银行账户（往来账户）的调节。

在最近几年，许多传统的资金操作职能已被外包，通常保留在资金操作中的内容包括：

- 现金管理；
- 银行关系；
- 交易结算；
- 资金管理活动（资产负债管理、筹资和投资）的会计核算、估值和报告。

### 交易结算

结算风险是因为一方对其清算责任违约而造成的转账系统不按预期工作的风险。对结算的违约导致信用风险（交易对手）和流动性风险。毫无疑问，降低结算风险的最佳方式是拥有安全高效的支付系统。

结算职能必须确保对投资组合管理和资金管理的筹资方面执行的交易进行恰当结算。结算职员的任务是通过严格遵守公布的控制程序，将与结算过程相关的操作风险最小化。归纳起来，结算职能必须：

- 确保所有交易都得到了及时确认（口头或通过 SWIFT，即环球同业银行金融电讯协会）；
- 确保准确及时地执行了所有支付；

- 确保准确及时地记录了所有收据；
- 确保准确及时地交收了所有证券；
- 维护所有引用的标准和静态数据，诸如标准结算指令、银行间认证和测试密钥，以及客户信息文件（包括电话和电传/传真号、银行联系方式和地址）。

必须监测和跟踪所有失败的交易，直到问题被解决。缺乏关于失败交易的提示可能导致长时间暴露于财务和声誉风险。由于结算职员和交易员之间就失败交易缺乏沟通，将会阻碍业务团队寻求解决办法以防止再次出现此类可避免的失败交易，所以针对所有的交易，都应与交易大厅的工作人员进行沟通。

与结算职能相关的风险包括：

- 交易可能被错误录入交易系统软件。录入不准确或不完整的交易可能导致结算、会计核算、财务报告和估值方面的错误。
- 可能错过可行性事件（重置触发因素、重设利率或其他"触动因素"），从而导致利息金额、现金流、结算、会计核算、财务报告和估值方面的错误。
- 银行及其交易对手之间的衍生（法律方面）文档可能没有得到执行和完成，从而可能造成对交易细节理解上的差异。

**现金管理和银行关系**[①]

现金管理和银行关系职能的主要目标是优化现金计划，并方便对筹集资金的直接处理。为实现这些目标，这些方面的职员必须确保及时处理支付和接收，提供高效的代理银行基础设施，为客户调查培育高层次客户服务，并通过跟踪未达账和暂记项目来最大限度地降低与现金处理相关的操作风险。

以下是与该双重职能相关的一些风险：

- 如果没有严格实施对终端的访问控制，那么未授权的转账指令可能发生。
- 如果数据没有正确录入系统，则交易可能被延迟或拒绝。
- 由于对 SWIFT 消息不恰当的未授权改变，筹集到的资金可能发生损

---

[①] 虽然认为银行关系职能属于资金操作领域的外围的观点理由很充分，但为了简化起见，在这里对其进行讨论。

失和挪用，欺诈也可能发生。
- 支票可能被放错地方，被存到错误的账户上，或根本没有存。
- 资金支付到错误的账户可能使真正受益人收到资金的时间推迟。这引发了声誉风险，并可能引发对延迟支付的索赔。
- 资金支付到错误的受益人将导致资金损失（如果这些付款无法收回）。
- 起息日期不符、错配和人为误差可能导致不准确的数据和错误的现金调节。
- 交易大厅的现金管理经理有可能给出错误的现金头寸报告，从而导致银行潜在的财务损失。

**资金管理活动的会计核算和报告**

准确的记录保存对风险管理至关重要。稳健的记录保存系统应该按交易日追踪交易并维护所有支持性信息。总分类账的记账和备忘录账户应该由无交易权限的人员发起和审核。分类账应该经常与相关会计报表以及执行交易的人员持有的确认文件核对。记录保存应该定期接受内部审计。

会计职能在资金操作中的角色是计量资金管理的结果并将其反映在财务报表和支持性报告中。会计人员必须确保估值使用的任何市场数据的准确性，并按照通用会计准则的要求制作所有会计分录，例如将金融资产和负债的账面价值调整为公允价值。

这些都是具有挑战性的要求，因为它们要求负责资金管理的会计部门能够提供完整的人力资源补充，这些人员不仅受过会计职能的培训，还受过各种交易和衍生产品的培训。挑战还包括这样一个方面，即基础的投资数据通常必须从许多不同系统中获取，而这些系统几乎不能提供可被称为"用户友好型"的报告。结果，一些管理信息报告必须手工制作，从而伴有数据整合错误的风险。资金操作管理人员试图处理多数据源问题的一条途径是依赖集成操作数据库，或"数据仓库"，从该数据库可以通过自定义的方式生成报告。

为确保数据和报告来源的一致，会计职能也可能划分为两个领域：一个是纯粹的报告，另一个是调整不同系统生成的关键数据报告。这两个领域涉及不同活动。

会计相关活动包括：

- 确保建立的会计体系能及时适应新的业务要求和产品；
- 对所有投资组合进行日常会计数据审查和控制；

- 审查所有投资组合的业绩报告，并将其作为对会计信息的额外确认和控制；
- 审查新交易和发生变动的交易；
- 审查损益账户；
- 编制监管报告；
- 审查会计分录，尤其是手工录入的数据。

调整性活动包括：

- 调整来自不同系统的数据，以确保准确度、完整度和一致性；
- 调整会计系统和托管系统，以确保涵盖了所有证券（托管机构是对银行或其他金融机构的证券进行保管和记录的金融机构）；
- 确保所有手工记录都是适当的。

## 定量战略

定量战略职能的主要目标是通过增加对分析工具和技术的使用以及通过执行定量建模和研究来帮助增强投资流程。定量战略适用于战略性资产配置和市场分析领域；定量战略职能还为银行的投资、流动性、筹资和资产负债管理业务从事金融建模。在主要的银行，这一职能为外部客户或甚至其他资产管理人员提供支持。

模型和分析工具用以支持日常业务层面的风险管理决策以及投资组合层面的战略性风险/回报决策。由于建模使用的数据的一致性和可靠性是基本要求，所以建模职能应负责确保有足够的、用于归集数据的基础设施。

定量战略职能的责任包括：开发和生成月度市场分析图表、跟踪和传播市场观点及市场战略家和参与者的情绪指标以及对投资研究和观点的系统化合成与传播。这些分析应该在内部由经济和金融分析师执行，同时在外部由市场和行业专家进行。为保持这一职能的可信度，必须发展并保持与在经纪交易商处任职的外部定量市场战略专家以及与养老基金经理和资产管理经理的广泛关系。

### 模型验证

模型实施和处理任何系统变化都属于操作风险话题；模型运用不当或在模型中使用错误数据使金融机构暴露于明显的操作风险之中。

资金管理环境中使用的模型的批准上升到策略问题，以确保分析员知晓将模型开发和使用的责任与检查批准模型的责任分开的重要性。表13.5 描述了风险分析职能中的模型开发,并将模型批准认定为政策话题,以强调独立检查和制衡的重要性。

> **对风险模型的清醒思考**
>
> 　　LTCM(长期资本管理公司)的风险模型表明,在1998年8月的一天遭受的损失应该是每80万亿年才发生一次。然而,这一情况在接下来的一周又发生了。
>
> 霍华德·戴维斯<br>英国金融服务局前主席

**风险度量**

　　风险度量和风险管理的主要内容是提供投资组合管理中风险控制的专业方法。该职能的目标是提供对各种资金业务承担的市场风险的独立评估。该评估有利于风险预算决策者(交易员)和管理层。市场风险度量通常涵盖的风险因素包括利率、汇率、股价和大宗商品价格。

　　风险度量要求定期计算风险头寸(每天、每月、每季度)。它通常向投资组合经理提供每日风险报告,以帮助他们的投资决策并支持定期基准再平衡。因此,它通过向风险决策者提供关于其头寸的反馈并通过为确定未来头寸提供方便来为他们提供益处。然后,管理层使用风险分析和合规职能的输出结果来监测各个业务条线承担的风险并确保遵守现有准则。

　　风险度量职能的前提是确保所有证券都进行了恰当的估值(即依据市场进行)。这是通过将投资映射到恰当的定价源上来实现的。恰当的定价将实现对总回报和绩效的准确计量。

　　因为用于评估资金业务风险的模型通常在多种系统上运行,有时由第三方销售商运行,风险度量职能应该负责管理复杂多样的风险系统以及销售商。为保持其最佳实践方面的知识以及领先技术和技能,在这一领域工作的员工应该保持与风险管理和计量系统销售商、市场交易对手(如养老基金和资产管理经理)、经纪交易商以及其他行业专家的广泛关系。

**绩效评估和分析**

　　绩效评估的目标是确定基准和投资组合各自的总回报,并向管理层报告结果。

绩效分析（和原因归属）是将投资组合的总回报或成本分解为一系列主要风险因素，并量化到关键风险决策（例如部门配置、证券选择以及基准风险或管理人员风险）对投资组合绩效产生影响的程度。这可以在绝对或相对基础（即与一种指数进行比较）上进行。绩效分析职能的目的是开发能测量不同层次决策对绩效的贡献的工具和方法。具体目标是获得与基准相关的并具有绝对意义的、对绩效进行评估和归因的模型，从而为提炼和改进决策过程提供基础。绩效归因有助于风险预算和风险管理框架的开发，并为其提供便利。

**绩效和风险报告**

对于决策过程以及监测资金在实现其目标过程中的绩效而言，准确和及时的报告所提供的支持是必不可少的。因此，基于风险的报告是投资管理和投资组合风险管理的关键组成部分。

风险报告团队应该拥有用以评估投资评价和筹资决策所需关键绩效和风险统计数据的标准报告库；它还应该拥有进行特别的深度分析所必需的工具。

投资组合报告必须传递充分和足够及时的信息，以使投资组合经理能评估其投资组合风险，并对其头寸按大小排序，以便将头寸控制在可容忍的风险水平之内。该信息应该包括诸如久期、敏感性、风险价值和收益率曲线风险这样的绩效和风险指标。

每个职能领域应该负责本领域的报告。例如，每日合规与风险报告应该由合规和风险管理团队分别完成；固定收益投资组合的每日绩效报告（以及月度绩效和归因报告）可以由资金运作部门与绩效归因职能部门合作完成。完成定期和特别的市场相关报告的责任可以分配给定量战略职能部门。当来自资金管理中的多个职能部门的信息在联合报告中出现时，风险分析和合规部门的角色应该是协调准备工作并确保一致性以及报告的及时完成。

**合规性**

合规职能的目的是确保所有的资金交易和业务活动遵守适当的法律、规章、政策、准则和道德标准。强大的合规职能是构建交易对手和客户信心的重要基石，因为这可以使他们相信，资金管理部门将采取恰当的行动并保障他们的最大利益。应在整个银行集团及其资产管理客户范围之内集中监测投资、借贷、互换当局及其他准则的合规情况，这一点很重要。

合规职能的其他责任领域包括：

- 与外部服务提供商和资产管理人员一起参加尽职会议，以确保他们具备对给定准则的遵守情况的评估能力；
- 协助起草具有可计量性和一致性的准则；
- 为资金投资组合设计投资组合管理策略，例如交易限额、对销售商的选择、流程、报告要求以及新金融工具的引入；
- 与内外部审计人员联络；
- 协助开发资金管理的职业道德准则。

从事合规管理的员工必须监测对准则的遵守情况并报告异常情况；他们还必须与同事一起进行内部工作并与交易对手一起从事外部工作，以补救违规行为并预防这些行为再次发生。成熟的合规职能将能帮助开发资金管理系统基础设施，并和来自资金操作及其他领域的同事一起参加数据质量会议。

## 技术支持、安全和业务连续（信息技术）

虽然IT职能可能位于资金管理职能之外，但系统安全的要求将使资金管理的IT职能与资金操作密切配合成为必要。无论IT归属哪个部门，它都应该提供系统机制和基础设施来支持资金管理活动。IT职能主要的成功指标是：资金管理有能力参与金融市场并具备竞争力，同时不遭受系统相关问题造成的财务损失。

资金管理中的IT专家必须提供交易平台和能够从所有提供商实时捕捉所有市场数据的会计系统，这些数据是任何类型金融工具估值所需的。应该获取市场数据用于重新定价、报告、历史分析及其他目的，并且资金系统应该支持交易维护程序，包括自动重置利率、货币市场展期，以及其他重复性工作。

资金管理IT专家面对的主要风险和困难包括：

- 高度依赖外部销售商。通常，组织内部缺乏必要的IT技能导致此项工作的外包。
- "范围蔓延"。记录用户系统开发项目的要求可能受到用户在已进入实施阶段之后做出改变这种倾向的威胁。

- 来自集中化管理数据库的一致报告。官方报告的产生可能涉及大量工作流程，从而提高数据（用不同的计算惯例转换成不同的电子表格）被改变的风险。
- 数据、工作站和应用系统的信息安全。对大多数资金安全团队而言，IT业发展太快以致难以跟上步伐，同时病毒和黑客攻击的风险正在增大。
- 足够的灾难恢复设施。尤其在很远的地方，存在业务连续性可能在重大系统失灵后无法维持的风险。
- 将硬件和系统管理外包。外部的支持标准可能没有内部的严格。
- 保持对使用多样化开发软件的应用系统的支持。IT业的迅速发展使遗留系统不可避免地暴露于难以找到相应市场专业知识的危险之中。

# 第14章
# 透明度与数据质量

> **本章要点**
>
> - 会计信息要有用。
> - 相关性、可靠性、可比性、可理解性是有用信息的特征。
> - 财务报表应通过有用信息的公允反映努力达到信息透明。
> - 《国际财务报告准则》规定了充分披露要求,以确保公允地反映披露信息。
> - 财务报告准则中发现的不足经常涉及不恰当执行或不遵守现有标准。

## ● 14.1 引言:有用信息的重要性

提供有关市场参与者及其交易的透明和有用的信息是有序、有效市场的重要组成部分,也是贯彻市场规则的先决条件。为了采取以风险为导向的方式对银行进行有效的管理和监督,必须将有用的信息提供给每一个主要参与者。这些参与者(在第3章中已讨论过)包括监管者、现有的和未来的股东、债券持有人、存款人及其他债权人、代理银行及其他银行、订约方以及公众。如果不加以管理,市场不会进行充分的披露。虽然市场的力量通常可以平衡边际效益与披露附加信息成本之间的关系,但最终结果可能不是参与者真正需要的。

传统上,信息披露的强制性要求是通过银行业立法的方式来实现的。

但是，法律要求披露的信息是为银行监管者提供审慎信息以及为货币政策汇集统计数据，并非为了全面评估财务风险而提供信息。然而，即使这种不完善的信息仍然改善了市场的运行情况。

20 世纪 80 年代，金融资本市场自由化的趋势给金融市场带来了更多的不稳定性，因此需要更多的信息以确保金融稳定。随着金融资本市场自由化的发展，越来越需要通过建立《国际财务报告准则》及最低披露要求的方式改善金融行业信息的有用性。这些要求规定了必须向市场参与者和公众提供信息的质量和数量。提供信息对提高银行系统的稳定性至关重要，监管当局已经将提高信息质量作为重点工作来抓；还鼓励银行提高内部信息系统，逐渐形成提供高质量信息的声誉。

在 20 世纪 90 年代，金融中介业务的结构不断变化，这进一步增强了提高披露水平的需求。用可交易的债券代替银行贷款并且更多地使用金融工具转移风险，降低了银行与客户关系的重要性，同时扩大了市场和市场价格在金融系统中进行资本和风险分配的作用。这种转变还影响到披露要求：为了做出正确的选择，投资者需要清楚地了解有关风险状况和风险性质的可靠信息。

向公众披露信息的前提是必须有高质量的会计准则和完善的披露方法。这一程序通常包括发布年度财务报告的定性信息和定量信息，半年度财务报表、季度财务报表以及其他重要信息一般作为补充。由于提供信息可能成本高昂，所以确定披露要求时应权衡向公众提供有用信息与成本之间的关系。

提供信息的时机安排也很重要。如果公众不能很好地解读所披露的负面信息，那么将很可能对银行造成损失，甚至有可能损害整个银行系统。如果公布的信息质量低或者认为信息的使用者不能恰当地解读披露的信息，对公众的要求应循序渐进并不断提高。从长期看，尽管完全披露制度会直接带来一些问题，但建立这种制度是有益的，因为不透明的金融系统的成本最终远高于披露信息的成本。

## ● 14.2 透明机制与问责制

透明机制指创造一种环境使所有市场参与者都能接触并了解有关当前情况、决策以及行动的信息。披露，更具体一些，指通过及时传递、公开信息以及决策的程序和方法。问责制指市场参与者（包括相关主管部门）

需要证明其行动和政策是正当的,并对决策和结果承担责任。

透明机制是问责制的先决条件,特别是对于借款人与贷款人、发行人与投资者、国家主管部门与国际金融机构。下一节我们将讨论透明机制的益处,重点解释哪些行为不属于透明机制的范畴,并说明透明行为的约束条件。

在过去十年中,透明机制与问责制作为经济政策讨论的一部分,被争论得越来越多,越来越激烈。长久以来,一些国家的政策制定者已经习惯于保密,它被看做在敏感情况下行使权力的必要因素;另外它还可以帮助政府掩盖其不作为的本相!然而,保密也会阻碍预期政策效果的实现。世界经济和资金流动格局已经发生改变,这使国际化和相互依存度的日益增强变得不可避免,于是公开性问题就被置于经济政策制定的前沿。各国政府,包括中央银行,越来越认识到,透明机制提高了可预测性,因此提高了决策的效率。透明机制迫使机构面对现实,官员变得更负责任,尤其是他们知道自己需要证明自己的观点、决策和行动是正当的。上述原因促使他们及时进行政策调整。

在某种程度上,需要更高透明度和更强责任感的原因在于私营部门人员需要了解并接受影响其行为的决策。更高的透明度提高了经济体中其他人员的经济决策。透明度还是一种培养责任感、内部纪律和更优秀的治理能力的方法,透明机制和问责制提高了政策性机构的决策质量。政策性机构与其他据此做出决策的机构都应保持其透明度。如果行动与决策都是可见的、可理解的,将降低监控成本。另外,公众可以更好地监督国营机构,股东和职工可以更好地了解公司管理情况,债权人可以更好地监控借款人,存款人也能够密切注视银行的动向。所以,糟糕的决定不会没人关注或无人质疑。

透明机制和问责制是相互促进的。透明机制使监控更加便利从而强化了问责制,而问责制为各相关人提供了充分传播其行为的动机,使大家能够理解其行为,从而强化了透明机制。更高的透明度减少了市场过度强调正面或负面消息的倾向,因此降低了金融市场的不稳定性。总之,透明机制与问责制还加强纪律性,提高公共部门的决策质量。如果私营部门更多地了解政策制定者未来可能对事件做出何种反应,将使政策更加有效。

**透明机制不能确保的事项:** 然而,透明机制与问责制既不是自身问题的终结者,也不是解决所有问题的灵丹妙药。相反,这种制度设计的目的是帮助提高经营成果,通过提高市场参与者的决策质量和风险管理水平来改善国际金融市场的运作方式。特别是透明机制并不会改变银行业务的本质，也不会改变金融系统的固有风险。透明机制不能预防金融危机，但它可以缓和市场参与者对坏消息的反应。透明机制还有助于市场参与者预测和评估负面信息，从而减轻恐慌和蔓延。

**透明机制的限制条件：**还应注意，要一分为二地看待透明机制和保密性。公布独家信息可能使竞争者利用这种形势并从中获利，这是市场参与者不愿意完全披露的原因之一。与此相似，监控部门经常从金融机构获取保密信息，这种行为有重要的市场含意。在这种情况下，如果不能为客户保密，金融机构不会愿意提供敏感信息。但是，无论是片面的透明机制还是完全披露，都有助于透明机制的建设。如果这种机制成为标准，虽然在短期内会给个别机构造成不便，但最终将造福所有市场参与者。

## 14.3 财务报表的透明度

财务报表的目的是提供某一机构的财务状况（资产负债表）、经营成果（损益表）和财务状况变化（现金流量表）的相关信息。完全披露和公允反映供大量使用者做出经济决策所需的信息，才能保障财务报表的透明度。在公开披露的背景下，财务报表应易于解读。

正如我们所预期的，各监管者对具体的披露要求不尽相同。然而，根据2000年提供给七国集团财长和央行行长的报告，准则的评估需要遵守一些重要原则。专栏14.1归纳了这些重要原则。

### 专栏14.1 评估《国际财务报告准则》的标准

财务报告/会计准则应有助于或者符合（或者至少不妨碍）银行进行稳健的风险管理和风险控制实践。准则还提供了一个审慎而可靠的框架，银行据此可以生成高质量财务信息。

会计准则应推行透明的报告制度强化市场规则，如实报告银行的财务状况、经营业绩、风险状况以及风险管理活动。会计准则应促进对银行的有效监管而不应限制对银行的监管。

披露的信息应足够全面，可以据此评估银行的财务状况、经营业绩、风险敞口以及风险管理活动。《国际财务报告准则》应不仅适合在大多数发达的金融市场上执行，也应适应新兴市场。

> 高质量的会计核算必须达到某些特定的标准。遵照会计原则不仅应生成相关且有意义的会计信息，还应谨慎、如实、可靠地衡量财务状况、经营业绩，并持续地对相似或相关项目进行计量。
>
> 财务报告准则还需遵循一些国际公认的标准。会计准则不仅应有坚实的理论基础，还应在实践中具有可操作性。会计准则在解决问题时不应过度复杂。会计准则应十分精确以确保始终如一地应用，不得允许采用其他的处理方法。如果允许采用其他处理方法或应用会计原则时需要做出判断，那么需要均衡地进行披露。
>
> 资料来源：巴塞尔银行监管委员会提交给七国集团财长和央行行长的报告，2000年4月

采用《国际财务报告准则》（IFRS）是推进透明机制、恰当解读财务报表的必要措施。1989年，为了达到以下目标，《国际财务报告准则》中加入了财务报表编制和列报框架。

- 向外部使用者解释财务报表编制和列报中隐含的概念；
- 指导负责编制会计准则的人；
- 协助编制者、审计师和使用者解读《国际财务报告准则》、处理准则未涵盖的事项。

财务报表一般以持续经营为假设编制，以权责发生制为基础计量。换句话说，交易与其他事项的影响应在发生时予以确认，并在相应时期的财务报表中报告。

质量特征是指那些使财务报表中提供的信息有用的特征。如果没有全面的有用信息，管理人员不可能了解银行真实的财务状况，主要治理人员可能被误导，由此会阻碍市场规则的恰当执行。反之，应用主要的质量特征和恰当的会计准则编制的财务报表一般可以做出真实、公正的反映。以下是财务信息必备的质量特征：

- **相关性**：信息必须相关，因为它有助于使用者评估过去、现在或未来事项，从而做出经济决策，或者证实、修正过去的预测。信息的相关性是由其性质和材料质量决定的。另一方面，如果信息过量，相关人员就不得不在过多的信息中寻找相关细节，这使信息解读变得困难。
- **可靠性**：信息中不应包含材料错误和偏见。可靠性的主要方面有：

如实列报、实质重于形式、中立无偏、谨慎性和完整性。
- **可比性**：信息在不同时期的列示方法应当一致，与相关信息及其他企业口径一致，使用者可以进行比较。
- **可理解性**：对于具备一定的商业、经济学、会计学知识并且愿意努力研究的使用者来说，信息应易于理解。

为了确保提供的信息详尽全面，生成有用信息的过程包括以下几大要点：

- **及时性**：延后报告可能提高了可靠性，但同时降低了相关性。
- **成本效益原则**：从信息中得到的收益通常应超过提供信息的成本。发展中国家的银行一般缺乏恰当的会计系统，因此提供相关信息的能力较低。目标受众的成熟度也很重要。这两方面都会影响到提高披露水平的成本和效益。然而，仅仅因为银行没有生成有用信息的会计系统就不向市场提供信息，这种借口是不可接受的。
- **权衡质量特征**：信息提供者必须在质量特征之间寻找恰当的平衡点，以确保财务报表适用于特定环境中。

在公允反映的背景下，披露有误导性的信息还不如不披露。因此，如果某企业不遵守某些披露要求，则国际财务报告准则要求其完全披露不遵守要求的事实和原因，这也就不奇怪了。图14.1总结了如何通过恰当应用国际财务报告准则框架理念以确保透明度。

## ● 14.4 银行财务报表披露

关于财务报表的披露要求在传统上是稳健监管的支柱。披露是使银行接受市场规则约束的有效机制。尽管银行通常都接受监管并且向监管当局提供信息，但这种信息经常是保密的或具有市场敏感度，不会向所有使用者提供。因此，财务报表披露应在合理要求的限度内足够全面，以满足其他使用者的需要。更好的披露会提高透明度，可能（但不一定）减少发生系统性银行危机的机会或者降低危机蔓延的影响，因为债权人及其他市场参与者可以更好地区分各机构和各国面临的不同财政状况。

财务报表的使用者需要信息协助其评估银行的财务状况和经营成果，并做出经济决策。其中最重要的是对资产的现实估值，包括对未来事项和不良发展的敏感性以及对收入和支出的恰当确认。同样重要的是对银行整

| 财务报表的透明度 |
|---|
| **财务报表的目标**<br>公允反映：<br>• 财务状况<br>• 经营成果<br>• 现金流量<br><br>**透明度与公允反映**<br>• 通过提供有用信息（完全披露）而达到公允反映，确保透明度<br>• 公允反映等同于透明度<br><br>**财务报表的次要目标**<br>为了决策的需要，通过有用信息的公允反映（完全披露）确保透明度<br><br>**有用信息的特征**<br><br>| 现有框架 | 其他观点 |<br>| :--- | :--- |<br>| • 相关性<br>• 可靠性<br>• 可比性<br>• 可理解性<br>**限制条件**<br>• 及时性<br>• 成本效益原则<br>• 权衡质量特征 | • 相关性<br>• 预测价值<br>• 如实列报<br>• 中立无偏<br>• 可证实 |<br><br>**主要假设**<br>权责发生制　　持续经营 |

图 14.1 财务报表的透明度

体风险状况的评估，包括资产负债表内和表外项目、资本充足率、应付短期问题的能力和产生额外资本的能力。使用者还需要信息，以便于更好地了解银行运营的独有特征，包括偿付能力、流动性、银行业务各方面涉及的风险程度。

《国际财务报告准则》的颁布适应了国际金融市场的发展。随着时间的推移，《国际财务报告准则》的覆盖面越来越宽，不仅涵盖新课题（比如关于新的金融工具的披露和列报），还改善了现有的国际准则。

以前的《一般公认会计原则》（GAAP）并未强制要求银行披露财务风险管理工作。这种情况在 20 世纪 90 年代随着《国际会计准则》第 30 号

（在《国际财务报告准则》第 7 号颁布之后废止）和第 32 号（披露要求后转入《国际财务报告准则》第 7 号）的采用而发生了变化。《国际会计准则》第 32 号（现在已基本上由《国际财务报告准则》第 7 号取代）使许多金融监管机构要求采用"完全披露"的方法。

《国际会计准则》第 30 号鼓励管理层对财务报表进行评论，说明流动性、偿付能力以及其他与银行业务相关风险的管理和控制方法。尽管一些银行风险在财务报表中有所反映，但说明可以帮助使用者了解管理情况。这种规定现在于《国际财务报告准则》第 7 号中得以体现，它适用于所有银行，即指所有吸收存款、向公众借款用于放贷和投资并且属于银行业或类似法规管辖范围内的金融机构。

《国际会计准则》第 39 号确立了财务报表中金融工具的确认、计量和信息披露原则。这一准则大大增加了公允价值在金融工具计量中的使用，尤其是资产负债表中资产栏的项目。虽然采用了《国际会计准则》第 39 号，但主要的会计准则设立者仍在商讨引入市场公允价值对金融资产和金融负债以及相关风险进行计量的利弊。在这一过程中应培养出一种一贯的、以市场为基础的方法，衡量与各种金融工具相关的风险。然而，如果没有审慎、均衡的标准来评估公允价值，使用公允价值模式会降低财务报表的可靠性，增加收益和权益资产计量的不稳定性。如果不存在活跃市场时更是如此，比如通常占银行资产较大份额的贷款就属于这种情况。

《国际会计准则》第 39 号将金融资产划分为四种类型：以公允价值计量且其变动计入当期损益的金融资产（比如交易性证券和其他指定的证券）、可供出售的金融资产、持有至到期的金融资产、贷款和应收款项。另外，《国际会计准则》第 39 号将金融负债分为两类：以公允价值计量的金融负债和以摊余成本计量的金融负债。该准则概括了每个类型的会计处理方法（见表 14.1）。它还划分了三种类型的套期，并规定了相应的会计处理方法：（1）公允价值套期，（2）现金流量套期，（3）境外经营净投资套期。

《国际会计准则》第 39 号中只有关于金融工具减值的处理可能存在争议，其中规定如果资产在初始确认后发生了一个或多个事件作为客观证据（包括可观察数据），则说明该资产发生了减值。客观证据包括债券发行人或债务人发生重大财务困难、违反合同，比如利息或本金支付违约或逾期、贷款方给予借款方一般情况下不愿做出的让步。

《国际会计准则》第 39 号要求在执行组合减值测试时，应根据相似的信用风险特征（即债务人按合同条款支付到期款项的能力）对资产进行分

**表 14.1    《国际会计准则》第 39 号关于金融资产和金融负债的计量**

| 种类 | 计量方法 | 金融资产分类 | 金融负债分类 | 说明 |
|---|---|---|---|---|
| 1 | 以公允价值计量且其变动计入当期损益 | 交易性证券 | 交易性负债 | 有意稍后回购的卖空或已发行债券 |
| | | 衍生品 | 衍生品 | 指定为合格的对冲工具者除外 |
| | | 其他指定的资产 | 其他指定的负债 | 公允价值选择权(指定的)——当已备案的集团风险管理策略的一部分或负债中包含嵌入衍生品时,不一致性降低 |
| 2 | 摊余成本 | 持有至到期证券 | 应付账款<br>已发行债券<br>吸收客户存款 | |
| 3 | 摊余成本 | 贷款和应收款项 | 不适用 | |
| 4 | 以公允价值计量且其变动计入股东权益 | 可供出售证券 | 不适用 | |

组。减值损失必须对未来的现金流量有影响且该影响能够可靠估计。

因未来事项可能发生的损失,不论可能性有多大,也无法确认(这一条件似乎与银行监管方法有冲突,银行监管要求根据以前组合中实际发生损失的经验证据,为贷款损失提取一定比例的准备金。如果认为历史经验与贷款组合相关,这种方法上的差异是可以克服的)。

《国际会计准则》第 32 号和《国际财务报告准则》第 7 号为同时适用于银行和非银行机构的其他国际财务报告准则提供了补充。其披露要求以及其他仅对银行适用的会计准则均来源于国际财务报告准则框架。标题为"财务报表列报"的准则大致规定了财务报表的基本原则、结构和内容。

虽然已经发行了单个的国际财务报告准则(《国际会计准则》第 32 号、第 39 号和《国际财务报告准则》第 7 号),但在实际操作中,被作为一个整体采用,因为这些准则处理的会计事项完全相同。《国际会计准则》第 39 号规定了金融工具的确认和计量,其中还包括除《国际会计准则》第 32 号要求以外的补充披露事项。

《国际财务报告准则》第 7 号在现有的会计准则中加入表 14.2 列出的要求,以修正财务风险披露中一些不同之处。

当前的《国际财务报告准则》为编制各国的披露要求提供了坚实而透明的基础。这些准则已经要求银行披露有关我们探讨的所有风险类型的大量信息,为财务报表的列报增加了透明度。

## 第14章 透明度与数据质量

**表 14.2　《国际财务报告准则》第 7 号财务风险披露要求**

| 工具 | 风险性质与风险程度 | 重要性 | 财务状况报表 | 综合收入报表 | 套期 |
|---|---|---|---|---|---|
| **资产** | | | | | |
| 以公允价值计量计入当期损益 | | | | | |
| 　交易性证券 | 有关资产和负债的每种风险可分为：定性风险和定量风险 | 金融工具价值必须在财务状况报表中说明 或者 在综合收入报表中显示相关金额 | 账面价值 | 净损益 | 说明 |
| 　指定为以公允价值计量的资产 | | | 重分类 | 净损益——单独披露权益变化——可供出售资产 | 损益 |
| 　衍生品 | | | 终止确认 | 总利息收入和总利息支出（采用实际利率法） | 有效性 |
| 以公允价值计量计入当期损益 其变动计入所有者权益 | 信用风险——每个资产类型 | | 抵押品——抵押资产 | | 从权益中转入的无效部分——在适用的情况下 |
| 　可供出售证券 | 流动性风险——所有的金融负债 | | 减值——按种类 | | |
| 摊余证券 | | | | | |
| 　持有至到期证券(HTM) | | | | | |
| 摊余资产——其他 | | | | | |
| 　贷款和应收账项 | | | | | |
| **负债** | | | | | |
| 以公允价值计量计入当期损益 | 按种类区分的市场风险——所有资产和负债 | | 嵌入权益类衍生品 | | |
| 　交易性证券 | | | 违约（应付贷款） | | |
| 　指定为以公允价值计量的资产 | | | | | |
| 　衍生品 | | | | | |
| 摊余负债 | | | | | |
| 　其他负债 | | | | | |

巴塞尔银行监管委员会已经表示相信公允价值方法在可操作的情况下是恰当的，比如为了交易目的持有金融工具。

## 14.5 会计准则的应用

数年来，特别是20世纪90年代末发生东亚金融危机以后，已经出现了对银行会计缺陷的批评，正是由于银行会计存在缺陷才导致年度财务报告呈报不完整、不恰当。市场参与者认为财务信息不透明不仅是监管失察，还是有效公司治理和市场规则的致命伤。市场参与者需要大量的经济信息和财务信息进行决策，因此对低水平的披露反应消极。

市场参与者和公众似乎有这样一种感觉，即缺乏关于银行财务状况、经营成果和现金流量的恰当信息是会计准则不足造成的。这种错觉可能来自于公众尚不知晓合理的会计准则业已存在。

事实上，与非会计专业人士的普遍看法恰恰相反，首要问题从来不是缺少合理、恰当的会计准则，而是财政监管部门不执行当前准则中的基本原则。实际上，虽然已经确立了披露要求，但仍不够健全，况且仅仅确立披露要求本身也是不够的。披露要求必须伴随着积极的监管执行力度，甚至可以出台欺诈法，以确保披露的信息完整、及时、不会故意令人误解。监管机构需要有很好的执行能力。

银行和外部审计师缺乏动力披露除监管机构和市场规则要求以外的更多信息。市场参与者和评级机构应为此作出宝贵的贡献，他们应该要求银行进行全面完整的披露，提高财务报告的透明度。另外，投资者信心和透明披露之间存在直接联系。披露还会因同行压力而得到改善。银行的竞争对手应展示其披露状况比其他机构更具优势，因为相对于信息不透明的机构，投资者和存款人更愿意以较低价格向信息透明的机构提供资金和存款。

**披露实践**

披露经常遇到的一个问题是银行管理人员和监管者以及市场参与者在披露非常负面的信息时犹豫不决，尤其是涉及新系统时更是如此。这种信息很可能引起市场的反应，因此一般在最后时刻披露且披露的信息不完整。即使公众中的专业人士，如评级机构也可能反应迟缓，未能及时发现潜在的问题。巴塞尔银行监管委员会数年来一直在监控银行的披露实践。在

2002年5月公布的对2000年披露调查结果的报告中,巴塞尔委员会发现如下现象:

- 大多数关于资本结构和资本比率、会计政策和列示政策、信用风险和市场风险的信息得到了很好的披露。
- 不到一半的银行披露了有关信用风险模型、信用衍生品和资产证券化的信息。
- 披露内容中大幅增加了关于复杂的资本工具、设立信用风险保证金政策和程序、资产证券化以及操作风险和法律风险问题,但是对资产证券化的披露仍然不够多见。
- 大多数银行继续按第三支柱工作报告的要求公布关于其资本结构的基本定量数据。尽管他们更少披露持有的创新资本工具和复杂资本工具的情况,但在这一领域的披露率已普遍得到提高。
- 风险资本比率一般都得到披露,但不到一半的银行提供了关于信用风险和市场风险的信息,这两类风险均以资本作为缓冲器。
- 大多数银行对其内部市场风险模型进行了充分披露。未来有待于提高的主要方面涉及压力测试结果。
- 一半多一点的银行说明了评估信用风险的程序,提供了如何使用内部评级的概括性信息的银行的比例稍高一点。不到一半的银行提供了信用风险模型的基本信息。这些披露领域在巴塞尔协议建议修订稿中更加重要,因为新协议规定有资格采用内部评级方法的银行必须披露关于内部评级使用的关键信息。在这一方面,自1999年调查以来,对内部风险评级程序的披露得到很大提高,这很令人振奋。在资产证券化方面,不到一半的银行披露了最基本的已证券化资产的金额和类型以及相应的会计处理方法。
- 大多数银行披露了有关信用风险的定量信息,这是第三支柱工作报告中要求披露的另一方面的信息。对坏账准备政策和程序的披露正在改善。大约一半的银行论述了管理减值资产所采用的技术。然而,只有几家银行披露了使用信用风险冲抵的效果。
- 大约3/4的银行论述了衍生品和风险对冲策略的目标。进行定量披露的银行比例较低,趋势不明朗。
- 大约2/5运用信用衍生工具的银行披露了使用这种工具的策略和目标以及未平仓金额。但是,更详细的信息却很少提供。
- 大约4/5的银行按工具种类提供了交易活动分类情况,更少的银行提供了信用风险多样化的信息。不到一半的银行提供了问题信贷的分类数据。
- 自第一次调查以来，操作风险和法律风险的披露率大幅提高，但是披露水平仍不及更基本的市场风险和信用风险信息。
- 基本的会计政策和会计实践一般得到了很好的披露。

巴塞尔委员会2001年调查结果于2003年5月公布，表14.3归纳了其中的一部分结论。

表14.3　　　　　　　　　　银行的信息披露

| 会计政策和列示政策 | 1999年 | 2000年 | 2001年 |
|---|---|---|---|
| 银行总数 | 57 | 55 | 54 |
| **定性披露：** | | | |
| 披露资产初始确认和后续计量的基础，如以公允价值或以历史成本计价 | 98% | 100% | 100% |
| 说明交易活动（无论使用现金工具还是衍生品）和非交易活动的会计政策和收入确认方法 | 91% | 89% | 93% |
| 说明影响资产计量的套期关系的处理方法 | 80% | 85% | 85% |
| 为了会计处理和信息披露的需要，披露资产逾期和/或减值的确认基础（如果适用，说明天数） | 77% | 80% | 83% |
| **定量披露：** | | | |
| 披露银行内按性质或功能划分的收入和支出信息 | 89% | 98% | 98% |
| 基于内部计量会计系统，提供交易活动影响收益的总结性信息 | 88% | 85% | 83% |
| 区分交易性资产和交易性负债 | 50% | 48% | 47% |
| **所有披露信息** | 82% | 84% | 84% |

资料来源：《2001年信息披露调查》，巴塞尔银行监管委员会，2003年5月。

# 第15章
# 基于风险的银行监管方法

> **本章要点**
>
> - 分析人员或监管者应该确定所发生事件的性质、发生的原因、事件的影响,并为扭转不利局面制定可靠的未来战略。
> - 非现场监管和现场检查的监管过程与对信息的财务分析类似,即必须通过对初步结论的核实来进行检验。现场检查是基础,可以通过监管者、分析人员或外部审计人员进行。
> - 规则制定者和监管者应该确保按一致的理念来监管所有金融机构,以使金融中介机构在同一水平线上竞争。
> - 如果运用得当,对银行业的分析可以促进相关银行的制度建设。
> - 作为巴塞尔协议第二支柱的监管审查已成为巴塞尔协议Ⅱ下资本充足率框架的关键组成部分。

## ● 15.1 引言:银行监管流程

　　以对银行进行的持续分析审查为基础的银行监管作为维持金融系统稳定性和维护对金融系统信心的重要因素之一,是为公共利益服务的。它代表了巴塞尔协议Ⅱ中的第二支柱,并已成为资本充足率框架的关键组成部分。本章讨论监管审查的关键原则以及银行风险分析和监管流程之间的关系。从方法论的角度来看,除了分析的关注焦点和最终目标不同外,监管者对银行的分析审查与私营部门分析人员、外部审计人员或银行本身的风险管理人员使用的分析方法类似。

银行监管（通常包括非现场监管和现场检查）是更广泛的、连续的过程的组成部分，如图15.1所示。该过程包括建立银行业的法律框架、指定规则制定和监管当局、定义许可条件和标准以及建立限制银行冒险程度的规则。其他必要步骤包括建立审慎报告和非现场监管的框架以及执行这些活动，然后是现场监管。现场检查结果为相关银行的制度建设过程以及为规则制定环境和监管环境的改进提供了初始输入信息。

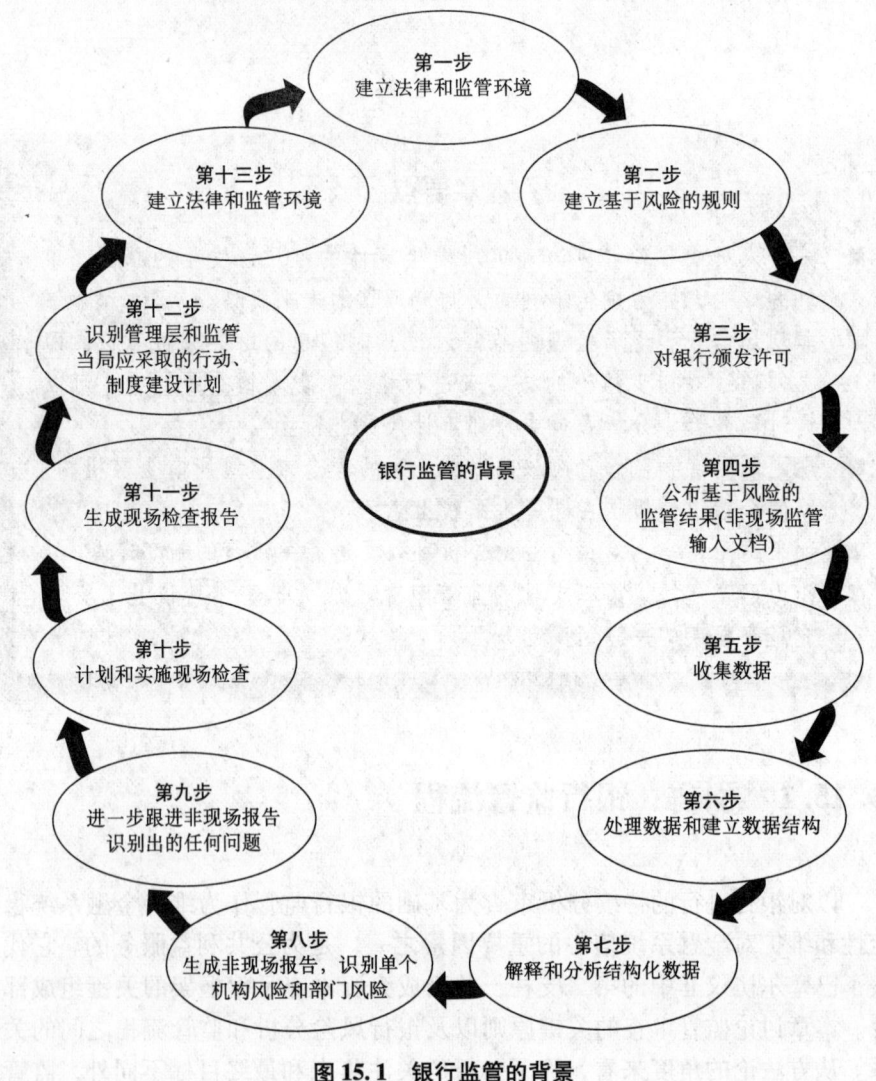

图15.1 银行监管的背景

# 第15章 基于风险的银行监管方法

随着国际金融市场一体化和相互依赖程度的加深,银行监管对加强国家和全球金融体系已变得越来越重要。1997年,巴塞尔银行监管委员会(BCBS)公布了一套原则(称为巴塞尔核心原则,BCP),该原则为稳健的监管实践提供了最低标准框架并被认为是普遍适用的。BCP对不同的监管方法是中立的。从被提出以来,BCP已成为进行稳健审慎的银行监管的事实标准。附录C提供了BCP的2005年更新版。

除了有效监管之外,保持银行业和金融体系以及金融市场稳定性所必需的因素还包括稳健和可持续的宏观经济政策、充分发展的金融系统基础设施、有效的市场规则以及充分的银行部门安全网(见第2章)。

基于风险的银行监管分析包括几个步骤,一个步骤的结果就是下一步的输入信息。这一过程的最终目标是提出一套建议,这些建议如果实施得当,将使金融中介机构能安全、稳健和恰当地发挥其功能。表15.1总结了分析审查过程的步骤。

**表15.1    分析审查过程的步骤**

| 分析阶段 | 可用资源/工具 | 结果 |
| --- | --- | --- |
| 收集和整理输入数据 | 调查问卷、财务报表、其他财务数据 | 完成的输入数据、调查问卷和财务数据表 |
| 处理数据 | 完成的输入数据(调查问卷和财务数据表) | 处理后的输出数据 |
| 分析/解释处理/整理后的输出数据 | 转化为信息的数据 | 分析结果 |
| 生成关于银行风险的非现场分析报告 | 分析结果和以前的现场检查报告 | 非现场检查报告和/或对现场检查的参考意见 |
| 进行现场检查、审计或分析审查后的步骤 | 非现场检查报告和对现场检查的参考意见 | 现场检查报告和制度建设规划或谅解备忘录 |
| 强化制度 | 现场检查报告和关于制度建设的谅解备忘录 | 运作良好的金融中介机构 |
| 对以前的报告和识别的规则缺陷重复上述流程 | 重复流程…… | 重复流程…… |

巴塞尔协议 II 的第一支柱为对银行业有整体影响的不确定性设定了缓冲措施。这些缓冲措施是为了实现这一目标，即为具有良好内部体系和管理良好的控制措施、具有"标准"业务特征以及充分多样化的风险特征的银行，将符合第一支柱中提出的稳健运行的最低要求提供合理保证。具体银行的不确定性预计将在第二支柱中得到评估和解决。因而，监管者应该定期审查和评估银行的内部流程和系统，尤其是与风险管理和资本充足性评估方面相关的方面，以及其监测和确保符合监管资本比率以及其他审慎性规定的能力（支柱 2，原则 2）。在这一背景下，监管流程应该确保各种能减少第一支柱资本要求的工具被作为稳健、经检验的以及有恰当记录的风险管理流程的一部分而得到充分理解和正确使用。否则，监管者应该要求（或鼓励）银行运作的资本缓冲高于第一支柱标准（支柱 2，原则 3）。

分析审查通常包括审查银行的财务状况、内部流程和系统，以及与风险敞口和风险管理相关的具体问题。除了审核非现场审查得出的结论外，现场审查还覆盖了更广泛的话题并且更加关注定性方面的问题，包括管理信息的可获得程度和质量。分析审查过程所有阶段提出的问题应该集中关注以下方面：

- 何事发生；
- 为何发生；
- 事件或趋势的影响；
- 银行管理层的行动或响应；
- 银行拥有的处理这一问题的系统和工具以及银行是否有效利用了这些系统和工具。

分析人员在与风险管理相关的分析审查中应寻找的细节已在第 4 章至第 13 章中讨论过。本书提供的分析工具在第 1.5 节讨论，包括基于已处理输入数据的表格和图形，这些数据与资产负债表结构、盈利能力、资本充足性、信用和市场风险、流动性和汇率风险相关。这些数据结合起来构成了一套完整的银行财务比率，这些比率通常接受非现场监管。这些表格使分析人员能够判断风险管理过程的有效性并测量绩效。这些统计表格与从调查问卷（见附录 1）获得的定性信息一起构成了分析非现场报告包含的分析所依据的原始资料。图形提供了对结果的直观展示，并在本质上是银行目前状况的写照。本书描述的图形也可以用于非现场监管过程并作为现场检查的起点。

## 15.2 银行风险及监管当局的责任

银行在运营过程中面临大量风险,如表15.2所示。总体而言,银行风险分为以下三大类:

- **财务风险**,第7章至第12章对此进行了讨论。
- **操作风险**,该风险与银行总体经营战略和内部系统运行情况有关,包括计算机系统和技术、遵守策略和程序,以及管理不善和欺诈的可能性(第13章)。
- **环境风险**,包括所有类型的外部风险,这些风险如果真实存在,可能危及银行运行或破坏银行财务状况和资本充足性。这些风险包括政治事件(如,政府垮台)、薄弱的金融基础设施、由于主要银行破产或市场崩盘造成的蔓延、银行危机、自然灾害和内战。在大多数情况下,事件风险直到临近发生时才为人察觉。因此,除非维持一定的缓冲资本,否则银行可能无法为这些风险做好充足准备。事件风险结束和系统风险开始之间的分界线通常是模糊不清的。

表15.2　　　　　　　　　　银行风险敞口

| 财务风险 | 操作风险 | 环境风险 |
| --- | --- | --- |
| 资产负债表结构 | 内部欺诈 | 国家和政治风险 |
| 利润表结构 | 外部欺诈 | 宏观经济政策 |
| 资本充足性 | 雇佣实践和工作场所的安全性 | 金融基础设施 |
| 信用 | 客户、产品和业务服务 | 法律基础设施 |
| 流动性 | 实物资产的损毁 | 银行业危机及其蔓延 |
| 市场 | 业务中断和系统失灵(技术风险) | |
| 利率 | 执行、交付和过程管理 | |
| 汇率 | | |

银行固有的风险应该得到识别、监测和控制。一些财务风险通过针对特定类型的银行风险敞口的审慎准则得到监管。银行对财务风险的管理、对风险敞口的监测以及对银行监管方面审慎规则的遵守形成了银行监管(包括现场和非现场)过程的主干。但监管对银行来说可能成本太高。监管

者行使其职能的方式决定了监管对市场的具体影响，以及银行的合规成本。这些成本包括向监管者提供信息、维护金融机构测量风险和确保合规的内部系统，以及可能影响某些业务决策并显著降低银行盈利能力的限制措施。除了监管的直接成本外，还存在隐含成本，例如银行创新能力或根据变化的市场情况迅速调整的能力因监管而减弱，而这又可能阻碍银行从其比较优势或竞争地位中受益。

至于操作风险（除了经营战略风险），监管者通常建立希望银行遵守的准则。遵守准则就是服从监管，这通常是现场检查的一部分。受到注意的还包括银行的经营战略。作为初始许可过程的一部分，监管当局审查并同意银行的经营战略。该战略及其风险影响总是在现场检查期间被讨论，同时也可能在非现场监管中被涉及。在许多国家，高级管理层负责与监管当局进行关于银行经营战略的季度讨论，尤其是那些对维持市场稳定性起到重要作用的大型银行。

与业务环境相关的风险类别可能属于，也可能不属于监管当局的监管范围。但银行系统监管当局（包括中央银行）通常与银行业务环境的许多关键方面密切相关。准入和许可监管有效决定了银行系统的结构以及竞争的程度和性质。授予许可的标准因而必须与应用于持续监管的标准一致。如果监管当局与许可机构不同，前者应该有使其观点得到后者考虑的法定权利。

货币当局在决定业务环境方面也扮演了关键角色。选择、设计和使用货币政策措施和工具与银行系统状况、银行竞争性质和银行系统创新能力密不可分。在选择和使用政策工具方面，实用方面的考虑（这反映了与监管当局的联系）最为重要。基本的要求是不仅要看具体的政策或措施，还要看政策或措施的应用环境。传递的政策可能相似，但这些政策起作用的方式可能不同，这取决于银行系统和市场的结构、财务状况和运动规律。监管当局不参与业务环境涉及宏观经济政策等风险因素的其他方面，这些风险因素常常决定市场上的供需状况，并且是国家风险的主要组成部分。此外，货币和监管当局通常不与税收环境（该环境直接影响银行的盈亏底线）、法律框架或金融系统基础设施（包括支付系统和注册登记）直接相关，但它们在提议进行这些领域的变革和改进方面可能非常有影响力。

监管当局在事件风险上起关键作用。虽然这些风险可能没有被预测且常常无法预防，但监管当局要评估这些事件对银行系统和市场的状态与情况的影响。它们还确保落实了恰当的措施，以最大限度降低业务中断的程度和影响、动员其他政府机构有效处理某些事件的后果，并最终监督倒闭的金融机构有序退出市场。

## 15.3 监管流程

所有银行系统至少有一个监管当局。但是，每个监管当局的所在地、结构、监管和执行权以及具体责任都不相同。这种差别通常是具体国家的传统以及法律、经济环境的产物。有时，关于监管当局的决策是由政治因素驱动的。在大多数国家，针对银行部门的规则制定和监管权力被赋予中央银行，但目前的趋势是将这些金融监管权力整合到中央银行以外的独立机构中。银行监管的责任通常包括以下方面：

- 独家发布与撤销银行许可；
- 发布和实施审慎监管的规则和标准；
- 预订和获取定期报告（即建立作为非现场监管前提条件的审慎报告制度）以及进行现场检查的权力；
- 评估惩罚措施以及采取紧急行动，包括中止命令、暂停管理层职权的命令，以及强制托管措施；
- 关闭和/或清算银行。

监管审查应该具体评估银行面临的以下重大风险：

- 信用风险审查涉及内部风险评级体系、投资组合分析与整合、证券化与使用复杂信用衍生工具、风险敞口以及风险集中度。
- 操作风险审查包括评估银行承受操作风险的能力及其识别、评估、监测、控制和减轻风险的途径。
- 市场风险审查涵盖单个员工、业务部门和整个银行用于评估和管理该风险的方法。对更复杂的银行，评估抵御市场风险的内部资本充足性应该至少以风险价值建模和压力测试（包括压力市场情景下的风险集中度和流动性）为基础。对所有银行而言，监管审查应该包括适合单个银行交易活动的压力测试。
- 利率风险评估应该审查所有重大利率头寸的假设条件、管理技术和管理实践，包括相关的重新定价数据和期限数据。

此外，监管审查应该检查银行的管理信息报告和系统，商业风险和活动的聚集方式，以及管理层在应对正在出现或正在变化的风险方面的记录情况。应该密切关注银行的内部控制结构，即关注内部控制结构的覆盖范围和有效性。

巴塞尔协议Ⅱ第二支柱下的监管审查流程允许对银行使用第一支柱下资本评估的"高级"方法的能力进行初始批准和确认，尤其是基于内部评级的信用风险框架和测量操作风险的高级方法。审查必须在持续的基础上核实遵守与使用第一支柱下高级方法相关的最低标准和披露要求的情况。审查必须评估第一支柱过程没有完全涵盖的风险（如，利率风险、商业风险和战略风险）。必须考虑银行外部因素的影响（如，经济周期效应）。第二支柱下的监管审查过程的目的不仅是确保银行理解并具备用以支持其业务中各种风险的充足风险管理流程和资本，还包括鼓励银行在监测和管理风险时开发并使用更好的风险管理技术。

为使监管行为有效，监管当局必须具备恰当的实施权力和足够的自主权。如果监管当局要抵御来自政府、银行及其股东、储户和债权人、借款人以及其他使用金融服务的人的过度压力，则实施力和自治力是必要的。监管当局应该受到被监管银行的尊敬。

巴塞尔银行监管委员会已确定了有效银行监管的某些前提条件，并为其设定了部分标准（附录C）。这些标准要求监管当局在责任和目标方面建立清晰、可实现并且一致的框架，并具备实现它们的能力。如果有多个监管当局，那么所有监管当局都必须在一致和协调的框架内运行，以避免监管套利。在银行业务和其他存款机构之间那些区别不明显的领域，后者可以被允许作为准银行运作，同时受到的监管较少。监管当局应该拥有足够的资源，包括满足已确立目标要求所需的人员、资金和技术，并且这些资源的提供不能破坏监管当局的自主性、完整性和独立性。监管者必须受到保护，从而避免因履行责任时出于善意采取的行动而导致在个人和机构方面受到不利影响。监管当局应该有义务合作并共享国内外的相关信息。这种合作应该得到保护信息机密性方面相关安排的支持。

但是，监管当局不能保证银行不出现问题。银行破产的可能性是冒险行为的组成部分。监管者可以发挥作用，但它们在对有清偿能力的金融机构的日常监管中的作用与在处理问题机构以预防扩散和系统危机方面的作用不同。监管者应该寻求早期介入，以防止资本下降到支持特定银行风险特征所需最低水平之下，并且应该在资本没有得到维持或恢复时要求采取迅速的补救行动（巴塞尔协议Ⅱ原则4、支柱2）。这些行动可能包括加强对银行的监测、限制分红、要求银行准备并实施满足要求的资本充足性恢复计划，并要求银行立即筹集额外资本。监管者应该有能力决定使用最适合该银行所处状况及其运行环境的工具（见图15.2）。

| 监管工具 | | | |
|---|---|---|---|
| 工具 | 应用范围 | 优势 | 劣势 |
| 规则 | 支柱1：资本要求 | 确定性<br>简便易行<br>直接 | 静态<br>不灵活<br>有限 |
| 激励 | 支柱1：实施途径 | 行为影响 | 敏感性 |
| 谨慎 | 支柱2：监管审查 | 可调整 | 不确定性<br>不可比 |
| 市场规则（信息披露） | 支柱3 | 以市场为基础 | 过度调整 |

图15.2 监管工具

当涉及系统性问题时，监管当局关注的关键问题是处理人们对金融体系信心以及危机向其他稳健经营的银行扩散这两方面的威胁。监管者的责任是做好充分的安排，以方便问题银行退出并使其对金融系统的破坏最小化。同时，使用的方法应该使对市场信号和市场规则的扭曲最小化。另一方面，单个银行破产是股东和管理层方面的议题。在一些案例中，银行破产可能成为政治议题，尤其是涉及大银行时，牵涉到决定是否应该，如果应该，则应在何种程度上、以何种形式动用公共资金来扭转局势。

## 非现场监管与现场检查

有效的银行监管体系包括一些非现场监管和现场检查形式。表15.3归纳了这两种方法所关注重点的差别。非现场监管在本质上是以对银行提供的财务数据的分析为基础的早期预警措施。现场检查建立在非现场监管的基础上并且是非现场监管的补充，它使监管当局能够检查细节并判断银行未来的生存能力。现场工作的程度和采取的方法取决于多种因素。除了监管方法和技术方面的差别，目标和监管范围的关键决定因素是它们是只为保障银行系统稳定性还是在保障前者的同时也被期望可以保护储户的利益。在一些国家，存在一种基于监管者和外部审计人员之间合作的混合现场检查方式。

表 15.3　　　　　　　　　　非现场监管和现场检查

| 非现场监管 | 现场检查 |
|---|---|
| 目标 ||
| 监测单个银行和银行系统的财务状况 | 监测单个银行的财务状况、绩效和未来的生存能力 |
| 提供同业统计数据和比较同业群体的方法 | 评估偏离同业群体的原因 |
| 提供对问题和不合规情况的早期识别 | 提供关于问题和不合规情况的详细诊断 |
| 确定使用监管资源的优先领域 | 向管理层提供建议 |
| 指导现场检查的时间安排 | 需要时采取惩罚行动 |
| 方法 ||
| 分析的、以风险为基础 | 分析的、以风险为基础 |
| 描述性的 | 评估性的、对描述进行检验 |
| 使用调查问卷和规定的报告格式 | 询问银行管理层和有关员工并与其进行讨论 |
| 基于财务数据报告 | 基于现场访问和对实际记录的检查 |
| 应用 ||
| 在评估收益和资本趋势以及比较相对于同行的绩效时最有效 | 在确定管理质量，资产/负债和财务风险管理方面的适当性以及策略、流程、系统和控制的有效性等方面最有效 |
| 作为敏感性分析、建模和预测的输入变量 | 结果可用于金融机构的强化或发展计划 |
| 取决于银行报告的财务信息的时间范围、准确度和完整性 | 可以进行核对，以确定财务信息的准确性以及遵守稳健的会计准则和原则的情况 |
| 以标准格式向监管当局、金融分析师和银行管理层提供比较性的数据 | 使用比较性的数据和非现场的审慎报告 |
| 可用于监测选择的金融机构类型和银行部门 | |
| 把结果提供给经济和货币政策制定者 | |

**非现场监管**。非现场监管的中心目标是监测单个银行、银行同业和银行系统的状况。本书描述的原则为对银行进行综合性的非现场分析提供了工具。以该项评估为基础，银行绩效与其同业和银行业部门整体进行比较，从而发现对同业或行业规范和基准的重大偏离。该过程提供了对单个银行的问题和系统性问题的早期提示；它还有助于优化使用风险最大的领域或活动中的稀缺监管资源。非现场监管体系依赖规定格式的财务报告，该报告由银行依据以前确定的报告计划提供。虽然大多数监管当局系统地收集

和分析关于流动性、资本充足性、信用风险、资产质量、大规模敞口的集中度、利率、汇率和市场风险、收益和盈利能力,以及资产负债表结构方面的数据,但报告格式和细节还是因国家而异。可能还要求支持计划来提供关于银行对不同类型风险的敞口及其承担这些风险的能力方面的更多细节。计划由相关报告的类型和主题决定。例如,监管当局可能要求每周或甚至每天报告流动性,每月报告大规模的风险敞口,每季度报告财务报表,半年报告资产分类和资产减值准备。

分析审查的复杂性和准确目的也因国家而异。大多数监管当局使用某种形式的比率分析。监管当局分析每家银行目前的财务比率并将其与历史趋势和同业的绩效进行比较,来评估银行的财务状况和遵守审慎性规则的情况。这一过程也可能识别出现有或即将出现的问题。汇总单个银行的报告便得到特定规模、业务特征或地理区域的银行群体(或同业)的统计数据。这些汇总报告可以用作诊断工具或用于研究和货币政策分析。

非现场监管在监管资源成本上更低。银行提供监管者形成对银行在各种财务风险类别上的敞口的看法所需的信息。接下来,监管当局处理并解释数据。虽然非现场监管使监管者可以系统地监测银行财务状况和风险敞口方面的变化,但它存在以下局限:

- 报告的有用程度取决于银行内部信息系统的质量和报告的准确度。
- 报告采用标准格式。这种标准格式可能无法充分捕捉新的风险类型或单个银行的特殊活动。
- 报告无法充分表达影响风险管理的所有因素,例如银行管理人员、策略、流程和内部系统的质量。

**现场检查**使监管者能证实审慎报告过程中银行所提供的信息,在足够详细的程度上建立起诊断并了解银行问题的准确原因,并评估银行未来的生存能力或可能出现问题的领域。更具体地说,现场检查应该帮助监管者评估银行报告的准确度、总体运行状况、管理层素质和能力,以及风险管理体系和内部控制流程的充足程度。应该评估的其他方面包括贷款组合的质量、贷款损失准备金的充足程度、会计和管理信息系统、在非现场或现场检查前的过程中发现的问题、遵守法律和规则的情况以及银行许可证上规定的条款。现场检查对监管资源的要求非常苛刻,并且通常只能处理银行的一些活动。

根据银行的规模和结构、可用资源以及监管者的老练程度、知识和经验,现场检查可以有不同的形式。监管当局应该建立关于现场检查的目标、频率和范围的清晰的内部准则。策略和流程应该确保检查是系统性的,并以一种彻底、一致的方式进行。在不太发达的监管体系中，检查过程通常只提供对银行状况的大致描述，而没有评估潜在风险或管理层用于识别和管理这些风险的、系统的可获得性和质量。现场监管始于业务交易并自下而上进行。监管者汇总编辑来自连续监管步骤的检查结果，并最后归纳得出关于银行总体财务状况和绩效的最终结论。这种方法是那些管理信息不可靠，同时银行策略和流程表述不清的国家的特点。

在完善的银行系统中，监管者通常使用自上而下的方法，该方法关注评估银行如何识别、测量、管理和控制风险。监管者被期望诊断出银行出现的问题的起因，并确保这些问题得到预防行动的处理，这些预防行动可以降低问题再次发生的可能性。现场检查的起点是评估与风险管理相关的目标和策略、董事会和高级管理人员提供的指导，以及用于监测、量化和控制风险的、系统的覆盖面、质量和有效性。接下来要考虑银行成文的策略和流程的完整性和有效性、计划和预算、内部控制和审计流程，以及管理信息系统。仅仅在识别、测量和控制风险的系统中存在缺陷时才要求进行业务交易层次的检查。在许多国家，外部审计人员在这一层面检查系统和流程。

**早期预警系统**。在20世纪90年代，监管当局开始提炼它们的早期预警系统——目标是监管风险评估和识别金融系统和单个银行中潜在的问题。系统一般结合定性和定量要素。正如银行法规和监管的途径因国家而异，这种早期预警系统的设计也存在差别，但可以分为四种一般类型：

- **用于监管的银行评级体系**。其中最著名的是C—A—M—E—L—S（资本充足性、资产质量、管理层素质、盈利能力、流动性和对市场风险的敏感性）。通常，根据现场检查的结果对银行进行评定，并给出一个综合等级。
- **财务比率和同业群体分析体系**（规范性的）。这些分析基于一套财务变量（通常包括资本充足性、资产质量、盈利能力和流动性）；如果某些比率超过预先设定的水平、落在预定区间或相对于银行以往业绩是异常值，那么这些变量就会发出预警。
- **综合银行风险评估体系**。对银行风险特征进行综合评估的做法是将银行（或银行集团）分解为重要的业务单元并评估每个单独业务单元的所有商业风险。按照以前指定的标准进行赋值，并汇总评估结果，从而得到整个银行或银行集团的最终得分。
- **统计模型**。这些模型试图检测最可能导致银行未来不利情况的风险。与其他三个体系不同，统计模型的最终关注点是预测未来情况的概率,而不是对银行目前状况的概括评级。统计模型基于关于未来绩效的各种指标。例如,有估计单个银行评级下降概率的模型(如,依据审慎报告提供的财务数据,最近的 CAMEL 评级将被下调的概率)。破产预测模型建立在破产或处境困难的银行样本上;该模型的目的是识别出那些评级或指标(或由此引起的变化)与已经破产或处境困难的银行的比率或指标相关联的银行。预期损失模型用于这类国家,即破产或处境困难银行的统计基础不够充分,以致不能将具体财务变量的变化和破产概率联系起来。这些模型依据产生于银行信用风险敞口和其他数据(如,现有股东提供额外资本的能力)的破产概率。一些监管当局已构建了基于其他变量的统计模型。例如,资产增长率高,但强化的管理层和机构能力没有与之充分匹配,常常是银行破产的原因。因此,跟踪资产的高增长率的模型结合机构能力方面的措施可以用作早期预警系统。

表 15.4 概括了使用最频繁的早期预警系统类型的一般特征。在许多案例中,监管当局使用不止一种早期预警系统。早期预警系统的主要问题是恰当选择作为预测基础的变量、可靠输入数据的可获得性,以及与量化与银行绩效紧密相关的定性指标(如,管理层素质、机构文化、内部控制的完整性)有关的局限。

表 15.4 早期预警系统的一般特征

| | 评估当前财务状况 | 预测未来财务状况 | 使用定量分析和统计学 | 使用定性评估 | 关注正式风险类别 | 与正式监管行动的联系 |
|---|---|---|---|---|---|---|
| 监管评级 | | | | | | |
| 现场 | *** | * | * | *** | * | *** |
| 非现场 | *** | * | ** | * | ** | * |
| 财务比率和同业群体分析 | *** | * | *** | * | ** | * |
| 综合风险评估体系 | *** | ** | ** | ** | *** | *** |
| 统计模型 | ** | *** | *** | | ** | * |

*不显著;**显著;***非常显著
资料来源:国际清算银行关于监管风险评估和早期预警系统的论文,2000年12月。

在一个国家使用早期预警系统为实施巴塞尔协议Ⅱ提供了重要起点。按照巴塞尔协议Ⅱ，监管当局应该评估内部评级的质量并在其对资本充足率计算的判断方面决定使用哪种合理的风险权重集合。同业群分析、风险评估系统和统计模型为合理决定这些关键参数提供了坚实的基础。

## ● 15.4 并表监管

传统上，金融中介机构的分类是按机构的主要金融工具或提供的主要服务进行的。机构分类为特定机构和相应的监管措施确定相应的监管当局，例如，相关的最低资本水平、资本充足性和诸如流动性和现金储备等其他审慎性方面的要求。金融市场的不断整合使各种金融机构之间的差别变得模糊，并增加了监管套利的机会，而这最终增加了系统风险。虽然完全中立也许不可能或甚至不必要，但监管当局应该努力使具体的市场保持公平并减少监管套利的范围。换句话说，当不同的金融机构为了完全相同的目的在同一市场中竞争时，它们各自的监管必须确保公平竞争。可能存在监管（或监督）套利的监管环境具有以下特征中的至少一个：

- 对不同类型金融机构的不一致或冲突的监管理念；
- 定义不同类型金融机构的风险和审慎性要求时，存在的缺陷或不一致；
- 各个金融机构合规成本的差别；
- 金融系统中，规则制定机构和监管当局之间缺乏协调。

**监管跨境操作**

银行的国际扩张增加了全球和国内市场的效率，但它可能造成监管过程中的差别。例如，跨国界交易可能对其母国的监管者掩盖了银行的问题。监管不够的环境中子公司的某些做法也没有受到母国监管者的监管，并且也许最终导致可能损害银行资本的损失。在问题资产被转移到有效监管更少的、监管不严格的环境或地区的情况下，国际化可能被用作逃避监管的工具。国际上活跃的银行因而对监管当局形成了挑战。

需要合作努力来确保国际银行业的所有方面都受到有效监管，同时补救行动得到良好的协调。许多大型、国际活跃的银行促使巴塞尔银行监管委员会出台了监管这些银行的最低标准。巴塞尔协议基于以下原则：

- 有能力的母国监管当局应该在并表基础上监管国际上活跃的银行和银行集团。
- 跨国银行的建立应首先得到母国和东道国监管当局的同意。这种双边监管安排应该在双方监管当局签订的谅解备忘录中确定。
- 母国监管当局应该拥有收集关于其监管的银行和银行集团建立跨国机构的信息。监管当局之间信息的收集和交换应该遵守互利和保密原则。机密信息应该受到保护,以免泄漏给未被授权的机构。
- 如果东道国监管当局确定母国监管安排不符合最低标准,它可以禁止跨国操作或强制实施符合其标准的限制措施。
- 母国监管当局应该通知东道国监管当局监管措施的变化,这些变化对相关银行的国外操作有重要影响。

并表监管至关重要,其主要原因之一是信心的破坏性损失的风险和超过法律责任的扩散风险。监管安排和技术由于法律、制度、历史和其他因素而不同,因此没有判断并表监管有效与否的一套单独标准。原则上,并表监管应该评估并考虑银行集团承担的所有风险,无论这些风险发生在哪里(包括分支机构和子公司、非银行公司以及财务上的附属公司)。更具体地说,并表监管应该支持"无论银行操作在哪里都不应该逃避监管"的原则。它还可以阻止对资本使用双重杠杆,并确保在全球范围内对银行集团(无论它在哪里注册)遭受的所有风险能够进行评估和控制。

并表监管应该超越仅仅对账户的并表。监管当局应该考虑涉及风险的准确性质,并设计评估这些风险的恰当方法。风险性质改变时,并表会计可能甚至变得不合适,例如,当市场风险因市场而异时。会计并表过程中,市场风险的抵消可能导致不准确的风险敞口头寸。应该主要在逐个市场和逐个币种的基础上考虑流动性风险。

巴塞尔协议Ⅱ显著扩展了多重批准的范围。结果,该协议意识到需要发展关于将资本标准应用于国际银行集团的有效的跨国条款,以及母国和东道国监管者之间有效的合作和协调是协议成功实施的基础条件。如果银行集团在除母国外的至少一国运作,则新的巴塞尔协议Ⅱ的实施可能要求其获得相关母国监管者在单独或次级并表的基础上对使用某些高级方法(例如,关于信用风险的、基于内部评级的方法或测量操作风险的高级方法)的批准。此外,银行集团可能需要来自其母国监管者的、关于巴塞尔协议Ⅱ下的并表监管的批准。监管者之间合作的程度和性质可能在这些不同的监管责任之间存在差别。无论实施何种安排,银行还将在协助监管者有效和高效的跨国努力方面起重要作用。

## 集团监管

涉及金融集团的监管安排甚至更为复杂。在银行、证券、基金管理和保险方面活跃的国际金融集团可能要面对许多国家的大量监管当局。与集团的信息、协调和遵守审慎规则情况相关的问题——这些问题在单个国家就足够复杂了——在国际层面上又交织在一起,尤其是当金融机构的运作涉及新兴市场经济体时。

金融集团的形式和结构特点可能不同,这反映了不同的法律和传统。集团监管中需要考虑的关键方面是总体监管途径、集团结构的透明度、资本充足性评估和预防双重征税。此外,集团间敞口效应与蔓延以及对大型敞口的并表处理都起着重要作用,因为银行、证券和保险各自的敞口规则存在巨大差别。

并表监管的问题由巴塞尔银行监管委员会和涉及证券和保险行业的利益集团代表组成的三方集团(金融集团联合论坛在1996年接续了非正式的三方集团)从国际层面上进行处理。它们关于集团监管的联合声明明确了以下几点:

- 所有银行、证券公司及其他金融机构应该受到有效监管,包括与资本相关的监管。
- 在地理上和职能上多样化的金融集团需要并表监管和特别的监管安排。监管当局之间应该有充分的合作和信息流动,并且不受国内和国际两方面的阻碍。
- 市场的透明度和完整性以及监管依赖于充分的报告和信息披露。

三方集团建议基于会计的并表作为评估同质集团资本充足性的一种合适技术。这一过程通过使用单独一套估值原则可以对全部合并的资产和负债进行直接比较,并允许将母公司层面的资本充足规定应用于合并后的数字。至于异质金融集团,三方集团推荐结合使用三种技术:模块化审慎方法(即在相关监管当局分别完成单独审查之后再进行并表)、基于风险的整合以及基于风险的扣减。

巴塞尔协议II的应用范围提供了与金融集团并表和监管相关的具体要求。监管和资本充足性评估的最佳途径继续得到密切的国际注意。巴塞尔银行监管委员会鼓励主要的国际金融和银行集团的母国和东道国监管者继续进行彼此之间以及与被监管当局的讨论。重要的是,这些集体努力在继续取得进展;同时,母国和东道国建立起工作关系,这些关系正在发展,以创建实施巴塞尔协议Ⅱ的有效合作机制。

## 15.5  内外部审计人员的监管合作

内部审计师协会对内部审计的定义是"一种独立、客观的活动……该活动通过采用一种系统的、受约束的方法评估并改进风险管理、控制和公司治理过程来帮助组织实现其目标"。

### 内审人员的作用

虽然第 3 章讨论了银行内部审计职能的重要性，但重新声明该职能应该覆盖银行在其所有相关实体中的所有活动仍然是值得的。它应该是永久的、公正的、技术上能胜任的、独立运作的，并向银行董事会或首席执行官报告。

监管当局通常对银行内部控制体系发布监管要求，目的是为银行使用的控制的系统和质量建立一些基本原则。虽然监管程度不同，内部审计/控制监管通常涵盖信用风险和诸如流动性管理、汇率和利率风险等其他银行核心风险管理的策略和流程，以及衍生品与计算机和电信系统风险管理。现场监管通常包括评估银行内部控制和内部审计职能质量。如果监管者对内部审计质量满意，则可以用内部审计人员的报告作为识别银行控制或管理问题的主要机制。

### 使用外部审计人员

外部审计人员和银行监管者职能类似，但关注点不同。审计人员主要关注年度财务报表和提供给股东和公众的其他报告的表述是否公允。他们应该对财务报表和其他审慎性的信息披露的表述（如有需要）是否公允地反映了银行运行的状况和结果发表意见。为发表这种意见，审计人员还必须对银行的会计政策和原则及其应用感到满意，同时审计人员必须确定银行的关键职能体系是一致、及时和完整的。

由于监管资源稀缺，为避免重复监管，监管当局越来越依靠外部审计人员协助现场监管流程。对外部审计人员的评估和判断的潜在依赖暗示监管者对确保银行审计的高标准以及审计人员符合特定素质标准感兴趣。在许多国家，银行监管要求银行外部审计由其所在会计师事务所拥有充足专业技能的审计人员实施，并符合特定的质量标准。

审计人员通常应该向监管当局报告银行没有达到与其银行许可相关的要求的情况以及其他重大的违法违规情况——尤其是当储户利益受到威胁时。在一些国家，外部审计人员被要求执行符合监管者利益的其他任务，例如评估组织体系和内部控制系统的充足性，以及用于准备审慎性报告、财务报表和管理层自己的内部报告的方法和数据库的一致性。

监管者要求外部审计人员协助具体的监管相关任务应该在定义良好的框架下进行。这一过程至少要求遵守国际会计和审计标准。

监管当局和外部审计人员之间合作的重要前提是监管当局和全国专业会计和审计机构之间的持续对话。这种讨论应该常规性地覆盖共同关注的所有领域，包括普遍接受的会计实践和适用于银行的审计标准，以及具体的会计问题，例如为具体金融创新引入的、恰当的会计技术处理。

# 附录 A
# 对银行进行分析审查的调查问卷

以下问卷主要供对银行进行诊断的咨询人员使用。

| 银行名称： | 电话： |
|---|---|
| 地址： | |
| 完成日期： | 传真： |
| 负责完成的人员： | 电子邮箱： |

## 1. 执行管理人员简要陈述和建议

您所在银行未来几年面临的最大挑战是什么？
您所在银行为克服这些挑战制定了哪些战略？
您所在银行最大的优势是什么？
为您所在机构提供贷款，贷款人/投资者面临的风险有哪些：
— 银行外部风险？
— 银行内部风险？

为什么借给您所在银行的资金会成为贷款人/投资者的一笔良好投资？
您所在银行将如何使用贷款人/投资者提供的资金来开发金融市场或您所在国的具体业务领域？

## 2. 制度建设需要

| 在本报告末尾的结论和建议部分（第 15 部分）相关内容中，您所在银行最大的发展需要是什么？您在明年将关注哪些领域？贷款人/投资者在帮助您进行制度建设时能发挥怎样的作用？ | 为确保改革持续进行，您采取了什么样的积极行动计划？谁将是您所在组织中负责制度建设计划并与贷款人/投资者协调（如果贷款得到批准）的主要联系人？ |
|---|---|
|  |  |

## 3. 金融行业和监管概述——表 A.1 和表 A.2

| 3.1 金融基础设施状况（信息披露、支付体系、证券清算体系等）<br>3.2 银行业与金融体系：金融市场监管现状<br>3.3 银行业监管<br>3.4 会计监管：财务报表的准备是否必须遵循国际财务报告准则？<br>影响您所在国家银行体系的主要法律有哪些？<br>银行法律和规则的上次改变是在什么时候？<br>描述目前国内法律实践对银行造成困难的任何领域（例如，破产和止赎程序）。 | 描述（监管者的）监管方法和理念：监督活动的范围、中央银行官员访问的频率，以及必须定期提交的报告或信息。请提供一份最近提交的所有此类报告。<br>您所在银行的最低资本要求是多少？资本充足率准则与国际清算银行（BIS）准则的差别是什么？<br>描述中央银行的任何现金储备要求和流动资产要求。<br>审慎监管是否得到严格执行？<br>请描述为未来计划的（或传闻中的）监管要求（包括准备金要求）的任何预期变化。<br>请描述与监管者的关系以及重大争议所在（如果有）。<br>请描述监管部门对您所在银行最近一次审查的结果。请附上一份监管审查函。<br>分级的方法是什么？您所在银行的得分是多少？ |
|---|---|
|  |  |

## 4. 银行及其风险管理文化概述

### 4.1 历史背景和一般信息——表 A.2

| | |
|---|---|
| 提供银行的历史概要（详细描述成立日期、早期名称、合并、重大事件等）。<br>您所在银行在银行体系中的排名：<br>　按资本？<br>　按资产？<br>银行的主要业务领域和主要产品领域是什么？另外，请指出关键的变化和重大事件。<br>描述发展商业/小企业贷款活动（包括细分市场的服务提供渠道、产品开发等）的具体动机。<br>请描述支持这些业务关注的途径（相关优势、市场数据、竞争定位等）。 | 您所在银行的使命是什么？<br>银行与以下方面相关的战略是什么？<br>● 目前和预期经济环境；<br>● 竞争力来源；<br>● 经营战略的主要构成（贷款、收费服务、股权投资，以及其他多元化或扩展领域，如地理方面或产品条线等）；<br>● 主要竞争者在主要业务领域的优势（外国/本地/合资银行）；<br>● 观察到的主要商业风险和将这些风险最小化的战略。 |
| | |

### 4.2 集团和银行组织结构——表 A.3—表 A.6

| | |
|---|---|
| 提供集团组织结构图，表 A.3，显示持股公司、最终控制实体、联营企业和子公司（指出主要资产、持股和管理关系）。<br>指出集团中的其他金融机构。<br>提供被审查银行的组织结构图（如表 A.4 所示）。<br>银行有多少员工（表 A.5）？<br>银行有多少部门和分部？列出这些部门，并提供描述关键部门和分部以及每个部门中员工数的组织结构图。<br>银行有多少分支机构？（表 A.6）<br>描述它们的地理范围和规模。 | 多少员工拥有高中以上学历？提供关于技术学院和大学毕业生的详细情况。<br>说明人力资源的发展怎样补充了银行的风险关注领域（这样做是为确保招聘到合适、称职的员工并对其培训，以确保遵守和维护已建立的风险管理流程）。<br>为留住员工，对其支付的薪酬在多大程度上具有市场竞争力？<br>对员工支付的奖金程度如何？<br>向员工提供了什么培训？<br>组织结构怎样鼓励良好的风险管理？（还可以参看第 4.5 的风险管理文化） |
| | |

## 4.3　会计体系、管理信息和内部控制

提供过去三年的经审计的年度财务报表以及审计人员的管理意见书。
提供今年到目前为止未审计的季度账目。
提供过去五年的所有国际招股说明书。
描述银行会计系统和记录的状态。
财务报告和信息系统的可信程度如何？
描述国际财务报告准则（IFRS）的实施情况和银行面临的困难。

过去四年间，银行的会计政策是否发生变化？如果是，请描述。
描述银行使用的会计政策，并提供对银行使用的会计政策与 IFRS 关键差别的描述。详细说明以下方面：
- 收入确认/权责发生制；
- 证券盯市（国际会计准则第 39 号，IAS39）；
- 固定资产价值重新评估。

## 4.4　信息技术——表 A.7

描述使用的计算机系统（硬件和软件），包括微机（无论是用作终端还是独立计算机单元）。

有哪些可用的备份和恢复系统？
如何控制电子数据处理（EDP）领域中的安全问题？

## 4.5　风险管理文化和决策流程——表 A.11

| | |
|---|---|
| 银行面临的主要风险（来源于银行产品或环境）是什么？<br>计划和确定风险容忍水平：董事会和高级管理层是否确定了他们愿意为每个业务领域和银行整体所承担的风险水平？<br>风险识别：如何识别目前操作中的风险？ | 风险监督和管理：如何管理目前的和建议的操作？<br>风险监测：评估控制实施的有效性。<br>董事会批准的风险容忍水平在组织中沟通的有效程度如何？<br>评估对风险进行假设、度量、限制、控制和报告的方式。 |
| | |

# 5.　公司治理

## 5.1　股东/所有权——表 A.8

| | |
|---|---|
| 描述持股和运营中的主要变化，包括自成立以来所发生变化（兼并、收购、撤资等）的日期。<br>银行上一次股东大会是在什么时候？有多少股东参加？他们代表的股份占总股份的百分比？<br>关键股东的主营业务是什么？谁控制这些股东？ | 是否有赋予股东与其持股比例不一致的投票权的条款？<br>描述给予个人取得更多股本的任何期权或其他权利。<br>是否有决议需要除简单多数股东同意之外的其他要求？如果有，列举这些条款。<br>股东与该银行、董事会以及管理委员会有何直接关系？ |
| | |

## 5.2 董事会——表 A.9 和表 A.11

| 董事会多久选举一次？董事会的主要目标和责任是什么？<br>描述董事会涉及银行政策制定的情况，尤其是在风险管理方面。<br>董事会在年内和年末审查财务信息的程度如何？ | 董事会是否积极使用基于风险的管理信息？这些"理想"的管理账户应该是识别银行在理想的关键信息方面如何定位的推动力。这一目标应该决定哪些其他系统发展和培训应该进行以及如何进行。 |
|---|---|
| | |

## 5.3 高级管理层——表 A.10 和表 A.11

| 谁任命首席执行官？<br>详细说明银行管理层与银行决策委员会间的相互作用、确定银行策略和银行目标的责任、权力和责任的转授、业绩审查的内部系统和流程，以及责任核查。<br>讨论执行银行目标时银行管理层和雇员之间的互动。<br>高级管理层和董事会是否定期收到并要求基于风险的管理信息？ | 基于风险的管理信息是否用于确保落实保障资产和储户以及保证数据完整性的流程？<br>应该开发哪些管理账户来为高级管理层指出关键风险管理问题？（区别日常所需信息和为管理层和董事会议准备的月度或时间间隔更长的信息）<br>识别风险管理系统和流程，该系统和流程必须被设计用于支持管理层的信息需要以及用于确保对恰当风险管理的需要驱动所有系统开发。 |
|---|---|
| | |

## 5.4　内部审计/董事会审计委员会——表 A.11

| | |
|---|---|
| 描述内部审计部门的关键目标、角色和战略。 | 拥有正式的审计或会计资格的内部审计人员的数量？ |
| 多少人在内部审计部门工作？按总部和分支机构描述他们的经验、资格和所处地点。 | 专门从事以下工作的内部审计人员的数量： |
| 承担内部审计职能的人员是否向董事会的下级委员会报告？如果不是，他们向谁报告，多久报告一次？ | • 资金管理审计 |
| | • 信息技术审计 |
| | • 其他（请说明） |
| 董事会成员是否收到并审查内部审计报告？ | 分支机构和部门内部审计的频率？ |
| 内部审计报告是否讨论与策略的偏差？这些报告还讨论其他什么内容？ | • 定期 |
| | • 不定期（突然性） |
| 以下人员在内部审计方面的平均服务时间是多少年？ | 描述内部审计期间受到关注的关键领域。 |
| | 按类别总结最近一次内部审计中的关键审计评论。 |
| • 内部审计主管 | 在对您所在银行的检查中是否发现欺诈的证据？如果是，请描述。 |
| • 其他审计人员 | 描述银行的反洗钱流程/控制/内部审计流程。 |

## 5.5　外部审计人员

| | |
|---|---|
| 是否遵循国际财务报告准则（IFRS）和国际审计准则（ISA）？ | 过去两年间，向审计人员支付了哪些审计和咨询费？ |
| 谁是银行的外部审计人员，他们审计财务报表的时间有多长？如果是最近被任命的，列出他们的前任和变更的原因。 | 审计人员对银行风险管理流程的评估程度如何？ |
| 识别过去三年中审计人员报告的主要项目。 | 讨论外部审计人员和管理层的参与情况以及他们之间的关系。 |
| 提供审计人员最新的两份管理层报告。 | 监管者要求银行多久更换一次审计公司？ |

## 财务风险管理

### 6. 资产负债表结构及其变化——表 A.12 和表 A.13

| | |
|---|---|
| 6.1 资产负债表的构成<br>　　　资产结构：增长和变动<br>　　　负债结构：增长和变动<br>6.2 总体表内外增长<br>6.3 低收益和无收益资产<br>分析银行随时间变化的资产负债表结构，并描述以下方面：<br>● 发生了什么<br>● 发生的原因<br>● 趋势或观察结果的影响<br>● 计划对形势作出的反应<br>● 与观察到的情形相关的替代建议 | 提供您所在银行过去的财务报表和年度报告，并讨论最近的财务绩效。<br>描述银行资产负债表的结构和任何计划进行的变动。<br>描述（并量化）信贷承诺、或然负债、担保及其他表外项目的性质、数量和预计使用情况。 |

### 7. 损益表结构及其变化（盈利能力/收益）——表 A.14

| | |
|---|---|
| 7.1 收入来源：收入结构和趋势的变化<br>7.2 资产结构与收入结构的对比<br>7.3 中间业务利润<br>7.4 营业收入和营业费用分解<br>7.5 资产回报和股东资金回报<br>分析不同时期银行的盈利能力并描述以下方面内容：<br>● 发生了什么<br>● 发生的原因<br>● 趋势或观察结果的影响<br>● 计划对形势作出的反应<br>● 与观察到的情况相关的替代建议 | 描述主要的收入来源和盈利能力最强的业务领域。<br>描述银行的股利支付政策。<br>描述应收但未收利息计入收入的程度，尤其是如果这种利息收入与您或银行将之归为次级或更低级别的风险类别的贷款相关。<br>描述抵押物价值（而非营业现金流）在多大程度上是利息资本化或贷款展期决策的基础。<br>列举可能影响（或扭曲）收益的任何收入或支出确认政策。<br>描述重大的集团间交易的影响，尤其是那些与收益和资产/负债估值转移相关的交易。<br>是否存在任何可能显著夸大或描述不充分的收入和费用项目？<br>描述可以实现更高效率的领域和方式。 |

## 8. 资本充足程度

| | |
|---|---|
| 8.1　资本保持策略<br>8.2　遵守资本充足要求<br>8.3　潜在的未来资本要求<br>8.4　股东资金结构<br>8.5　资产负债表资产的风险特征<br>分析银行随时间变化的资本充足程度并描述<br>● 发生了什么<br>● 发生的原因<br>● 趋势或观察结果的影响<br>● 计划对形势作出的反应<br>● 与观察到的情况相关的替代建议 | 银行在给定过去增长和未来扩展计划的情况下，维持最低监管资本的计划是什么？<br>银行获取资本和财务帮助的途径是什么？<br>银行的增长经历、计划和未来展望是什么？<br>资本增长的来源是内部产生的现金还是资本投入？<br>储备在多大程度上由固定资产和投资的重新估值或由已分类贷款的利息资本化产生？<br>在资本投入的情况下，投入的资本是现金还是实物（如固定资产）？<br>在投入实物（如固定资产）的情况下，描述这些投入（见表5.3A）占总资本的百分比，并描述用于取得可靠的第三方估值的流程。 |

## 9. 信用风险管理

### 9.1 信用风险管理策略、系统和流程

用第4.5（风险管理文化）的结构来讨论以下问题：

银行如何管理信用风险？包括对贷款组织、相关部门、管理层次和员工配置的描述。

提供银行主要贷款人员、信贷经理和人员，以及所有相关员工的个人档案和贷款技能。

描述您在本领域面临和控制的关键风险。

就本风险领域而言，您的优势是什么？

就本风险领域而言，您所在银行最紧迫的发展需求是什么？

描述为银行最高级的管理人员准备的最高层信息。

对于贷款申请，需要哪些信息？

描述贷款文件的内容。您怎样使用这些信息来监测贷款质量？

描述标准贷款流程，从客户的初始咨询或银行营销努力开始到最终贷款决定，并提供对信贷决策流程的描述。

在授予贷款时所使用的标准是什么？描述您在评估流程中使用的任何具体限额、比率等。

描述任何用于项目评审、审批和完成项目法律文件、采购和支付，以及对这些项目进行后续跟踪和监管的具体贷款流程和技术。

描述用于识别目标市场的任何正式的信贷政策、流程和承销标准。

讨论管理问题贷款的流程，描述专门的资产保全部门或特别关注部门，并详细描述它们的范围、技能、资源和效率。

为确保借款人向银行偿还贷款，可以采用哪些工具或补救措施？描述用于法律恢复、止赎和收回抵押物，以及法律权利转移的机制。

描述关于贷款损失准备的税收抵减以及税收对您的银行准备金提取政策的影响。

您在何时将利息挂账，同时您怎样控制这种情况下客户欠息总额？

公司贷款和个人贷款的总额是多少？

您的银行是否曾按非正常信贷条件（定价或投向）发放贷款？

您在多大程度上接受客户股权作为还款来源？

还款计划调整过一次的贷款占比是多少？

还款计划调整过多次的贷款占比是多少？

您作为财务代理的贷款占比是多少？

## 9. 信用风险管理（续）

| | |
|---|---|
| 9.2 借款人基本情况 | 描述银行提供的主要贷款产品。 |
| 9.3 贷款期限 | 描述目前您所在银行用于识别共同所有权、控制和对共同现金流的依赖情况的政策、实践和流程。如果合适，您还应该建议银行制定识别和追踪集中度的新准则和新流程。 |
| 9.4 贷款产品 | |
| 9.5 贷款行业分析 | |
| 9.6 对个人和相关方的大额敞口 | |
| 9.7 贷款和其他资产的分类与准备金提取 | 在实际中，是否全部有信用风险的资产（包括贷款组合）在需要时都被按质量来分类并加以预防？ |
| 9.8 对拖欠贷款的分析 | |
| 9.9 关联贷款（贷款给关联方） | |
| 分析不同时间银行的贷款组合并描述： | 描述您所在的银行确定储备水平要求的方法。您所在银行在多大程度上依赖担保来建立推荐的储备？说明用于确定担保物价值的方法。您认为哪些类型的担保物是可接受的？ |
| • 发生了什么 | |
| • 发生的原因 | |
| • 趋势或观察结果的影响 | |
| • 计划对情况作出的响应 | 在什么情况下使用专项储备，什么时候使用一般储备？ |
| • 与观察到的情况相关的替代建议 | |

## 10. 资金管理职能组织——表 A.15

| | |
|---|---|
| 10.1 资金管理职能组织 | 为避免错配，采用了哪些套期保值技术和产品？ |
| 10.2 政策制定环境：资产配置、基准、对外部管理人员的使用 | • 利率敏感性 |
| 10.3 市场操作：融资、投资和交易 | • 汇率敏感性 |
| 10.4 风险分析与合规性 | • 期限特征敏感性 |
| 10.5 资金操作（管理） | 银行如何合并和跟踪来自于对同一客户的贷款、货币市场交易、结汇、与贸易相关的交易，以及证券交易的敞口？ |
| 描述灾难恢复/备份/热站的安排。 | |
| 从事资金管理业务的人数？ | |
| 资金交易对手方的限额是如何确定和监测的？ | 如何报告超限额的交易和例外交易？ |
| 多久对限额进行审查？ | 银行如何处理资金风险管理/头寸价值重估？ |
| 您的银行的资金管理是否使用录音电话？ | 描述负责合规性人员的责任、经验和资格。 |
| 描述资金交易确认和协调的流程。 | |

## 11. 证券投资组合管理（稳定的流动性投资组合）——表 A.16—表 A.19

| 描述： | 描述取得交易头寸的决策流程。 |
|---|---|
| • 发生了什么<br>• 发生的原因<br>• 趋势或观察结果的影响<br>• 计划对情况作出的响应<br>• 与观察到的情况相关的替代建议 | 解释如果市场价值低于成本，在清算证券投资头寸时，对损失的处理。<br>请描述银行将证券分为交易或投资类别的政策以及该政策最近是否有调整。 |

## 12. 自营交易和市场风险管理——表 A.16—表 A.19

| 12.2 证券分类政策<br>12.3 证券投资组合结构<br>12.4 净有效敞口头寸和潜在资本敞口<br>12.5 与表外活动和衍生品关联的市场风险 | 银行如何管理市场风险？<br>描述您在本领域面临和控制的关键风险。<br>描述为银行最高管理人员准备的最高层次的信息。 |
|---|---|
| 描述：<br>• 发生了什么<br>• 发生的原因<br>• 趋势或观察结果的影响<br>• 计划对情况作出的响应<br>• 与观察到的情况相关的替代建议 | 就关心的风险领域而言，你们的优势是什么？<br>就关心的风险领域而言，您所在银行最紧迫的发展需求是什么？<br>描述董事会关于衍生品敞口的风险容忍度的政策——在岸/离岸，交易所/场外市场。<br>描述用于跟踪衍生品敞口和风险管理的报告。<br>描述证券及其衍生品的结算过程。<br>衍生品是在所有交易部门进行还是单独交易？<br>银行发行期权吗？如果是，有哪些期权？<br>是否有未对冲的期权？<br>描述对衍生品信用风险的控制。<br>描述使用哪些计算机系统来监控衍生品头寸。 |

## 13. 资产负债管理（ALCO）：利率风险管理

| | |
|---|---|
| 使用第4.5（风险管理文化）的结构来讨论以下问题。<br>描述：<br>• 发生了什么<br>• 发生的原因<br>• 趋势或观察结果的影响<br>• 计划对情况作出的响应<br>• 与观察到的情况相关的替代建议<br>13.1 利率风险管理策略、系统和流程<br>13.2 预测利率<br>13.3 确定外部利率变化对银行资本的潜在影响的措施 | 银行的利率风险是如何管理的？<br>描述您在本领域面临和控制的关键风险？<br>资产负债管理委员多久开一次会？<br>向资产负债管理委员会提交了哪些报告？<br>是否编写和分发了资产负债管理委员会会议记录？<br>银行在给定的、最可能的利率情境下，如何确定其目标缺口结构？<br>如何进行分析来确定实现最优目标缺口结构的战略？<br>指出肩负确保战略正确实施任务的个人或团队。<br>就关心的这一风险领域而言，您的优势是什么？<br>就关心的风险领域而言，您所在银行最紧迫的发展需求是什么？<br>银行有资产负债管理委员会支持部门吗？<br>该部门向谁报告？<br>该部门的职责是什么？ |

## 14. 资产负债管理（ALCO）：流动性风险管理

| | |
|---|---|
| 14.1 流动性风险管理策略、体系和流程 | 银行的流动性风险是如何管理的？ |
| 14.2 遵守监管要求 | 描述在本领域您面临和控制的关键风险。 |
| 14.4 存款来源——储户特征 | 描述为银行最高级管理人员准备的最高层次的 |
| 14.3 存款期限结构 | 信息。 |
| 14.5 大额储户和融资波动性 | 就关心的风险领域而言，你们的优势是什么？ |
| 14.6 资产和负债的期限错配 | 就关心的风险领域而言，您所在银行最紧迫的 |
| 14.7 流动性风险管理措施 | 发展需求是什么？ |
| 描述： | 银行间市场的发展情况如何？您在该市场的参与情况如何？ |
| • 发生了什么 | 您是否拥有充足渠道进入货币市场或其他现有 |
| • 发生的原因 | 现金来源？如果是，请描述这些来源。 |
| • 趋势或观察结果的影响 | 您所在银行对利率敏感型资金的依赖程度 |
| • 计划对情况作出的响应 | 如何？ |
| • 与观察到的情况有关的替代建议 | 您利用中央银行信贷的程度如何？报告在过去 |
| 使用第4.5（风险管理文化）的结构来讨论以下问题： | 12个月使用中央银行信贷的次数，并描述使用的不同类型的途径和涉及的最大金额。 |
| | 您将资产迅速转化为现金的能力如何？ |
| | 描述您满足未预见取款和其他支付需求的能力。 |
| | 在流动性短缺时，您有什么其他资金来源？ |
| | 银行总共有多少储户？ |

## 15. 资产负债管理（ALCO）：汇率风险管理

| | |
|---|---|
| 15.1 汇率风险管理策略、系统和流程<br>15.2 资产和负债的币种结构<br>15.3 表外活动的币种结构<br>15.4 外币负债的期限结构<br>15.5 贷款和存款的币种结构<br>15.6 净有效敞口头寸和资本敞口<br>描述：<br>• 发生了什么<br>• 发生的原因<br>• 趋势或观察结果的影响<br>• 计划对情况作出的响应<br>• 与观察到的情况相关的替代建议 | 使用第4.5（风险管理文化）的结构来讨论以下问题：<br>银行怎样管理其汇率风险？<br>描述您在本领域面临和控制的关键风险？<br>描述为银行最高级管理人员准备的最高层次的信息。<br>就关心的风险领域而言，你们的优势是什么？<br>就关心的风险领域而言，您所在银行最紧迫的发展需求是什么？ |

## 16. 操作风险——表 A.20

16.1 欺诈经历——内部和外部
16.2 雇佣实践和工作场所的安全性
16.3 使用信息技术来增强操作风险管理
16.4 内部控制流程的有效性
16.5 使用管理信息进行操作管理

## 17. 结论和建议

讨论以下内容:

17.1 鉴于银行操作的性质和相对复杂性,在银行文化和管理实践中有必要进行如下改变,包括(在适用的情况下):

- 需要董事会和高级管理层全力支持;
- 形成促进每位管理人员都考虑风险(即识别、度量和报告风险敞口)的必要的企业文化;
- 在对覆盖关键风险职能的评估、监测和报告系统进行评价之后所发现的应作出的必要变化;
- 为每个职能和银行整体采用恰当的风险目标的便利性;

- 为银行总经理或首席执行官(CEO)以及董事会建立用以审查和评估所有预计和未预计风险及所有冒险活动的正式流程的需要;
- 指定一名高级管理人员监督全部风险管理(其拥有对风险问题采取行动和确保风险控制的权力)的好处。

17.2 识别出的问题的含义以及建立全银行范围风险管理职能及其所需的流程和阶段,以及风险管理高级人员在组织内的角色和职能。

17.3 可以在银行内部建立风险管理职能的方式。

17.4 建立有效、综合、全银行范围的风险管理的可行性以及对银行的影响。

### 表 A.1　财务监管和合规性

| 类别 | 对监管的描述 | 银行的实际头寸（日期） | 未来交易后的预期头寸 |
|---|---|---|---|
| 持股情况 | | | |
| 资本 | | | |
| 最低股本 | | | |
| 资本/风险加权资产 | | | |
| 其他资本比率（请说明） | | | |
| 资产 | | | |
| 单一借款人限额（以及关联贷款） | | | |
| 集团借款人限额（以及关联贷款/贷款集中度） | | | |
| 总的大型敞口限额 | | | |
| 投资（有报价） | | | |
| 投资（无报价） | | | |
| 关联方贷款 | | | |
| 行业限额 | | | |
| 其他资产比率（请说明） | | | |
| 贷款分类准则* | | | |
| 　正常贷款——普通准备金（上限） | | | |
| 　关注类贷款 | | | |
| 　次级贷款 | | | |
| 　可疑贷款 | | | |
| 　损失贷款 | | | |
| 流动性 | | | |
| 流动资产/流动负债 | | | |
| 贷款/存款 | | | |
| 其他流动性比率（请说明） | | | |
| 筹资 | | | |
| 储备/存款 | | | |
| 存款/资本限额 | | | |
| 资金来源的期限错配限额 | | | |
| 敞口外汇头寸 | | | |
| 其他筹资比率 | | | |
| 其他 | | | |
| 市场风险资本要求（风险价值） | | | |
| 衍生品 | | | |
| 汇率风险 | | | |
| 　投资限额 | | | |
| 　● 股权投资 | | | |
| 　● 房地产和其他固定资产 | | | |
| 利息挂账和转回 | | | |
| 存款保险 | | | |

\* 贷款分类准则：如何在资产分类时处理重组/重新协商贷款？（明确区分基于贷款逾期时间长短的规则和基于预期现金流和贷款可挽回程度的准则）准备金要求是否基于对客户的总敞口？这些准备金是在考虑担保物之前还是之后计算的？贷款损失准备金中有多少可以抵扣税收？

## 表 A.2 银行系统的市场份额和特征

| 市场份额（估计）： | 外国银行 百分比 | 银行集团 百分比 | 专业金融机构 百分比 | 您的主要竞争对手 百分比 | 其他国内银行 百分比 | 您的银行 | | | |
|---|---|---|---|---|---|---|---|---|---|
| | | | | | | 今年 百分比 | 前一年 百分比 | 前两年 百分比 | 前三年 百分比 |
| 全部公司贷款——外汇 | | | | | | | | | |
| 全部公司贷款——定期 | | | | | | | | | |
| 全部存款——外汇 | | | | | | | | | |
| 全部存款——定期 | | | | | | | | | |
| 融资租赁 | | | | | | | | | |
| 贸易金融信用证 | | | | | | | | | |
| 保函 | | | | | | | | | |
| 住宅抵押贷款 | | | | | | | | | |
| 外汇交易 | | | | | | | | | |
| 零售个人贷款 | | | | | | | | | |
| 信用卡 | | | | | | | | | |
| 银行分支机构数量 | | | | | | | | | |
| 自动柜员机（ATM） | | | | | | | | | |
| 资产管理 | | | | | | | | | |
| 投资银行业务（财务顾问） | | | | | | | | | |
| 经纪 | | | | | | | | | |
| 证券交易 | | | | | | | | | |
| 其他（请说明） | | | | | | | | | |

### 表 A.5　雇员总数 *

|  | 年初至今 | 当年 | 去年 |
|---|---|---|---|
| 高级管理人员 |  |  |  |
| 公司贷款 |  |  |  |
| 商业贷款 |  |  |  |
| 小企业贷款 |  |  |  |
| 零售/个人贷款 |  |  |  |
| 融资租赁 |  |  |  |
| 交易金融 |  |  |  |
| 离岸银行业务 |  |  |  |
| 资产管理 |  |  |  |
| 投资银行业务（财务顾问） |  |  |  |
| **经纪** |  |  |  |
| 投资 |  |  |  |
| 资金管理 |  |  |  |
| 操作 |  |  |  |
| 内部审计 |  |  |  |
| 其他类型（指说明） |  |  |  |
| **合计** |  |  |  |

\* 显示每个产品群的雇员数量，包括通过子公司销售的产品。

### 表 A.6 分支机构统计

| | 年初至今 | 当年 | 去年 |
|---|---|---|---|
| 分支机构总数: | | | |
| • 大城市 | | | |
| • 农村地区 | | | |
| • 国外分支机构 | | | |
| ATM 数量 | | | |
| 平均员工数 | | | |
| 平均存款 | | | |
| 平均贷款 | | | |
| 平均营业费用* | | | |
| 平均营业收入 | | | |

\* 不包括利息成本和准备金提取。请提供土地房屋使用、折旧、通信、业务发展和营销以及其他费用的构成。

### 表 A.7 信息系统

描述银行使用的计算机技术。

| 职能 | 软件名称/供应商 | 平台（例如：大型主机、个人电脑） |
|---|---|---|
| 会计 | | |
| 贷款 | | |
| 外汇处理 | | |
| 风险管理 | | |
| 零售银行/分支机构 | | |
| 管理信息系统 | | |
| 信用卡 | | |
| 电子邮件 | | |
| 其他（请描述） | | |
| 通信网络 | | |
| 描述任何经历的通信问题。 | | |
| 附上一份主要信息系统配置图 | | |
| 功能：IT系统可以实现以下方面的内容吗？ | | |
| • 按利润中心或分支机构/业务条线配置收入和费用 | | |
| • 准确计算产品盈利能力？ | | |
| 信息技术员工分析 | | |
| • 系统维护 | | |
| • 开发 | | |
| • 其他（请描述） | | |
| 预算：描述今年的电子数据处理（EDP）预算 | | |
| • 软件 | | |
| • 硬件 | | |
| • 通信 | | |
| 预算：描述以下项目的计划预算 | | |
| • 软件 | | |
| • 硬件 | | |
| • 通信 | | |
| 灾难恢复：描述热站（备份系统） | | |
| • 谁操作该系统？ | | |
| • 该系统位于何处？ | | |
| • 该系统硬件状况如何？ | | |

### 表 A.8 持股情况

| 股东（截至_____） | 股东数量 | 所持股份 | | 股份占比 |
|---|---|---|---|---|
| | | 数量 | 单位规模 | |
| 私营公司* | | | | |
| 个人* | | | | |
| | | | | |
| 合计：私营部门股东 | | | | |
| 公共部门和政府公司（私营部门股权低于51%）** | | | | |
| | | | | |
| 总持股 | | | | |

| 持股超过5%的股东清单 | 名称 | 所持股份 | | 股份占比 |
|---|---|---|---|---|
| | | 数量 | 单位规模 | |
| | | | | |
| | | | | |
| | | | | |
| | | | | |
| | | | | |
| 通过对银行股东的控制从而有效地或间接拥有超过5%的银行股份的股东和公司 | | | | |
| | | | | |
| | | | | |
| | | | | |
| | | | | |

\* 股份的最终（和实际）拥有者决定了股东来自私营部门还是公共部门。
\*\* 如果股份被作为指定持有的股份，说明谁是最终所有者。

## 附录A 对银行进行分析审查的调查问卷

### 表 A.9  董事会

| 姓名 | 雇佣机构 | 股东/所代表的实体 | 拥有私营部门（是/否） | 资格 | 经验 | 责任* |
|------|----------|------------------|---------------------|------|------|-------|
|      |          |                  |                     |      |      |       |
|      |          |                  |                     |      |      |       |
|      |          |                  |                     |      |      |       |
|      |          |                  |                     |      |      |       |
|      |          |                  |                     |      |      |       |
|      |          |                  |                     |      |      |       |
|      |          |                  |                     |      |      |       |
|      |          |                  |                     |      |      |       |
|      |          |                  |                     |      |      |       |

\* 责任举例：行政管理、公司银行、国际部门、国内资金管理、零售银行、内部控制、财务和会计、信息系统、分支机构管理。

### 表 A.10  高级管理层

| 姓名 | 资格 | 经验 | 责任* |
|------|------|------|-------|
|      |      |      |       |
|      |      |      |       |
|      |      |      |       |
|      |      |      |       |
|      |      |      |       |
|      |      |      |       |
|      |      |      |       |
|      |      |      |       |
|      |      |      |       |
|      |      |      |       |
|      |      |      |       |
|      |      |      |       |

\* 责任举例：行政管理、公司银行、国际部门、国内资金管理、零售银行、内部控制、财务和会计、信息系统、分支机构管理。

### 表 A.11 关键风险委员会成员

| 姓名 | 资格 | 经验 | 责任* |
|---|---|---|---|
| 董事会审计委员会 | | | |
| | | | |
| 资产负债管理委员会 | | | |
| | | | |
| | | | |
| 信用委员会 | | | |
| | | | |
| 投资委员会 | | | |
| | | | |
| 操作及其他风险委员会 | | | |

\* 责任举例：行政管理、公司银行、国际部门、国内资金管理、零售银行、内部控制、财务和会计、信息系统、分支机构管理。

## 表 A.12　资产负债表资产

| 资产 | 前三期 | 前两期 | 前一期 | 当期 |
|---|---|---|---|---|
| 现金及与中央银行的现金余额 | | | | |
| 交易性金融资产 | | | | |
| 　交易性金融衍生品 | | | | |
| 　股权工具 | | | | |
| 　债权工具 | | | | |
| 指定为以公允价值计量且其变动计入当期损益的金融资产 | | | | |
| 可供出售金融资产 | | | | |
| 　股权工具 | | | | |
| 　债权工具 | | | | |
| 贷款和应收款 | | | | |
| 持有至到期投资 | | | | |
| 　股权工具 | | | | |
| 　贷款及垫款 | | | | |
| 金融衍生品——用于套期保值会计目的 | | | | |
| 有形资产 | | | | |
| 　房地产、工厂和设备 | | | | |
| 　投资性房地产 | | | | |
| 无形资产 | | | | |
| 　商誉 | | | | |
| 　其他无形资产 | | | | |
| 对联营企业、子公司和合营企业的投资 | | | | |
| 所得税资产 | | | | |
| 　当期所得税资产 | | | | |
| 　递延所得税资产 | | | | |
| 其他资产 | | | | |
| 非流动资产和划分为持有待售的处置群 | | | | |
| 总资产 | 100% | 100% | 100% | 100% |

### 表A.13 资产负债表负债

| 负债 | 前三期 | 前两期 | 前一期 | 当期 |
|---|---|---|---|---|
| 来自中央银行的存款 | | | | |
| 交易性金融负债 | | | | |
|     交易性金融衍生品 | | | | |
|     空头头寸 | | | | |
|     银行同业及其他信用机构存款 | | | | |
|     客户存款 | | | | |
|     债券（包括短期回购债券） | | | | |
|     其他交易性金融负债 | | | | |
| 指定为以公允价值计量且其变动计入当期损益的金融负债 | | | | |
|     银行同业和其他信用机构存款 | | | | |
|     客户存款 | | | | |
|     债务工具（包括债券） | | | | |
|     次级债 | | | | |
|     其他指定为以公允价值计量且其变动计入当期损益的金融负债 | | | | |
| 以摊销成本计量的金融负债 | | | | |
|     银行同业和其他信用机构存款 | | | | |
|     客户存款 | | | | |
|     债务工具（包括债券）——自身发行的证券 | | | | |
|     次级债 | | | | |
| 与金融资产转移相关的金融负债 | | | | |
| 衍生工具——套期核算之用 | | | | |
|     公允价值套期保值 | | | | |
|     现金流套期保值 | | | | |
|     在对外业务中的净投资的套期保值 | | | | |
|     利率风险的公允价值套期保值 | | | | |
|     现金流套期保值利率风险 | | | | |
| 投资组合利率风险套期保值中套期保值项目公允价值变化 | | | | |
| 准备金提取 | | | | |
|     重组 | | | | |
|     未决法律诉讼和税收诉讼 | | | | |
|     养老金和其他退休金给付业务 | | | | |
|     信用承诺和担保 | | | | |
|     有偿合同 | | | | |
|     其他准备 | | | | |
| 所得税负债 | | | | |
| 其他负债 | | | | |
| 可按需偿付的股本（如，合作股份） | | | | |
| 划分为持有代售负债的待处置群中包括的负债 | | | | |
| 总负债 | 100% | 100% | 100% | 100% |

### 表A.14 损益表

| 财务和营业收入和费用 | 前三期 | 前两期 | 前一期 | 当期 |
|---|---|---|---|---|
| **利息收入** | | | | |
| 对中央银行的现金和现金余额 | | | | |
| 交易性金融资产（如果单独计算） | | | | |
| 指定为以公允价值计量且其变动计入当期损益的金融资产（如果单独计算） | | | | |
| 可供出售金融资产 | | | | |
| 贷款和应收款（包括融资租赁） | | | | |
| 持有至到期投资 | | | | |
| 衍生品——套期保值会计，利率风险 | | | | |
| 其他资产 | | | | |
| **（利息费用）** | | | | |
| 中央银行存款 | | | | |
| 交易性金融负债（如果单独计算） | | | | |
| 指定为以公允价值计量且其变动计入当期损益的金融负债（如果单独计算） | | | | |
| 以摊销成本计量的金融负债 | | | | |
| 衍生品——套期保值会计，利率风险 | | | | |
| 其他负债 | | | | |
| **根据要求可随时偿还的股本费用** | | | | |
| **股利收入** | | | | |
| 交易性金融资产（如果单独计算） | | | | |
| 指定为以公允价值计量且其变动计入当期损益的金融负债 | | | | |
| 可供出售金融资产 | | | | |
| **费用和佣金收入** | | | | |
| **（费用和佣金支出）** | | | | |
| **在非以公允价值计量且其变动计入当期损益的金融资产和负债上实现的收益（损失），净值** | | | | |
| 可供出售金融资产 | | | | |
| 贷款和应收款（包括融资租赁） | | | | |
| 持有至到期投资 | | | | |
| 以摊销成本计量的金融负债 | | | | |
| 其他 | | | | |
| **在交易性金融资产和负债上取得的收益（损失），净值** | | | | |
| 股权工具和相关衍生品 | | | | |
| 利率工具和相关衍生品 | | | | |
| 外汇交易 | | | | |
| 信用风险工具和相关衍生品 | | | | |
| 商品和相关衍生品 | | | | |
| 其他（包括混合衍生品） | | | | |
| **在指定为以公允价值计量且变动计入当期损益的金融资产和负债上取得的收益（损失），净值** | | | | |

### 表 A.14 损益表（续）

| 财务和营业收入和费用 | 前三期 | 前两期 | 前一期 | 当期 |
|---|---|---|---|---|
| 来自套期保值会计的收益（损失），净值 | | | | |
| 汇差，净值 | | | | |
| 除持有待售资产外的资产的终止确认造成的收益（损失） | | | | |
| 其他营业收入 | | | | |
| 其他营业支出 | | | | |
| 管理成本 | | | | |
|   员工费用 | | | | |
|   一般性支出和管理费用 | | | | |
| 折旧 | | | | |
|   房地产、工厂和设备 | | | | |
|   投资性房地产 | | | | |
|   无形资产（不含商誉） | | | | |
| 准备金提取 | | | | |
| 减值损失 | | | | |
| 不是通过以公允价值计量且其变动计入当期损益测量的金融资产减值损失 | | | | |
|   以成本计量的金融资产（无报价股权） | | | | |
|   可供出售金融资产 | | | | |
|   贷款和应收款（包括融资租赁） | | | | |
|   持有至到期投资 | | | | |
| 非金融资产减值 | | | | |
|   房地产、工厂和设备 | | | | |
|   投资性房地产 | | | | |
|   商誉 | | | | |
|   无形资产（不含商誉） | | | | |
|   使用权益法计量的对联营企业和合营企业的股权投资 | | | | |
|   其他 | | | | |
| 立即计入利润或损失的负面商誉 | | | | |
| 使用权益法计量的在联营企业和合营企业中的利润或损失份额 | | | | |
| 来自非流动资产和分类为持有待售的待处置资产的利润或损失（不符合终止经营的要求） | | | | |
| 来自连续经营业务的全部税前利润或损失 | | | | |
| 与来自连续经营业务的利润或损失相关的税收支出（收入） | | | | |
| 来自连续经营业务的全部税后利润或损失 | | | | |
| 来自非连续经营业务的税后利润或损失 | | | | |
| 扣除税收和非连续经营业务后的全部利润或损失 | | | | |
| 归属于少数股东权益的利润或损失 | | | | |
| 归属于母公司股东的利润或损失 | 100% | 100% | 100% | 100% |

### 表 A.15 资金管理环境的组织结构

| 政策框架<br>来自证券的收入 | 市场操作 | 风险分析和合规 | 资金操作 |
|---|---|---|---|
| 案例：每个职能领域的活动 ||||
| 投资指引 | 零售融资——本地和国外 | 风险度量（流动性风险、信用风险、市场风险和汇率风险） | 现金管理 |
| 战略资产配置和基准 | 大额融资——本地和国外 | 定价、投资组合业绩分析和报告 | 结算 |
| 资产负债管理：管理银行资产负债表的市场敞口 | 结构化贷款或融资 | 治理、合规和操作风险 | 会计 |
| 对外部管理人员的管理和使用 | 投资组合管理（固定收益、货币市场、资产支持证券和抵押担保证券、掉期、期货与期权、股权） | 定量战略和风险研究（战略资产配置、基准构建、基准管理和建模） | 信息服务——IT（也可以在资金管理之外） |
| 模型批准——独立于模型开发 | 自营交易（工具如上） | | |

表 A.16 证券交易收入

| | 投资型组合(稳定的流动性)收入 | 来自证券投资组合的总收入 | 来自证券的收入 | | | | | | 证券交易量 | | | | | |
|---|---|---|---|---|---|---|---|---|---|---|---|---|---|---|
| 交易投资组合收入 | | | 前四期 | 前三期 | 前两期 | 前一期 | 当期 | 当前预算 | 前四期 | 前三期 | 前两期 | 前一期 | 当期 | 当前预算 |
| 公共部门（中央政府和政府机构）债券 | | | | | | | | | | | | | | |
| 公司债券 | | | | | | | | | | | | | | |
| 结构化产品 | | | | | | | | | | | | | | |
| 资产支持证券 | | | | | | | | | | | | | | |
| 抵押担保证券 | | | | | | | | | | | | | | |
| 资产掉期 | | | | | | | | | | | | | | |
| 货币市场工具伦敦银行间同业拆借利率利差产品 | | | | | | | | | | | | | | |
| 存单 | | | | | | | | | | | | | | |
| 定期存款 | | | | | | | | | | | | | | |
| 回购协议 | | | | | | | | | | | | | | |
| 转售协议 | | | | | | | | | | | | | | |
| 金融衍生品* | | | | | | | | | | | | | | |
| 汇率掉期 | | | | | | | | | | | | | | |
| 利率（掉期） | | | | | | | | | | | | | | |
| 期货和期权 | | | | | | | | | | | | | | |
| 远期汇率合约 | | | | | | | | | | | | | | |
| 有报价股权 | | | | | | | | | | | | | | |
| 有报价股权 | | | | | | | | | | | | | | |

* 目的：套期保值/%有利于客户（基础交易）/取得头寸

## 表 A.17 交易控制

| | 每份资产负债表的金额 | 交易对手 | | 平均到期收益率 | 平均期限 | 风险价值 | 交易限额 | | | 止损限额 | | 压力测试 |
|---|---|---|---|---|---|---|---|---|---|---|---|---|
| | 美元 | 公共部门 | 私营部门 | | | 美元 | 资金交易主管 | 管理人员 | 交易员 | 每天 | 每月 | |
| 公共部门（中央政府和机构）债券 | | | | | | | | | | | | |
| 公司债券 | | | | | | | | | | | | |
| 结构化产品 | | | | | | | | | | | | |
| 资产支持证券 | | | | | | | | | | | | |
| 资产支持证券 | | | | | | | | | | | | |
| 资产掉期 | | | | | | | | | | | | |
| 货币市场工具（伦敦银行同业拆借利率差产品） | | | | | | | | | | | | |
| 存单 | | | | | | | | | | | | |
| 定期存款 | | | | | | | | | | | | |
| 回购协议 | | | | | | | | | | | | |
| 转售协议 | | | | | | | | | | | | |
| 衍生品 | | | | | | | | | | | | |
| 汇率掉期 | | | | | | | | | | | | |
| 利率掉期 | | | | | | | | | | | | |
| 期货与期权 | | | | | | | | | | | | |
| 远期汇率合约 | | | | | | | | | | | | |
| 有报价股权 | | | | | | | | | | | | |
| 无报价股权 | | | | | | | | | | | | |
| 合计 | | | | | | | | | | | | |

### 表 A.18 潜在风险分析报告

| 风险领域 | 标题 | 参考 | 潜在报告—细节 | 频率 | | | |
|---|---|---|---|---|---|---|---|
| | | | | 每天 | 每周 | 每月 | 定期 |
| 交易对手风险 | | | | | | | |
| 市场风险 | | | | | | | |
| 流动性风险 | | | | | | | |
| 汇率风险 | | | | | | | |
| 业绩评估和分析 | | | | | | | |

### 表 A.19 关于投资组合合规问题的每日/月度检查表举例

| 日期和审查者: | | | | | | | |
|---|---|---|---|---|---|---|---|
| 规则 | 参考 | 简短描述 | 投资管理协议语言 | 计算指引 | 报告工具 | 对测题的解释 | 被审查的投资组合 |
| 1. 法律 | | | | | | | |
| 2. 规章 | | | | | | | |
| 3. 机构策略 | | | | | | | |
| 3.1 风险限额 | | | | | | | |
| 4. 机构准则 | | | | | | | |
| 4.1 投资限制 | | | | | | | |
| 4.2 允许的久期范围 | | | | | | | |
| 4.3 久期范围限制 | | | | | | | |
| 4.4 可选金融工具 | | | | | | | |
| 4.5 发行机构的信用评级 | | | | | | | |
| 4.6 可选币种 | | | | | | | |
| 5. 操作准则 | | | | | | | |
| 5.1 发行机构集中度 | | | | | | | |

附录A 对银行进行分析审查的调查问卷

表 A.20 资金操作：报告（筹资和投资）

| 报告领域 | 标题 | 参考 | 子报告类型 | 频率 | | | |
|---|---|---|---|---|---|---|---|
| | | | | 每天 | 每周 | 每月 | 定期 |
| A. 会计报告 | | | | | | | |
| | 财务报告 | | 试算平衡表/资产负债表/损益表/交易明细表/结算记录 | | | | |
| | 财务报告 | | 存货/资产配置/业绩（投资回报）报告 | | | | |
| B. 控制报告 | | | | | | | |
| | 内部协调 | | 系统对系统/复制账户（挂账户） | | | | |
| | 外部协调 | | 保管人协调/内部资金管理职能维护的现金账户 | | | | |
| | 现金 | | 与外部银行相关的控制账户/内部客户的现金账户 | | | | |
| C. 定价报告 | | | | | | | |
| | 源报告 | | 路透社/彭博士/经纪人/其他定价服务机构 | | | | |
| | 例外（诊断）报告 | | 异常波动/新的金融工具 | | | | |
| | 评估报告 | | 公允价值会计（IAS 39） | | | | |
| | 分析报告 | | 趋势 | | | | |
| D. 操作报告 | | | | | | | |
| | 交易报告 | | 现金流/重置/交易量/回购量/结算报告 | | | | |
| | 操作风险 | | 分析趋势影响 | | | | |
| E. 监管报告 | | | | | | | |
| | 安全委员 | | | | | | |
| | 中央银行 | | | | | | |

# 附录 B
# 核心原则评估摘要

| 按原则评估的核心原则 | | | |
|---|---|---|---|
| 国名： | | 电话： | |
| 监管机构地址： | | | |
| 完成日期： | | 传真： | |
| 负责完成的人员： | | 电子邮箱： | |
| 评估 | | | |

| 评估评级 | |
|---|---|
| 1 | 合规性 |
| 2a | 在很大程度上合规，同时正在采取实现合规性的措施 |
| 2b | 在很大程度上合规，但未采取完全实现合规性的措施 |
| 3a | 在很大程度上不合规，同时正在采取实现合规性的措施 |
| 3b | 在很大程度上不合规，同时未采取实现合规性的措施 |
| 4a | 不合规，同时正在采取实现合规性的措施 |
| 4b | 不合规，同时未采取实现合规性的措施 |

## 附录B 核心原则评估摘要

| # | 核心原则概括描述 | 评估 | | | | |
|---|---|---|---|---|---|---|
| | | 1 | 2 | 3 | 4 | 不适用 |
| 1 | 监管机构框架： | | | | | |
| 1（1） | 每个机构的明确责任和目标 | | | | | |
| 1（2） | 每个这种机构应该拥有操作独立性和足够的资源 | | | | | |
| 1（3） | 合适的法律框架，包括与银行授权相关的条款 | | | | | |
| 1（4） | 处理守法以及安全和稳健方面问题的实施力 | | | | | |
| 1（5） | 对监管者的法律保护 | | | | | |
| 1（6） | 对在监管者之间共享机密信息的安排 | | | | | |
| 2 | 必须明确定义允许的活动，并控制"银行"一词的使用 | | | | | |
| 3 | 设定有关公司治理和业务计划许可标准的权利以及拒绝应用的权利——在母国监管者同意之前 | | | | | |
| 4 | 审查和拒绝转让重大所有权或控制权的建议的权力 | | | | | |
| 5 | 建立和审查银行的重大收购/投资标准以及存在风险或者影响有效监督的业务方式 | | | | | |
| 6 | 设定最低资本充足程度要求/资本组成（巴塞尔协议的国际最低标准） | | | | | |
| 7 | 确保银行已确立了综合风险管理战略 | | | | | |
| 8 | 对信用政策、实践和与授予贷款/投资相关的流程的独立评估 | | | | | |
| 9 | 对贷款评估方面的做法和流程满意——资产/贷款损失准备和储备的质量 | | | | | |
| 10 | 对信息系统和限制单一或相关借款人大额风险暴露的限额满意 | | | | | |
| 11 | 向关联公司和个人的关联贷款按公平基准进行，并得到有效监督以降低风险 | | | | | |
| 12 | 识别、监测和控制国家风险并保持抵御这些风险的准备金 | | | | | |
| 13 | 准确计量、监测和控制市场风险——具体的限额和/或资本要求 | | | | | |
| 14 | 对银行所确立的流动性管理战略满意 | | | | | |
| 15 | 识别、评估和监测操作风险 | | | | | |
| 16 | 识别、评估和监测利率风险的有效系统 | | | | | |
| 17 | 具有与业务复杂性相适应的内部控制——独立于外部审计 | | | | | |
| 18 | 银行拥有可以提升金融行业道德和专业标准的充分策略/"了解你的顾客"规则——以防止洗钱的发生 | | | | | |
| 19 | 增进理解。通过现场检查或使用外部审计人员对监管信息进行独立验证 | | | | | |
| 20 | 与银行管理层的定期联系以及对机构操作的深入理解 | | | | | |
| 21 | 对来自银行的审慎报告和统计结果的基于单独和并表基础上的非现场分析的方法 | | | | | |
| 22 | 银行维护和发布公正反映其状况的财务报表（使用一致会计政策和实践），并定期提供了对其财务状况的真实公平的看法 | | | | | |
| 23 | 当银行违背审慎原则或监管要求时，或储户受到其他方式造成的威胁时，及时采取补救措施的能力，包括撤销银行执照的能力 | | | | | |
| 24 | 在并表监管基础上监管银行集团的能力。对在国际上活跃的银行企业的全球并表和监管 | | | | | |
| 25 | 与其他监管机构联系/信息交换以确保有效的东道国监管。监管国外机构必须要求与国内机构相同的高标准并且必须有权共享母国监管者需要的信息 | | | | | |

**案例：核心原则1（1）：有效的银行监管体系对参与银行监管的每个机构均设定明确的责任和目标。**

| 基本标准 | 额外标准 |
|---|---|
| 1. 具备关于银行业和参与银行监管的机构的法律。每个机构的责任和目标都得到明确定义。<br>2. 法律和/或支持性规则提供了银行必须满足的最低审慎标准的框架。<br>3. 具备协调负责银行监管的机构之间的行动的明确机制以及这种机制已用于实践的证据。<br>4. 监管者参与决定何时以及如何实施对问题银行的有序解决方案（可能包括关闭、协助重组、或与更强大的机构合并）。<br>5. 银行法得到及时更新以确保它们有效并与变化的行业和监管实践相适应。 | 6. 监管机构设定目标并通过透明性报告和评估流程对照其责任和目标来定期审查其业绩。<br>7. 监管机构确保有关其管辖范围内的银行业的财务实力和业绩的信息是公开的。 |

讨论

评估
该国在很大程度上符合核心原则1（1）。没有采取实现合规性的措施。

# 附录 C
# 有效银行监管核心原则
# （巴塞尔核心原则）
# 2006 年 10 月

巴塞尔核心原则规定了有效监管体系应遵循的 25 条原则。这些原则总体上可划分为七个方面的内容：

1. 目标、独立性、权力、透明度和合作（原则 1）
2. 许可的业务范围（原则 2 至原则 5）
3. 审慎监管规章制度（原则 6 至原则 18）
4. 持续监管的各种方法（原则 19 至原则 21）
5. 会计处理与信息披露（原则 22）
6. 监管当局的纠正及整改权力（原则 23）
7. 并表及跨境监管（原则 24 至原则 25）

## 目标、独立性、权力、透明度和合作

原则 1——目标、独立性、权力、透明度和合作：有效的银行监管体系要求每个银行监管机构都有明确的责任和目标。每个监管机构都应具备操作上的独立性、透明的程序、良好的治理结构和充足的资源，并就履行职责情况接受问责。适当的银行监管法律框架也十分必要，其内容包括对设立银行的审批、要求银行遵守法律、安全和稳健合规经营的权力和监管人员的法律保护。另外，还要建立监管当局之间信息交换和保密的安排。

## ● 许可的业务范围

　　**原则2——许可的业务范围**：必须明确界定已获得执照并等同银行接受监管的各类机构允许从事的业务范围，并在名称上严格控制"银行"一词的使用。

　　**原则3——发照标准**：发照机关必须有权制定发照标准，有权拒绝一切不符合标准的申请。发照程序至少应包括审查银行及其所在集团的所有权结构和治理情况、董事会成员和高级管理层的资格、银行的战略和经营计划、内部控制和风险管理，以及包括资本金规模在内的预计财务状况；当报批银行的所有者或母公司为外国银行时，应事先获得其母国监管当局的同意。

　　**原则4——大笔所有权转让**：银行监管当局要有权审查和拒绝银行向其他方面直接或间接转让大笔所有权或控制权的申请。

　　**原则5——重大收购**：银行监管当局有权根据制定的标准审查银行大笔的收购或投资，其中包括跨境设立机构，确保其附属机构或组织结构不会带来过高的风险或阻碍有效监管。

## ● 审慎监管规章制度

　　**原则6——资本充足率**：银行监管当局必须制定反映银行多种风险的审慎且合适的最低资本充足率规定，并根据吸收损失的能力界定资本的构成。至少对于国际活跃银行而言，资本充足率的规定不应低于巴塞尔的相关要求。

　　**原则7——风险管理程序**：银行监管当局必须满意地看到，银行和银行集团建立了与其规模及复杂程度相匹配的综合的风险管理程序（包括董事和高级管理层的监督），以识别、评价、监测、控制或缓解各项重大的风险，并根据自身风险的大小评估总体的资本充足率。

　　**原则8——信用风险**：银行监管当局必须满意地看到，银行具备一整套管理信用风险的程序；该程序要考虑到银行的风险状况，涵盖识别、计量、监测和控制信用风险（包括交易对手风险）的审慎政策与程序。这应包括发放贷款、开展投资、贷款和投资质量的评估，以及对贷款和投资的持续管理。

**原则 9——有问题资产、准备和储备**：银行监管当局必须满意地看到，银行建立了管理有问题资产、评价准备和储备充足性的有效政策及程序，并认真遵守。

**原则 10——大额风险暴露限额**：银行监管当局必须满意地看到，银行的各项政策和程序要能协助管理层识别和管理风险集中；银行监管当局必须制定审慎限额，限制银行对单一交易对手或关联交易对手集团的风险暴露。

**原则 11——对关联方的风险暴露**：为防止对关联方的风险暴露（表内外）所带来的问题并解决利益冲突问题，银行监管当局必须规定，银行应按商业原则向关联企业和个人发放贷款；对这部分贷款要进行有效的监测；要采取适当的措施控制或缓解各项风险。冲销关联贷款要按标准的政策和程序进行。

**原则 12——国家风险和转移风险**：银行监管当局必须满意地看到，银行具备在国际信贷和投资中识别、计量、监测和控制国家风险和转移风险的有效政策和程序，并针对这两类风险建立充足的准备和储备。

**原则 13——市场风险**：银行监管当局必须满意地看到，银行具备准确识别、计量、监测和控制市场风险的各项政策和程序；银行监管当局应有权在必要时针对市场风险暴露规定具体的限额和/或具体的资本要求。

**原则 14——流动性风险**：银行监管当局必须满意地看到，银行具备反映银行自身的风险状况的管理流动性战略，并且建立了识别、计量、监测和控制流动性风险及日常管理流动性的审慎政策和程序。银行监管当局应要求银行建立处理流动性问题的应急预案。

**原则 15——操作风险**：银行监管当局必须满意地看到，银行应具备与其规模及复杂程度相匹配的识别、评价、监测和控制/缓解操作风险的风险管理政策和程序。

**原则 16——银行账户利率风险**：银行监管当局必须满意地看到，银行具备与该项风险的规模及复杂程度相匹配的识别、计量、监测和控制银行账户利率风险的有效系统，其中包括经董事会批准由高级管理层予以实施的明确战略。

**原则 17——内部控制和审计**：银行监管当局必须满意地看到，银行具备与其业务规模和复杂程度相匹配的内部控制。各项内部控制应包括对授权和职责的明确规定、银行做出承诺、付款和资产与负债账务处理方面的职能分离、上述程序的交叉核对、资产保护、完善独立的内部审计、检查上述控制职能和相关法律、法规合规情况的职能。

**原则18——防止利用金融服务从事犯罪活动**：银行监管当局必须满意地看到，银行具备完善的政策和程序，其中包括严格的"了解你的客户"的规定，以促进金融部门形成较高的职业道德与专业水准，防止有意、无意地利用银行从事犯罪活动。

## ● 持续监管的各种方法

**原则19——监管方式**：有效的银行监管体系要求监管当局对单个银行、银行集团、银行体系的总体情况以及银行体系的稳定性有深入的了解，工作重点放在安全性和稳健性方面。

**原则20——监管技术**：有效的银行监管体系应包括现场检查和非现场检查。银行监管当局必须与银行管理层经常接触。

**原则21——监管报告**：银行监管当局必须具备在单个和并表基础上收集、审查和分析各家银行的审慎报告和统计报表的方法。监管当局必须有手段通过现场检查或利用外部专家对上述报表独立核对。

## ● 会计处理与信息披露

**原则22——会计处理和披露**：银行监管当局必须满意地看到，银行要根据国际通用的会计政策和实践保持完备的记录，并定期公布公允反映银行财务状况和盈利水平的信息。

## ● 监管当局的纠正及整改权力

**原则23——监管当局的纠正和整改权力**：银行监管当局必须具备一整套及时采取纠改措施的工具。这些工具包括在适当的情况下吊销银行执照或建议吊销银行执照。

## ◉ 并表及跨境监管

**原则24——并表监管**：银行监管的一项关键内容就是监管当局对银行集团进行并表监管，有效地监测并在适当时对集团层面各项业务的方方面面提出审慎要求。

**原则25——母国和东道国的关系**：跨境业务的并表监管需要母国银行监管当局与其他有关监管当局、特别是东道国监管当局之间进行合作及交换信息。银行监管当局必须要求外国银行按照国内银行的同等标准从事本地业务。

巴塞尔银行监管委员会
2006年10月